홍산문화의 이해

이 도서의 국립중앙도서관 출판시도서목록(CIP)은 서지정보유통지원시스템 홈페이지(http://seoji.nl.go.kr)와 국가자료공동목록시스템(http://www.nl.go.kr/kolisnet)에서 이용하실 수 있습니다(CIP제어번호: CIP2018043018).

한국과 중국문명의 기원

홍산
문화의
이해

紅山文化

복기대 지음

우리역사연구재단

홍산문화의 이해

2019년 1월 7일 1쇄 발행
2021년 7월 1일 2쇄 발행

지은이 | 복기대
펴낸이 | 이세용
펴낸곳 | 우리역사연구재단
주   간 | 정재승
교   정 | 배규호
디자인·편집 | 배경태
출판등록 | 2008년 11월 19일 제321-2008-00141호

주   소 | 서울시 서초구 서초동 1689-2번지 서흥빌딩 401호
전   화 | 02-523-2363
팩   스 | 02-523-2338
이메일 | admin@koreahistoryfoundation.org

ISBN | 979-11-85614-05-2 93910

잘못된 책은 구입하신 서점에서 바꾸어 드립니다.
이 책의 저작권은 우리역사연구재단에게 있습니다.
우리역사연구재단의 허락 없이 내용을 인용하거나 발췌하는 것을 금합니다.

정   가 | 25,000원

발간사(發刊辭)

저명한 문명사학자 정수일 선생께서 펴낸《실크로드사전》에서는 홍산문화란 중국 내몽고자치구 적봉시(赤峯市)의 홍산(紅山)을 중심으로 한 요서(遼西) 지역에서 생성된 신석기시대 위주의 문화 집합체라 소개하고 있습니다. 집합체란 말에 어울리듯 홍산문화의 영역은 한반도의 북방인 만주의 서쪽 요서(遼西)를 흐르는 요하(遼河)를 아우르며 북으로 내몽고 초원지대, 남으로 발해만(渤海灣)까지의 광대한 스케일을 지니고 있습니다.

또한 시간적으로도 지금부터 8,000년 전 꽃피웠던 흥륭와(興隆窪)·사해(査海)문화를 비롯하여 7,000년 전의 조보구(趙寶溝)문화, 6,000년 전 홍산문화, 5,000년 전 소하연(小河沿)문화, 4,500년 전 하가점(夏家店)하층문화 등의 고대문명들이 중층으로 자리하고 있는 동북아시아 문명의 요람이자 집합체를 뭉뚱그려 홍산문화라 할 수 있겠습니다. 20세기 초부터 발굴이 시작된 홍산문화는 1980년대 중국 정부와 학계의 본격적 발굴 작업과 연구에 힘입어 얼추 드러낸 본 모습만으로도 가히 세계 문명사에 찬란한 한 장을 더하며 인류에게 경이와 충격을 주었습니다.

우리역사연구재단의 이번 신서《홍산문화의 이해》는 다년간 중국 홍산문화의 현장에서 동북아시아 고고학과 고대사를 전공하신 복기대 인하대 교수님의 역저입니다. 국내학계 최초로 시도되는 홍산문화 개설서 형식의 이번 책은 관련 학계 전공자와 일반 관심 독자들 모두를 위해 저술되었으며, 홍산문화 발굴 현장에 참여하신 저자의 경력에서 드러나듯 최신 중국 학계 자료와 동료 중국 학자들의 학문적 견해가 소상히 밝혀져 있어 한눈에도 복 교수님의 심혈이 기울여진 책임을 엿볼 수 있습니다.

특히 저자가 우하량 유적지 발굴 인골들의 유전학 검사 결과를 공개한 것과 고구려 석성이나 산성의 맥이 이미 6,000년 전 홍산문화 초기 돌담 형식에서 보이며, 이를 같은 장소에서 계승한 하가점하층문화인 삼좌점(三座店), 상기방영자(上幾房營子), 지가영자(遲家營子) 석성 등에서 치(雉)가 발견됨으로써 홍산문화와 고구려가 서로 밀접한 연속성과 공통성을 지니고 있음을 제시한 것은 이 책의 매우 흥미로운 부분입니다.

홍산문화는 중국 문명의 시발점일 뿐만 아니라 한국 상고사의 비밀을 풀어 줄 열쇠이자 한국 문화의 기원이 될 수도 있으며, 나아가 동북아시아 문명과 세계 문명사에 한 획을 그을 수 있는 문명의 보고라 해도 과언이 아닙니다. 이제 이 동북아시아 한복판에서 인류 문명의 시원에 관한 본격적인 연구의 서막이 열리고 있는지도 모릅니다. 모쪼록 이번 책을 계기로 복기대 교수님의 홍산문화 연구에 더 크고 깊은 학문적 업적이 보태지시길 진심으로 축원드리며《홍산문화의 이해》발간사를 마칩니다. 감사합니다.

2019. 1. 5.
우리역사연구재단 이사장 이세용(李世鏞)

홍산문화를 생각하며

1.

글쓴이는 1990년대 중국 유학생 시절에 처음으로 홍산문화에 관심을 갖게 되었다. 공부하는 동안 강의와 답사를 통해 홍산문화가 대단한 신석기시대 문화이며 중국 문명의 큰 축이라는 이야기는 많이 들었지만, 당시에는 이러한 평가가 그다지 실감나지 않았다. 이후 중국 문명의 요람(搖籃)으로 알려진 황하 중류 유역을 틈틈이 답사하면서 학생 때 들었던 말들이 비로소 현실감을 갖게 되었다. 그만큼 두 지역 문화는 너무도 달랐고, 중국 학계에서 왜 홍산문화 연구에 이렇게 집중하는지도 이해하게 되었다. 중국 학계에서 홍산문화를 적극적으로 연구하게 된 동기는 세 가지였다.

첫째, 황하 유역에서 보이지 않는 제사 유적이나, 예제(禮制)를 상징적으로 증명할 수 있는 옥기류의 유물들이 많이 발견되었다는 것이다.

둘째, 중국의 중심 문화로 여겨지는 이른바 중원 지역의 앙소문화와 같은 시기의 문화인 동시에 지리적으로 앙소문화와 매우 가까운 동북방에 발전한 문화이기 때문에 중국의 중심 문화를 연구하는 데 매우 도움이 되는 문화라는 것이다.

셋째, 정치적으로 중국 내에 있는 여러 민족들에 대한 통합 정책의 일환으로 어느 지역에서 발견되는 고대 유적이라도 중국의 통합 정책에 맞춰야 하는 정치적 배경이 있다는 것이다.

이런 전제 조건에서 중국은 선사시대나 고대사를 연구하는 문호를 대폭 개방하였고, 동시에 지원하였다.

이 과정에서 국가는 학자들의 자유로운 학문 연구를 보장하면서 중국 역사와 중국 내 고고학 자료를 종합적으로 연구하도록 했다. 이러한 분위기에서 많은 역사학자가 배출되었고, 학자들로 하여금 그동안 중국사의 전부로 생각해 온 황하 유역에서 다른 지역으로 눈을 돌리게 했다.

이런 배경이 형성된 것은 1970년대 내몽고 적봉 지역에서 'C'자 형상을 한 물고기 형태의 옥기가 한 점 발견된 이후부터다. 발견 당시에는 그냥 보기 드문 유물 정도로 여겨졌다. 그러나 이 옥기가 '용(龍)'을 형상화한 것이라고 발표되면서 중국 학계는 흥분의 도가니로 빠져들었다. 중국사와 중국 문화의 상징이자 천자(天子)의 상징인 용이 그것도 잘 다듬어진 옥으로 발견되자 연구자뿐만 아니라 전 중국인이 흥분했고, 이 기물은 곧바로 중국의 상징이 되었다.

이 옥기가 발견된 현 내몽고 적봉(赤峯) 옹우특기(翁牛特旗)는 갑자기 중국 문화의 기원과 밀접히 관련된 지역으로 부상되면서 연구자들의 관심이 집중되었다. 지역성이 강한 중국 사람들의 특성상 이 지역 연구자들은 다른 연구를 모두 뒷전으로 하고 이 기물과 관련된 문화인 홍산문화 연구에 매진했다. 그 결과 요령성 객좌(喀左) 동산취(東山嘴)와 건평(建平) 우하량(牛河梁)에서 대형 유적들이 발굴되었고, 특히 우하량에서 여신묘가 확인되면서 홍산문화 연구는 정점을 향해 치달았다.

홍산문화는 문화 요소들이 나타내는 특징이 연구자뿐만 아니라 일반인들에게도 충분히 관심을 끌 만하였다. 그 결과 많은 사람들로부터 연구의 지지를 받았는데 무엇보다도 그 지역 사람들로부터 전폭적인 지지를 받았다. 이런 지지는 무엇보다도 문화적으로 중원지역보다 후진 지역이라고 생각했던 북방 사람들의 입장에서는 이를 극복하고 중원지역과 대등한 문화를 갖는 사람들이란 자부심을 갖게 된 것이다. 당시 홍산문화 사람들의 관념을 알려 주는 무덤 양식과 제단은 다른 문화에서는 볼 수 없는 두드러진 특징을 나타내며, 질그릇과 옥기, 석축(石築) 기술은 요서 지역 후대문화에 지대한 영향을 미쳐 그 문화요소가 지속되는 양상을 보였기 때문이었다. 이 같은 특징들로 인해 홍산문화 요소들이 사방으로 퍼졌다는 견해를 제시한 연구자들도 나오기 시작하였다.

1980년대의 이러한 분위기를 타고 1930년대 처음 발견된 이후 별다른 주목을 받지 못하던 홍산문화는 현재 요서 지역에 있었던 그 어느 고고 문화보다 집중적으로 연구되고 있다. 나아가 그 중요도가 점점 커져 현재 중국 학계에서는 앙소문화와 함께 중국 시원(始原) 문화의 양대 축으로 주목되는 위치에 놓이게 되었다.

뿐만 아니라 홍산문화는 그 독특한 면모가 전 세계로 알려지면서 세계 많은 학자의 비상한 관심을 받게 되었는데, 한국 학계에서도 한국 상고사와 관련하여 여러 측면으로 홍산문화에 관심이 크다.[1] 뿐만 아니라 일본 학계와 미국 학계에서도 이 홍산문화에 대한 관심이 점점 고조되고 있는 상황이다. 바야흐로 지금 홍산문화는 중국의 홍산문화가 아니라 세계의 홍산문화가 되어 가고 있는 중이다.[2]

---

1) 한국 학계에서 홍산문화의 중요성을 언급한 학자는 윤내현과 한창균이다. 홍산문화에 관심이 많지만, 연구에 어려움도 많다. 현재는 중국 학계의 연구 결과를 그대로 수용하거나 약간 재해석하는 경우가 대부분이다.
2) 최근 글쓴이는 홍산문화 시기에 몽골에도 홍산문화와 유사한 문화가 있었음을 확인했다. 발견된 유물들은 홍산문화 유물이 아니지만, 문화 교류 가능성을 배제하기 어렵다. 몽골에서 발견된 무덤들이 홍산문화 우하량 유적에서 보이는 무덤들과 유사하기 때문에 최근 몽골학계에서도 많은 관심을 보이고 있다. 그러나 무덤 외양만으로 결론을 내리는 것은 위험하므로 발굴 사례들을 면밀히 조사할 필요가 있다. 중국 학자 곽대순은 홍산 옥 일부가 바이칼호 지역에서 유입되었다는 견해를 제기했는데, 이 견해가 사실로 밝혀진다면 홍산문화를 바이칼호 지역과 연결하여 연구해야 하며, 몽골과의 관련성도 살펴볼 필요가 있다.

이런 세계 학계의 흐름을 고려하여 글쓴이는 한국 학계와 홍산 문화에 관심 있는 일반인들을 위해 홍산 문화를 정리하였다.

2

학생 시절 글쓴이는 중국 요서 지역 고고학을 공부하면서 몇 가지 궁금한 점이 있었다. 그중 한 가지가 황하 유역에서는 문화가 계승성을 나타내며 꾸준히 이어졌지만, 요서 지역에서는 시기별로 성격이 뚜렷이 구분되는 문화가 나타난다는 점이다. 이 문제는 꽤 오랫동안 글쓴이의 고민거리였는데 우연찮게 한국에서 선배가 보내 준 기후와 문명의 관계를 다룬 책을 읽고 난 후 그동안 왜 문화들이 시기별로 뚜렷이 구별되는지 천착해 온 이 질문에 답을 구할 실마리를 얻게 되었다. 결국 기후와 문명의 상관관계에 대한 오랜 관심과 탐구는 요서 지역 청동기시대 문화 변동이 1차적으로 기후 변화에 기인했다는 골격의 박사학위 논문으로 정리되었다. 하지만 당시 중국 학계에서 기후와 문명에 관한 이해가 부족한 탓에 많은 부분이 축소되어 지금까지 큰 아쉬움으로 남았다.

그 후 기후 변화가 시대별 문화 양상에 미치는 영향을 계속 탐구하던 중 2009년 한국 정부 지원으로 몽골 동부 수흐바아타르 아이막 다리강가 지역을 조사하면서 몽골 초원 기후를 몸소 체험하며 몽골의 기후 변화를 세심히 관찰할 기회가 있었다. 일교차가 심할 때 더운 것보다 추운 것이 더 걱정이었다. 낮에는 더웠다가 밤이 되면 시도 때도 없이 닥치는 추위는 여간 고통이 아니었다. 몽골 발굴 현장은 일교차가 20도를 넘는 날도 자주 있어 "이렇게 극심한 일교차를 보이는 기후대에서 사람들이 어떻게 생존할 수 있는가? 생존을 위해 사람들은 어떤 행위를 하는가?"라는 질문을 자연스럽게 떠올리게 되었다. 특히 날이 추워지면 이들은 어떻게 생존할까?

먹는 것은 양 몇 마리면 충분히 겨울을 날 수 있었다. 몽골에서는 살아남기 위해 먹는 것보다도 추위를 극복하는 데 우선적으로 모든 수단이 강구되었다. 몽골 사람들은 소들이 지나가는 자리를 꼼꼼히 봐 두었다가 며칠 후 그곳에 가서 마른 소똥을 줍는다. 소똥은 늘 연료로 쓰지만, 특히 겨울을 나는 데 꼭 필요한 천연 연료이기 때문이다. 음식은 날로 먹을 수도 있지만 추위를 맨몸으로 이겨내는 데는 한계가 있음을 새삼 생각하게 되면서 고려시대에 전시과(田柴科)를 둔 이유를 피부로 이해하게 되었다. 즉 땔감을 법적으로 보장해 준 것이다. 직접 눈으로 본 몽골의 현실에서 추운 지방에서의 연료는 인간 생존에 가장 중요한 조건이며, 인구 조절의 한 요인이 된다는 사실을 체감했다.

그때 글쓴이는 며칠을 몽골의 너른 풀밭에 앉아 그동안 연구해 온 홍산문화와 하가점하층문화의 이해 못 할 변화 현상에 대하여 초원에서 느낀 점을 대입시켜 보았다. 이 대입에서 적지 않은 문제들이 풀렸다. 이후 글쓴이에게 고고학의 연구 방법은 고고학의 기본인 유적의 지층과 유물의 유형을 분류하고, 이를 기후와 식생, 질병, 인구 증가 그리고 사회 변화와 한 덩어리로 묶는 것으로 잡혔다.

글쓴이는 이 책에서 위와 같은 방법으로 홍산문화를 정리해 보았다. 유형학에서 나타나는 문제점, 즉 "질그릇 형태의 변화 과정을 보면 기술 발전의 순서를 무시하듯 경질 질그릇 이후에 연질 질그릇이 나타나는 근본적인 원인은 무엇인가? 사람들은 왜 점점 더 큰 집단으로 모여 살았는가? 또 왜 갑자기 작은 집단으로 변화하는가? 그것을 가능하게 하는 것은 무엇인가? 사람들을 하나의 동질성으로 묶은 것은 무엇인가? 그들은 왜, 어떻게 천문 현상을 관측하고 또 시계를 만들었는가?" 하는 질문들이 더 중요하게 느껴졌다. 이러한 점에서 이 책은 그러한 질문들에 관한 답을 탐색해 가는 여정에 미흡하나마 첫걸음을 떼어 보려는 시도이다.

3

홍산문화 연구의 긴 여정은 시작되었다. 이 여정은 그동안 단편적으로 연구했던 북방지역의 고대문화를 필자의 이론으로 연구하기 시작한 첫 걸음이라 생각한다. 앞으로 계속하여 필자가 정리한 자료를 바탕으로 서북방문화를 정리하고자 한다. 그 첫걸음이다. 이 여정에 많은 분이 참여해 주셨다. 무엇보다 대한민국 교육부와 한국학중앙연구원 한국학진흥사업단에 깊이 감사한다. 정부 기관에서는 '사사'라는 표기만 하면 된다고 하지만, 글쓴이는 이것으로는 다할 수 없는 큰 고마움이 있다. 필자가 이런 연구를 할 수 있게 눈을 뜨게 해주신 분은 단연 윤내현 교수님이고, 그 중요성을 알려 주신 분은 한창균 교수님이다.

그리고 현장에서 필자를 지도하였던 석사과정의 지도교수님이신 요령대학교 역사학과 하현무(何賢武) 교수님, 석사과정 때 홍산문화를 강의하셨던 장성덕(張星德) 교수님께 감사드린다.

박사과정에서 필자에게 학자는 늘 새로운 사실을 찾아야 하고, 평생 게으르면 안 된다고 가르치신 임운(林澐) 교수님, 모든 어려움을 풀어 주신 주홍(朱泓) 교수님, 주영강(朱永剛) 교수님, 그리고 학문적으로 현장을 다니면서 많은 것을 알게 해준 사형 왕입신(王立新) 교수에게 더할 나위 없이 감사드린다.

또 현장 답사에서 전문 연구자의 깊이 있는 해석으로 늘 새로운 가능성을 열어

윤내현 교수님

임운 교수님

왼쪽부터 주홍 교수님, 필자, 임운 교수님, 왕입신 교수님

주신 오한기(敖漢旗)박물관의 전언국(田彦國) 관장, 그리고 중국 사회과학원 고고연구소 유국상(劉國祥) 처장께도 감사를 드린다.

국내에서 많은 도움을 주신 국립천문연구원의 양홍진 박사님과 고인돌 연구자이신 우장문 박사님, 언어고고학적 조언을 아끼지 않으신 단국대학교 몽골학과 이성규 교수님께 감사를 드린다. 이분들과의 공동 연구를 통해 여러 학문 분야의 학자들이 참여하는 융합 연구가 얼마나 연구의 지평을 넓힐 수 있으며 또 얼마나 풍성한 연구 결과를 가져올 수 있는지 그 가능성을 볼 수 있었기 때문이다.

학생들에게도 많은 도움을 받았다. 현장 조사에 한 번도 빠지지 않고 참여하여 부지런히 자료를 만들어 준 중국 사회과학원 고고연구소 박사과정 박진호 선생님, 자료 분석과 원고 정리에 도움을 준 인하대학교 융합고고학전공 박사과정 이인숙 선생님, 강승우 선생님, 본인의 지적재산권임에도 불구하고 많은 사진 자료를 제공해 주신 전성영 선생님 등은 공저자와 같은 분들이다. 이분들에게 각별히 고마운 마음을 전한다. 요즘 세상이 사는 게 힘들다고 난리다. 세상 사는 게 힘들다는 것은 기업하는 분들도 어렵다는 이야기다. 이렇게 어려운 여건에서도 말타니(주)의 이세용 회장님께서는 우리 역사의 흔적을 남겨 놔야 한다는 일념으로 거금을 쾌척하여 이 책을 출판하게 되었다. 어려울 때 행동하는 것이 의인이라 하였는데, 이 회장님을 두고 한 말이 아닌가 한다. 이 자리를 빌어 책을 내주시는 것에 대한 감사와 우리 민족사를 살뜰이 살피시는 것에 대하여 다시 한 번 감사드린다. 마지막으로, 현장 연구 때문에 1년의 3분의 1은 집을 비우는 글쓴이를 대신하여 늘 아빠 몫까지 아이들을 돌봐 준 집사람에게 고마운 마음을 전한다.

2018년 11월 20일
저자 굽은솔 복기대 씀

차 례

홍산문화를 생각하며 　　　　　　　　　　　　　5

Ⅰ장. 홍산문화 연구사

　1. 홍산문화 연구 1기(19세기 말-20세기 초)　　30
　2. 홍산문화 연구 2기(20세기 초-1950년대)　　　37
　3. 홍산문화 연구 3기(1960년 후반-1970년대 중반)　40
　4. 홍산문화 연구 4기(1970년대 중반-1995년)　　43
　5. 홍산문화 연구 5기(1995-2018년)　　　　　　51
　6. 현재 중국 학계의 홍산문화 연구 방향　　　　63

Ⅱ장. 홍산문화 개관

　1. 홍산문화 개요　　　　　　　　　　　　　　72
　2. 홍산문화 연대　　　　　　　　　　　　　　77
　3. 홍산문화 분포 지역의 자연지리 및 유적 분포 현황　79

Ⅲ장. 홍산문화 유적 및 유물 분석

　1. 유적　　　　　　　　　　　　　　　　　　88
　2. 유물　　　　　　　　　　　　　　　　　　158

차 례

IV장. 홍산문화의 기원과 관련 문화들과의 관계

1. 홍산문화의 기원   214
2. 홍산문화 지역 유형   241
3. 홍산문화 시기별 특징   252
4. 홍산문화 중심지   253
5. 홍산문화와 동시대 주변 문화들의 관계   256
6. 하북지역문화의 관계   273
7. 홍산문화와 요서 지역 후대 문화의 관계   295

V장. 요서 지역의 생태 환경과 홍산문화의 인류학적 고찰

1. 홍산문화 시기의 기후   320
2. 홍산문화 시기의 경제   334
3. 홍산문화의 인류학적 고찰   342

차 례

VI. 홍산문화 시기의 사회

1. 홍산문화 전기와 중기   360
2. 홍산문화 후기   361
3. 권력 발생과 유지   363
4. 천문 관측 시스템 구축   367
5. 종교 시스템 구축   368
6. 전문가 집단의 출현   370
7. 문화권 형성   372

VII. 홍산문화의 붕괴   375

VIII. 맺음말   386

찾아보기   402

Ⅰ장. 홍산문화 연구사

 만주를 본향으로 한 청나라는 1800년대 후반 들어 급격히 기울기 시작했다. 청나라의 국세 쇠락은 국내 정세 불안과 이에 이어진 대외 정책 실패를 가장 큰 원인으로 볼 수 있다. 외정 실패 중 청일전쟁(淸日戰爭)에서 일본에 패배한 것은 조선과 대만에 대한 영향력의 상실을 가져왔다. 그리고 1904년의 러일전쟁(露日戰爭)의 결과는 청나라 황실의 발상지인 만주 지역에 대한 영향력을 일본에게 통째로 넘겨주는 엄청난 결과를 가져왔다. 그 후 일본은 청나라와 1909년 이른바 '간도협약'이라고 불리는 정미조약을 맺음으로써 만주 지역을 청나라 영역으로 인정하였지만, 아무 능력이 없었던 청나라는 허울만 청나라였고 실제는 일본의 통제 아래 있었다. 이런 상황 아래 일본의 관원이나 학자들은 만주 지역을 마음대로 활보하며 그들의 관심사를 마음대로 연구하며 그들이 원하는 바대로 일을 할 수 있었다. 특히 학자들의 활동은 그들 마음대로 할 수 있었는데 많은 학자들이 만주에 들어와 그들과 일본이 필요한 많은 조사를 진행하였다.
 그중 지금의 개념으로 요서지역은 1900년대 초반에 도리이 류조의 답사를 통하여 베일에 싸여 있었던 그 실체를 어렴풋이나마 알 수 있었으며 30년 가까운 세월이 흐른 1935년 고고학자 하마다 고사쿠(濱田耕作)와 미즈노 세이치(水野淸一)가 당시 열하성(熱河省) 소오달맹(昭烏達盟)의 홍산

내몽고 적봉시 홍산후 유적 위치도

(紅山) 뒤편을 발굴했다. 이 발굴에서 얻어진 몇몇 사실은 훗날 중국 동북 지역 중 일부인 요서(遼西) 지역의 고대사와 선사시대 문화를 연구하는 데 시금석이 되었다. 이때 조사된 몇몇 유물에 대한 해석과 평가는 학자마다 차이가 있지만, 당시에 이미 체계적인 조사를 통하여 요서 지역에서 채도(彩陶)를 발견했다는 점은 높이 살 만하다. 이때 발견된 채도는 이후 이 지역 역사 및 문화 연구에서 독립적인 문화권을 설정하는 계기를 제공하기도 하였다.

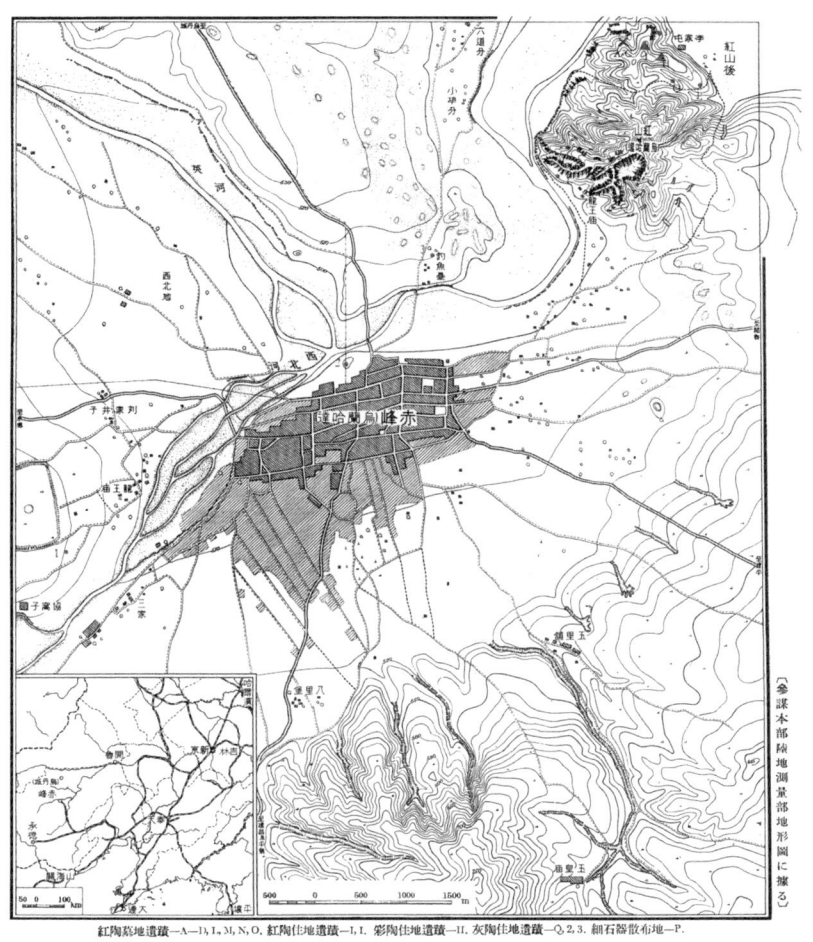

紅陶墓地遺蹟—A—D, L, M, N, O, 紅陶住地遺蹟—L, I. 彩陶住地遺蹟—H, 灰陶住地遺蹟—Q, 2, 3. 細石器散布地—P.

홍산후 유적 발굴 당시 위치도

I 장. 홍산문화 연구사 21

홍산후 유적 제1거주지역(a-c 구역)

홍산후 유적 제1거주지역(c 구역)

홍산후 유적 전경

이 조사가 있은 후 중국 내의 정세가 불안해지고 중일전쟁이 발발하면서 모든 학문적인 조사는 제대로 진행될 수 없었다. 그리고 1945년부터 시작된 중국 내전으로 1950년대 초반까지 아무것도 할 수 없었다. 1950년대 들어 중국 고고학계가 중국 고고학 이론으로 연구를 시작한 지 얼마 되지 않아 홍산 유적과 그 주변 지역 답사 결과는 '홍산문화(紅山文化)'라는 한 문화 시대의 역사로 자리매김하게 되었다.3) 그 후 한동안 홍산문화는 독립 분야로 연구되기 보다는 요서 지역 고대 문화의 일부로 다루어졌다. 그러다가 1970년대 후반에 새로운 문화 요소들이 발견되면서 중국 학계는 다시 홍산문화를 주시하게 되었고, 이어 1980년대에 들어 동산취 유적과 우하량 유적이 발굴되면서 홍산문화 연구는 전환기를 맞게 되었다. 특히 대형 제사 유적과 여신상, 그리고 용 상징이라는 유물의 발견은 중국 학계를 들끓게 했다. 그중 일부는 홍산문화가 중국 문명의 기원에 일정한 역할을 한 증거로 받아들여졌다. 이러한 흐름을 타고 자연스럽게 홍산문

---

3) 尹達, 〈關于赤峰紅山後的新石器時代遺址〉, 《中國新石器時代》, 三聯書店, 1955年.

화에 관한 심층 연구가 진행되어 현재 많은 연구 결과가 축적된 상태이다.

그러나 그동안 중국의 홍산문화 연구는 홍산문화 전체를 조명한 것이 아니고, 이 문화 후기에 발전한 일부 유적들에 집중되었다. 이러한 경향은 최근 중국 학계가 집중하고 있는 '중화 5000년 역사' 세우기와 다수 민족이 모여 통일 국가를 이루었다는 국가적 자부심을 고양하기 위한 국가적 사업들과 맞물려 있으며, 그 일환으로 홍산문화의 중요성이 강조되고 있다.

홍산문화에 관한 중국 학계의 이러한 이해와 연구 동향과는 별도로 한국 학계에서도 비슷한 움직임이 일고 있다. 한국 학계는 한국 민족 문화의 기원을 찾고자 노력하는 과정에서 홍산문화를 주목하게 되었다. 한국 학계에서 홍산문화에 부쩍 관심을 두는 이유는 한국 상고사를 해석하는 데 홍산문화가 여러 측면에서 한국 기원 문화에 가장 근접치를 나타내는 문화로 여겨지기 때문이다.

한편 한국과 중국의 상황과는 무관한 다른 나라 고고학자와 인류학자에게는 홍산문화의 대형 제단, 여신상, 피라미드 등은 신석기시대 후기 동북아시아 고대 문화를 연구하는 데 더할 나위 없이 중요한 자료가 되고 있다. 이로 인해 최근 홍산문화는 한국 학계와 중국 학계의 관심을 뛰어넘어 전 세계 학계의 주요 연구 주제로 떠올랐다. 세계 학계는 홍산문화 지역을 동아시아 고대 문화 발상지 중 한 곳으로 지목하여 국제적인 연구를 진행하고 있다. 이러한 최신 연구 동향은 "홍산문화가 정치적으로 어떻게 이용될 수 있는가?"라는 논쟁을 떠나 이 문화가 학문적으로 충분히 연구할 가치가 있다는 데 학자들이 동의함을 시사한다.

홍산문화 연구사는 홍산문화 자체 연구에 국한하지 않고, 중국 요서 고고학사 맥락에서 파악해야 한다. 요서 고고학 연구사는 중국 학자로부터 시작된 것이 아니다. 요서 지역에서 고고학적 연구는 20세기 초에 시작되었다. 1908년 일본 학자 도리이 류조(鳥居龍藏)[4]가 홍산후(紅山後)를 답사한 이후 1924년에는 천진(天津) 북강박물원(北疆博物院)의 에밀 리쌍(Emile Licent)과 떼야르 드 샤르댕(Teilhard de Chardin)이, 1930년에는 중화민국 양사영(梁思永)이 이 지역에서 표면 채집으로 유물을 수집했다.

이후 홍산 지역민들이 유적을 파헤쳐 부장품을 내다 파는 사례가 늘자 유물 산실을 우려한 적봉 주재 일본영사관은 유물을 수집하여 1933년 교토제국대학에 기증했다. 이로부터 홍산후는 중요한 만주 선사 유적으로 인식되어 이해 가을 도쿠나가 시게야스(德永重康)를 단장으로 '만주몽고 학술조사단'이 꾸려졌다. 곧이어 1935년 동아고고학회가 교토제국대학 총장이던 하마다 고사쿠를 단장으로 하여 홍산후 선사 유적을 발굴했다. 그 후 앞서 말한 바와 같이 1950년대 초반까지는 조사를 하지 못했다. 내전이 중공의 승리로 끝나며 각지에서 발굴이 잇달았고, 1954년 채도와 세석기를 특징으로 하는 이 문화를 홍산문화 첫 발견지인 홍산후를 기념하여 '홍산문화'라고 이름 하였다.

일본에서 중국 고고학 연구에 선구자 역할을 한 도리이 류조는 이 지역을 답사하며 많은 자료를 확보했는데, 그가 수집한 요서 고고학 자료들은

---

[4] 도리이 류조(1970-1953)는 일본 1세대 고고학자 겸 인류학자이다. 17세 때 도쿄 인류학회에 가입해 회장 쓰보이 쇼고로(坪井正五郎)의 지도를 받았다. 도쿄대학, 고쿠가쿠인대학(國學院大學), 조치대학(上智大學) 교수로 재직했다. 1939년부터 1951년까지는 옌징대학(燕京大學) 객원교수로서 북경에 거주하며 연구를 계속했다. 도리이 류조는 민족학에도 관심이 많아 타이완, 지시마(千島), 사할린, 몽골, 만주, 시베리아, 한반도, 중국(남부) 등 광범위한 지역을 연구했으며, 동북아시아 민족들의 물질문화 연구에 개척자가 되었다. 도리이 류조는 요서 지역뿐만 아니라 만주 전 지역을 조사했는데, 그가 남긴 자료들은 훗날 일본이 만주를 침략하는 데 결정적인 자료로 활용되었다. 도리이 류조가 답사한 요서 지역의 많은 유적과 유물은 훗날 책으로 정리되었다. 그의 많은 저작물은 《鳥居龍藏全集》(총 12권, 1976)로 총정리되어 있다.

일본이 만주를 침략하는 데 중요한 참고 자료가 되었다.5) 또 스웨덴 광산 전문가 요한 구나르 안데르손(Johan Gunnar Andersson)도 이 지역을 답사했는데, 이처럼 요서 지역 연구는 중국 학자들보다는 외국 학자들이 먼저 참여했다.6) 요서 고고학이 외국 학자들에 의해 출발하게 된 배경에는 당시 중국의 극심한 정치 혼란과 더불어 중국 학자들이 유럽에서 새롭게 시작된 고고학이라는 학문에 대한 이해가 부족했던 탓이 크다.

당시 중국에서는 중국 학자들 간에 상고사 논쟁이 벌어졌는데, 이 논쟁이 유명한 '의고논쟁(疑古論爭)'이다. 고힐강(顧頡剛), 호적(胡適), 전현동(錢玄同) 등 대표적인 의고학파(疑古學派) 인물들은 과학적으로 증명할 수 없는 은(殷)나라7) 이전 중국사는 믿을 수 없다고 주장했다. 이러한 의고학파들의 견해는 서양 과학문명을 이해하지 못하여 중국이 무너졌다는 처절한 반성에서 기인한 것으로 무엇보다도 과학적 사고를 중시한 까닭이었다. 의고학파의 주장은 당시 중국 지식인들 사이에 엄청난 반향을 불러일으켜 과학적 역사 연구의 필요성이 뒤이어 제기되었다. 이른바 실증사학의 필요성이 제기된 것이다. 중국 학계가 이러한 소용돌이에 휘말려 있을 때 중국 1세대 고고학자 몇몇은 미국과 독일에서 고고학을 배우고 있었다. 이는 과학적인 학문을 하기 위한 방법론을 배우기 위함이었는데, 역사적으로 말하는 의고학파들의 주장에 동의한 측면도 있었다. 이들은 유학을 마치고 돌아와 첫 번째로 1928년 산동성 역성현 성자애(城子崖) 유적을 발굴했는데, 이 유적 발굴을 계기로 중국 학계는 '고고학을 통한 중국

---

5) 鳥居龍藏, 《蒙古旅行》, 1914年.
6) 1990년대 필자가 현장을 답사할 때 촌의 어르신들께 들은 이야기에 의하면 1945년 이전에 일본인들이 이 지역을 조사할 때 조선인 복장을 하고 조선말을 하고 다녔다고 한다.
7) 1970년대 이전에는 상(商)이 아니라 은(殷)으로 통용되었다.

사 연구'라는 새로운 연구 방향을 정립하게 되었다.8) 즉, 과학적 증거가 없는 역사는 믿기 어렵다는 것이었는데, 이러한 연구 태도는 전 중국 학문 연구자들에게 큰 영향을 끼쳤다.

이러한 시대 조류를 타고 요서 지역 연구에도 많은 인력이 참여했다. 요서 고고학 분야에서는 중국이 대대로 중시해 온 황하 중류 지역을 제외한 이른바 '변방'이라는 지역 치고는 매우 수준 높은 연구가 진행되었다. 그 이유는 크게 세 가지로 볼 수 있다.

첫째, 19세기 말부터 20세기 초반까지 이어진 정치적 상황에 기인한다고 볼 수 있다. 즉, 요서 지역은 1800년대 이러한 정치적 변동을 겪고 1911년 손문이 신해혁명을 일으키자 청나라 황실은 본향인 만주로 돌아갔지만 정권을 세울 수 있는 상황이 아니었다. 이 상황에서 일본은 본격적으로 청나라 내정에 간섭하는 동시에 만주 전역에 강력한 영향력을 행사하기 시작했다. 일본은 우선적으로 만주 역사 유적 조사를 실시했는데, 이때부터 만주 연구가 시작되었다. 그 결과 다른 지역보다 기초적인 연구가 잘 되어 있었다.9)

---

8) 중국 고고학자들이 첫 발굴이라는 고고학사의 기념비적인 발굴이 이 산동성 역성현 성자애 발굴이었다. 그런데 당시 발굴단은 이 성자애 발굴을 하기 위하여 조직된 것이 아니라 다른 지역을 발굴하기로 하였는데, 발굴 대상 지역이 정치적 혼란으로 발굴을 할 수 없는 사정이 생겼다. 그러자 이미 발굴단은 조직하였고, 경비도 마련되어 북경에서 멀지 않은 산동성 역성현 성자애를 발굴하게 된 것이다. 중국 고고학계의 첫 발굴이라는 들뜬 기분으로 발굴을 진행한 것인데, 중국 상고사를 새롭게 볼 수 있는 결정적인 자료를 수집하게 된 것이다. 이 발굴로 인하여 이른바 '의고학파'들이 주장한 과학적이지 않으면 믿을 수 없다는 증거 제시 요구에 증거를 제시할 수 있어 이후 중국 상고사 연구에 돌파구를 열었을 뿐만 아니라 고고학의 중요성을 알게 된 것이다.

9) 일본이 만주를 집중적으로 조사한 이유는 확실하지 않지만, 당시 일본이 대륙으로 진출하려면 반드시 만주를 거쳐야 했기 때문에 사전 조사를 한 듯하다. 따라서 일본의 홍산문화 연구는 홍산문화 자체 연구보다는 만주 역사 연구의 일부로 이해할 수 있다. 일본 학자들은 기마민족 정복설에서 기마민족의 출발지를 요서로 보며, 일본어가 요서에서 발생

둘째, 1949년 모택동이 중국 대륙에 중화인민민주주의공화국(中華人民民主主義共和國)을 세우면서 학문 연구 경향에도 변화가 일어났다. 건국 후 중국은 주체적인 학문을 지향했는데, 역사학에서는 특히 그러한 성향이 두드러졌다. 이 당시 중국 역사학의 대표적인 경향은 의고학파 학설의 오류를 증명하는 것이었다. 청나라 말 의고학파는 전통적으로 아무 비판 없이 중국 역사로 인식되어 온 하·상(夏商)시대를 부정했다. 이런 시대적 흐름에서 고고학은 하·상시대를 증명하는 수단으로 안성맞춤이었다.

이러한 시대 분위기에 힘입어 중국 고고학은 욱일승천했고, 그동안 축적된 많은 연구 결과가 재평가되었다. 그 대표적인 유적 하나가 바로 이 홍산유적이었는데, 1950년대 여준악이 이끄는 북경대학교 고고학 전공 학생들이 주축이 되어 과거 일본 학자들이 조사한 당시 소오달맹 홍산 지역을 다시 조사하게 되었다. 그 과정에서 여준악의 조사단은 홍산 뒤편이 아닌 홍산의 남쪽 지역을 조사하게 되었는데, 이 조사 결과를 근거로 하여 과거 일본인들이 조사한 홍산 뒤편 지역에 대한 조사 결과를 다시 분석하게 되었고, 일본 학자들이 작성한 '적봉(赤峰) 홍산후'의 발굴 보고서를 다시 평가하게 되었다.10)

그 재평가의 내용은 다음과 같다. 1935년 홍산후를 발굴한 일본 학자들은 홍산후 유적을 적봉 1기 문화와 적봉 2기 문화로 구분하고, 적봉 1기 문화는 선사시대 문화로, 적봉 2기 문화는 진·한(秦漢)시대 문화로 파악했다. 반면 중국 학자들은 적봉 2기 문화는 진·한 시기 문화가 아니라 양상이 다른 두 시기의 청동기시대 문화라는 견해를 제기했는데, 이는 매

했다는 견해를 증거로 제기했다. 후일 일본 관동군이 발행한 역사 지도집도 이 시기에 근간을 잡은 것으로 알려져 있다.
10) 呂遵諤, 〈內蒙古赤峰紅山後考古調査報告〉, 《考古學報》 1958年 第3期.

홍산전 유적11)

우 놀라운 발견이었다. 이 견해가 훗날 요서 지역 고대 문화를 연구하는 데 이정표가 되었으며, 연구 수준이 단숨에 일취월장하는 계기가 되었다. 이후 중국 학계는 의고학파 학설에 대한 반대 논리 개발과 나름대로 궤도에 오른 연구 방법으로 요서 지역 역사를 새롭게 연구하기 시작했다.

셋째, 중국 학계가 그 넓은 중국 땅에서 하필 요서 지역에 관심을 둔 이유는 무엇일까? 무엇보다 중국인들은 요서 지역이 북경에서 300~400km 밖에 떨어져 있지 않아 황하 중류 유역을 제외하면 산동 못지않게 수도에서 가깝다고 느낀다. 또한, 전통적으로 중국 역사는 동서를 중심으로 발전해 왔다고 생각하여 동쪽과 동북쪽에 친연성을 느낀다. 이러한 의식은 갑골문에서부터 계속 이어져 《사기(史記)》〈오제본기(五帝本紀)〉와 상나라 역사를 보면 동이(東夷)의 영역으로 일컬어진 중국 동부 지역 역사를 매

---

11) 적봉 홍산 지역 답사를 가면 원래 홍산후 지역을 답사하는 것이 아니라 대부분이 이 홍산전 유적을 답사한다. 두 유적은 홍산을 중심으로 남북에 위치한 전혀 다른 유적이다.

우 중시했고,[12] 후대 학자들 역시 중국인의 조상과 관련하여 동북 지역인 요서 지역을 중시했다.[13]

중국 학자들의 이러한 연구 태도, 즉 동쪽과 동북쪽 지역을 그들 조상의 발원지로 여기는 태도를 고려하면서 글쓴이는 홍산문화 연구사를 다섯 시기로 나누어 살펴보고자 한다. 시기별 특징을 정리하면 다음과 같다.

1. 홍산문화 연구 1기(19세기 말-20세기 초)

도리이 류조 생전 모습[15]

홍산문화 연구 1기는 1800년대 말부터 1900년대 초반으로 볼 수 있는데, 이 시기에는 중국인 연구자들보다 외국인들이 요서 지역에 관심을 보였다.[14] 외국 학자들은 요서 지역의 고고학적 조사나 역사 연구보다는 광물 탐사 등 다른 목적으로 이 지역을 조사하면서 부수적으로 이 지역 역사 자료와 유물을 수

---

12) 楊錫璋,〈殷人尊東北方位〉,《慶祝蘇秉琦考古學五十五年論文集》, 文物出版社, 1989年.

13) 이러한 거시적 안목도 있지만, 요서 지역 연구에 가장 크게 공헌한 학자는 소병기(蘇秉琦)이다. 소병기는 1974년 소오달맹 옹우특기에서 발견된 C자형 옥기에 주목하고, 요령성 객좌현 동산취 유적 발굴을 중시하면서 요서 지역 연구를 촉발한 장본인이다. 소병기 이후 요서 지역의 고고학적인 연구는 빠른 속도로 진행되었다.

14) 이 시기에 중국 학계와 일본 학계에서 가장 주목받은 것은 호태왕비이다. 호태왕비 발견으로 중국과 일본의 많은 학자가 만주에 관심을 갖기 시작했다.

집하여 정리했다. 따라서 이 시기 연구는 전문적인 조사보다는 박물학적인 조사와 지표면에서 수집한 자료를 통해 고대 문화 존재 여부를 확인하고 이해하는 수준으로 볼 수 있다. 이처럼 요서 지역에 관한 기초적인 이해는 열강들이 중국을 침략하는 과정에서 자국의 이익을 위해 각 지역을 탐사할 필요에서 시작되었다.

이 과정에 여러 분야 전문가들이 참여했는데, 1908년 일본 고고학자 도리이 류조는 조사단을 조직하여 답사가 아닌 조사를 한 것으로 보인다. 당시 도리이 류조는16) 홍산 지역을 조사하여 기록으로 남겼다.17) 이 기록을 바탕으로 1935년에 홍산후 발굴을 하게 된 것이다.

프랑스 박물학자 에밀 리쌍도 요서 지역을 답사한 기록이 보인다.18) 리쌍은 당시 천진 북강박물원에서 일하면서 중국 내 이곳저곳을 답사했으

---

15) 도리이 류조 저 · 최석영 역, 《인류학자와 일본의 식민지 통치》, 서경문화사, 2007.
16) 도리이 류조(鳥居龍藏)는 오늘날 동북아시아 역사 연구의 고고학 관련 기초를 세운 학자이다. 그는 1870년 일본 도쿠나가에서 태어나 1953년에 사망하였다. 그는 정규 교육을 제대로 받지 않았지만, 연구 능력으로 동경대학교 교수가 되었다. 그는 현장 조사를 철저히 하였고, 최초로 사진을 찍어 연구에 활용을 하였으며, 녹음기를 사용하여 많은 자료를 남겨 놓았다. 그의 연구 범위는 전 동북아시아에 미치지 않은 곳이 없었다. 그러나 대부분이 당시 일본 정부가 추진하는 제국주의에 확장에 선봉적인 역할을 하였다. 그의 조사는 연구에 기초 자료로 활용하는 데 큰 도움이 되지만, 그가 해석하고 결론을 내린 것들은 대부분이 많은 오류가 있다. 대표적으로 오늘날 한국사의 최대 쟁점 중에 하나인 한사군이 한반도에 있었다는 고고학적 근거를 제공한 것도 역시 이 도리이 류조였다. 물론 이 자료도 오류 투성이였다. 그는 학문적으로 세키노 타다시와 많은 논쟁을 하였다. 1924년 동경대학교 교수직을 그만두고 개인 연구를 하다가 1939년 연경대학에 초빙되어 많은 연구를 하였다. 1945년 일본이 패전을 하고 북경에서 돌아오면서 당시 연구한 모든 자료를 가지고 돌아와 일본이 동북아시아 연구를 하는 데 큰 도움을 주었다.
17) 鳥居龍藏, 《南滿洲調査報告》, 日本, 1910年.
18) 에밀 리쌍(1876-1952)은 1914년부터 천진 북강박물원에서 일한 경험을 1932년에 발표했다. Père Émile Licent, Les collections néolithiques du Musée Hoang-ho Pai-ho Tien-tsin, Tientsin, 1932.

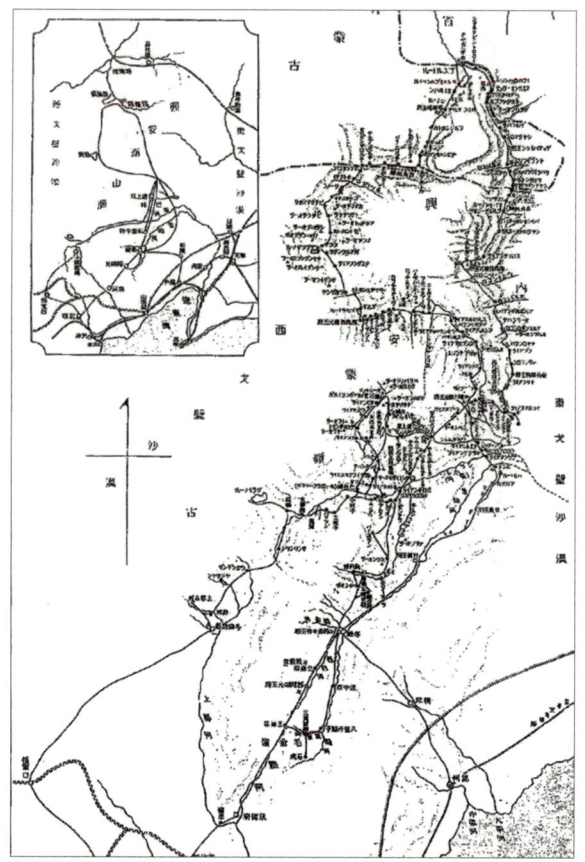

도리이 류조가 북만주 일대를 조사한 경로[19]

며, 그가 수집한 요서 지역 유물 중에는 선사시대 유물이 포함되어 있었다. 리쌍의 답사 기록은 훗날 일본 학자들이 요서 지역을 답사할 때 꼭 참고해야 할 자료로 활용되었을 만큼 연구사적 가치를 가지게 되었다. 리쌍은 나중에 많은 유물을 프랑스로 가져갔다.[20]

---

19) 도리이 류조 저 · 최석영 역,《인류학자와 일본의 식민지 통치》, 서경문화사, 2007.
20) 濱田耕作 · 水野淸一,〈赤峰紅山後: 熱河省赤峰紅山後先史遺跡〉,《東方考古學總刊》甲

연구실에서 리쌍

리쌍의 유물 수장고

한편 청나라 정부 초청으로 북경에 와 있던 스웨덴 광산 전문가 안데르손은 1921년 6월에 에밀 리쌍이나 도리이 류조의 답사와는 수준이 다른 요서 지역 조사를 실시했다. 안데르손은 중국 내 광물 탐사는 뒷전으로 한 채 유적지들을 조사하고 다녔는데, 이때 안데르손이 조사한 많은 선사시대 유적과 유물은 20세기 중반 중국 고고학의 밑바탕이 되었다.

안데르손 생전 모습

안데르손은 요서 지역을 조사하는 과정에서 현재 요령성 호로도(葫蘆島)시 사과둔(沙鍋屯)에 있는 한 동굴을 조사하게 되었다. 이 동굴 조사에서 몇 가지 특이점이 발견되자 바로 발굴을 했다.[21]

種 第6冊, 東亞考古學會, 1938年.

21) 사과둔 동굴 발굴은 중국 고고학사에서 첫 번째 정식 유적 발굴이다. 그러나 중국 학계에서는 이 유적 발굴에 큰 의미를 부여하지 않는다. 가장 큰 이유는 중국사와 특별한 관계가 없는 이른바 북방 지역 유적이고, 체계적으로 고고학자가 발굴한 것도 아니고, 또한 중국 학자가 발굴한 것도 아니었기 때문이다. 이 유적을 발굴한 안데르손은 1921년

호로도시 사과둔 유적 표지석 　　　　호로도시 사과둔 동굴 유적 입구

동굴 입구는 너비 약 1.8m, 높이 1.5m, 폭 5m였다. 발굴 결과 지층은 5층으로 확인되었다. 유물은 돌칼, 세석기, 지(之)자 무늬 질그릇 조각, 채도 조각, 뼈바늘, 세가랑이솥(鬲) 조각, 돌로 만든 장신구, 사람 뼈 42구가 발견되었다.

1923년에 출판된 사과둔 동굴 발굴 보고서는 요서 지역 연구에 관한 첫 보고서이다.[22] 이 보고서에서 안데르손은 사과둔 동굴에서 발굴한 채도를 앙소문화(仰昭文化) 영향을 받은 것으로 보았다.[23] 훗날 중국 학자들

　6월부터 9월까지 사과둔 동굴을 발굴하고, 곧이어 10월에는 하남성 민지현(俺池縣) 앙소촌(仰昭村)을 발굴했다. 이 앙소촌 유적은 사과둔 유적과는 다르게 대대적인 공표를 하였다. 가장 큰 이유는 이른바 중원 지역에서 발견된 것이고, 더욱 중요한 이유는 중화문명의 기원을 찾을 수 있다는 가능성 때문이었다. 이 앙소촌은 워낙 유명해서인지 중국의 첫 고고학 발굴은 앙소촌 발굴로 알려져 있다.

22) 安特生,〈奉天錦西沙鍋屯洞穴層〉,《中國古生物誌》丁種 第一號 第一冊, 地質調査所, 1923年. 이 보고서는 고병익 교수가 한글로 번역했다.
23) 안데르손이 사과둔 유적에서 발견된 채도를 앙소문화 영향을 받은 채도로 오해한 것은 사과둔 유적 발굴에 바로 이어 앙소촌을 발굴하면서 수많은 앙소문화 채도를 보았고, 여기에 자신의 서방문화기원론을 접목하여 사과둔 채도가 앙소를 거쳐 요서 지역으로 온 것으로 이해한 데 따른 것이다.

은 사과둔 유적을 소하연문화(小河沿文化) 유적으로 분류했다.[24]

요서 지역이 학자들 눈에 띄기 시작할 즈음 중국 고고학 1세대 양사영이 미국 유학을 마치고 돌아왔다. 1930년대 양사영은 흑룡강 일대를 조사하고 돌아오는 길에 요서 지역 몇 군데를 답사하고, 채집한 몇몇 유물을 앙소문화와 연관시켜 주목했다. 양사영의 이러한 관점은 안데르손의 영향을 받은 것이기도 하다.[25]

비슷한 시기에 일본 학자들이 도리이 류조의 연구를 기반으로 본격적으로 요서 지역 조사에 나섰다. 1933년 도쿠나가 시게야스(德永重康)를 단장으로 '제1차 만주몽고 학술조사 연구단'이 결성되었다. 이 연구단에는 하치 이치로, 하마다 고사쿠, 미즈노 세이치 등이 소속되어 있었다. 이들은 소오달맹 홍산 지역 조사를 맡았는데, 이 조사에서 야와타 이치로(八幡一郞)는 홍산 앞쪽(紅山前)을, 하마다 고사쿠와 미즈노 세이치는 홍산 뒤쪽(紅山後)을 조사했다. 홍산 뒤쪽 조사에서 돌널무덤과 여러 가지 유물이 수집되자 조사를 확대하여 1935년 발굴을 시행했다. 이 발굴에서 많은 유적과 유물이 발견되었다. 일본 학자들은 발굴된 유물들을 분류하면서 채도 조각들이 출토된 층을 신석기시대 문화로 편년하고 '적봉 1기 문화'라고 이름을 붙이고, 세가랑이솥을 위주로 하는 문화층은 진·한 시기 문화로 편년하고 '적봉 2기 문화'라는 이름을 붙였다.[26]

---

24) 李恭篤·高美璇, 〈試論小河沿文化〉, 《中國考古學會第2次年會論文集》, 文物出版社, 1980年.
25) 梁思永, 〈熱河查不干廟等處所採集之新石器時代石器與陶片〉, 《梁思永考古文集》, 科學出版社, 1959年.
26) 濱田耕作·水野淸一, 〈赤峰紅山後: 熱河省赤峰紅山後先史遺跡〉, 《東方考古學叢刊》 甲種 第6冊, 東亞考古學會, 1938年. 이 보고서는 당시로는 보기 드물게 컬러판으로 출간되었고, 체질인류학적 분석 결과도 첨부되어 있다.

적봉시 홍산 전경(서면)

요서 지역에서 일본 학자들의 조사가 진행되는 가운데 한편에서는 일본이 주도한 만주국 건국, 한·일전쟁, 중·일전쟁 때문에 만주 지역도 전쟁에 빠져들었다.27) 이러한 상황이 지속되어 1940년대에 이르면 더 이상 공개적인 고고학적 조사를 할 수 없게 되었다. 1945년 일본이 패전하여 만주에서 물러가자 이 지역은 곧바로 중국 내전에 휩싸였고, 1949년 중화인민민주주의공화국이 건국되기 전까지는 어떠한 고고학적 조사도 할 수 없었다.

---

27) 일본은 이 시기에 만선철도공사를 내세워 만주 지역의 고고 유적과 역사에 관한 많은 연구를 진행했다. 발굴 보고서를 낸 경우도 있지만, 조사 자료 대부분은 소재를 알 수 없다. 또한 도굴한 유물들이 간혹 일본 전시회에 나타나는 것으로 보아 당시 도굴도 많이 했고, 정식 조사를 했더라도 보고서를 쓰지 않은 경우가 많은 듯하다. 일본인들은 한반도에서도 그런 죄악을 스스럼없이 저질렀는데, 평양 유적이 파괴된 것이 그 대표적인 예이다. 濱田耕作, 〈貔子窩〉, 《東方考古學叢刊》 甲種 第1冊, 1929年; 原田淑人·駒井和愛, 〈木羊城〉, 《東方考古學叢刊》 第2冊, 1931年; 森修, 〈南滿洲發現の漢代靑銅遺物〉, 《考古學》 8卷 7號, 1937年 참조.

지금까지 살펴보았듯이 홍산문화 연구는 1908년 도리이 류조의 조사, 1921년 안데르손의 사과둔 발굴, 1924년 에밀 리쌍의 조사, 1935년 일본 학자들의 발굴, 그리고 양사영을 비롯한 중국 학자들의 간헐적 조사로 연구 단초를 마련했다. 이후 만주 지역은 세계사의 조류에 휘말려 약 10년 동안 연구에 진전이 없었다.

홍산문화 연구 1기의 특징은 외국인들이 홍산문화를 포함하여 요서 지역 전체를 연구하기 시작했다는 점이다. 당시 중국 고고학계의 상황을 보면 축적된 자료를 활용한 체계적 연구보다는 기초 자료 축적 단계라는 평가가 더 적절할 것이다. 또 한 가지 짚을 점은 정치적 목적을 위한 연구였다는 점인데, 일본 학자들의 연구가 정치적으로 이용된 것이 그 예이다.

2. 홍산문화 연구 2기(20세기 초-1950년대)

이 시기는 1950년대까지이다. 1949년 중화인민공화국 건국과 함께 중국은 정치적으로 안정 국면에 접어들었다. 이때부터 중국 고고학계가 활발히 활동하기 시작했다. 사회주의 국가에서는 마르크시즘에 따라 사회 발전 단계를 증명하기 위해서도 고고학을 활용할 필요가 있었다.[28] 이 시기에 중국 고고학계가 활발히 움직일 수 있었던 것은 전쟁 전 외국에서 유학하고 돌아온 학자들 덕택이다.

---

[28] 고고학을 통해서 역사연구를 하도록 한 가장 큰 영향을 끼친 학자는 고든 차일드라고 볼 수 있다. 당시로 볼 때 그의 이론은 매우 진보적이었고 구조적이었다. 그러므로 많은 학자들이 고든 차일드의 이론을 활용하였는데, 그가 주장한 연구 방법은 사회주의 국가에서도 많이 활용하였다.

1920년대까지만 해도 중국에는 고고학이라는 학문이 없었으므로 고고학 이론과 조사 방법을 독일, 미국 등 고고학 선진국에서 배워야 했다. 양사영, 하내(夏鼐) 등 신진 학자들은 미국과 독일에서 배운 고고학 방법론을 토대로 황하 중류 유역과 산동 지역을 발굴하여 중국 문화의 기원에 관한 이론을 정립했다. 이들의 영향을 받은 2세대 고고학자 몇몇이 당시 적봉 1기 문화로 알려진 요서 지역 문화에 관심을 갖기 시작했다. 젊은 중국 고고학자들은 일본 학자들이 발굴한 적봉 홍산후 자료를 바탕으로 요서 지역에 접근할 수 있었다. 이 과정에서 중국 고고학자들은 일본 학자들이 발표한 자료들에서 문제점을 발견하고 자료를 다시 분석했다.

중국 동북 고고학의 개척자로 평가되는 배문중(裴文中)은 장성(長城) 남북 지대의 역사 흐름에 나타나는 특징을 정리한 북방 문화 관련 자료를 발표했다. 배문중은 중국 학자로서는 처음으로 채도를 체계적으로 연구한 학자이다.[29] 그 후 몇 차례 조사가 더 진행되어 점차 문화 면모가 드러나기 시작했다. 왕우평(汪宇平)은 홍산 지역을 다시 조사하여 구체적인 문화 특징을 발표했다.[30] 윤달(尹達)은 일본이 발굴한 적봉 홍산후 자료를 분석하고 장성 북쪽의 신석기 문화 특징과 중국 학계에 새롭게 떠오른 앙소 문화 요소들이 서로 만나 새로운 문화가 탄생한 것으로 결론을 내리면서 이 새로운 문화를 '홍산문화'로 부르자고 제안했다.[31]

이 시기 여준악(呂遵鄂)은 요서 지역에는 신석기시대 및 시기가 다른 두 청동기시대를 구분할 수 있는 문화 요소가 있음에 주목했다. 여준악은 배문중을 지도교수로 한 북경대학교 역사계 고고학 전공 학생들을 이끌고

---

29) 裴文中,〈中國之彩陶文化〉,《歷史與考古》, 沈陽博物館滙刊, 1946年.
30) 汪宇平,〈內蒙古昭烏達盟赤峰紅山細石器文化遺址調查〉,《考古通訊》1956年 第4期.
31) 尹達,〈關于赤峰紅山後的新石器時代遺址〉,《中國新石器時代》, 三聯西店, 1955年.

자신은 현장 조사 책임을 맡아 과거 일본 학자들이 발굴한 홍산 지역을 다시 발굴했다. 이 실습 발굴에서 '之'자 무늬 채도 조각과 돌보습, 세석기 등 많은 유물을 수습했다. 이 발굴 결과 여준악은 적봉 홍산 유적에는 시대를 달리하는 두 청동기시대 문화와 신석기시대 문화가 공존함을 인정하고 윤달이 제안한 '홍산문화'라는 명칭을 사용하기 시작했다.32)

여준악이 홍산 청동기시대 문화를 시대가 다른 두 종으로 구별함에 따라 홍산 신석기시대 문화는 자연히 시대가 올라가게 되었다. 이는 윤달이 제창한 홍산문화 연대를 자연스럽게 올리는 결과를 가져왔다. 결과적으로 양사영과 윤달의 주장은 홍산문화 연대를 황하 중류 유역의 앙소문화 연대와 비슷하게 끌어올렸다. 이 동안 동주신(佟柱臣)이 1940년대에 요령성 능원(凌源) 일대에서 채도를 발견했다.33) 이 채도는 홍산문화의 주요 특징인 채도 분포 지역을 넓게 조망할 수 있는 중요한 단서가 되었다. 1950년대 들어 능원현 동쪽인 의무려산 근처 금주(錦州) 의현(義縣) 만불당(萬佛堂) 인근에서도 채도들이 발견되어 채도 분포 범위가 동쪽으로 의무려산 산기슭에 이른다는 사실을 구체적으로 보여 주었다.34) 이 단계에 이르러 큰 틀에서 홍산문화 분포 범위를 파악하게 되었다.

2기 연구 결과들은 이후 홍산문화 연구에 큰 디딤돌이 되어 만주 지역 선사시대 연구에 새로운 장을 열었다. 홍산문화 연구 2기는 중국 고고학사에서 볼 때는 불과 몇 년 만에 중국 고고학이 일본 고고학자들의 수준을

---

32) 呂遵諤, 〈內蒙古赤峰紅山後考古調査報告〉, 《考古學報》1958年 第3期.
33) 佟柱臣, 〈凌源新石器時代遺址調査〉, 《熱河: 滿洲古跡古物名勝天然記念物保存協會會誌 第4集 考古資料編》, 1943年 4月; "凌源新石器時代遺跡考察," 盛京時報 1943年 6月 13日, 15日 第5版; 〈凌源牛河梁彩陶遺址〉, 《建國敎育》, 1943年; 《中國東北地區和新石器時代考古論集》, 文物出版社, 1989年.
34) 張星德, 《紅山文化硏究》, 中國社會科學出版社, 2005年, 1쪽.

훌쩍 뛰어넘은 의미 있는 시기이기도 하다.

3. 홍산문화 연구 3기(1960년 후반–1970년대 중반)

3기는 1960년대부터 1970년대 중반까지 속하며, 중국이 지역별로 문화재 연구 기관을 설치한 결과 연구 대상이 점점 늘어나는 시기이다. 연구 기관들이 해당 지역을 조사하고 정리하는 과정에서 홍산문화 유적과 유물이 점점 증가하는 것을 볼 수 있다. 1960년대에는 발굴 사례가 증가하고 여타 유적이 발굴되어 홍산문화 전후 문화도 알게 되었다.

1962년 서광기(徐光冀)는 파림좌기(巴林左旗) 부하(富河) 유적을 발굴하여 집자리 37채와 세석기, 많은 질그릇 조각을 발견했다. 훗날 이 유적의 문화는 '부하문화(富河文化, 5300-5000 BCE)'로 구분되었지만, 당시 이 유적에서 홍산문화 흔적이 일부 발견되었다.

이러한 사실은 부하문화와 홍산문화가 거의 동시대 문화이거나 약간의 시차가 있는 선후 문화라는 추측을 가능하게 하는데, 부하 유적은 훗날 홍산문화 기원을 찾는 데 중요한 근거가 되었다.[35] 유관민(劉觀民)은 1963년 적봉시 지주산(蜘蛛山) 유적을 발굴했다. 이 유적에서 홍산문화 퇴적층과 여준악이 주장한 시대가 다른 두 청동기 문화 퇴적층이 발견되어 홍산문화 이후 청동기시대 문화가 어떻게 전개되었는지도 확인되었다.[36] 그

---

35) 中國社會科學院考古硏究所內蒙古工作隊, 〈內蒙古巴林左旗富河溝門遺址發掘簡報〉, 《考古》 1962年 第1期.

36) 中國社會科學院考古硏究所內蒙古考古工作隊, 〈赤峰蜘蛛山遺址的發掘〉, 《考古學報》 1979年 第2期.

부하 유적 표지석(표지석 이외는 남아 있는 것이 없다.)

후 발굴된 서수천(西水泉) 유적은 홍산문화 거주지 형태 연구에 단서를 제공했다.[37] 내몽고 적봉 오한기(敖漢旗) 지역에서는 지구 단위로 발굴을 하여 홍산문화 유적 분포 범위가 넓다는 사실이 알려졌다. 또 오한기 사릉산(四陵山)에서 질그릇 굽는 가마터 유적이 확인되어 홍산문화의 내용을 더 세부적으로 파악할 수 있었다.[38]

이 시기에 홍산문화 관련 유적이 많이 발견된 것은 1960년대 들어 만주에서 고고학적 조사가 나날이 증가했고, 발굴한 유적지에서 홍산문화 층위가 발견된 경우가 많았기 때문이다. 시굴(試掘)과 발굴이 진행될수록 자

---

37) 中國社會科學院考古硏究所內蒙古文物工作隊, 〈赤峰西水泉紅山文化遺址〉, 《考古學報》 1982年 第2期.
38) 遼寧省博物館昭烏達盟文物工作站敖漢旗文化館, 〈遼寧敖漢旗小河沿三種原始文化的發掘〉, 《文物》 1977年 第12期.

오한기 사릉산 전경

료는 점점 더 많이 쌓여 갔다. 새롭게 조사된 유적들에서 새로이 발견된 자료들을 통하여 홍산문화의 기본적인 특징을 파악하게 되었고, 동시에 지역적으로 약간씩 특징에 차이가 있으며 시대적 선후에도 약간 차이가 있음이 알려졌다. 3기에는 옥기가 많이 발견되었다. 이 시기에 바로 용의 기원이라는 'C'자형 물고기 모습의 옥기가 적봉시 옹우특기에서 발견되었다. 그러나 이러한 분위기는 1960년대 중반부터 문화대혁명으로 다시 주춤해졌다. 문화대혁명은 약 10년 동안 고고학 침체기를 가져왔고, 홍산문화를 비롯한 요서 지역 선사문화 연구에 큰 지장을 초래했다.[39]

---

39) 문화대혁명 시기에는 만주뿐만 아니라 요서에서도 눈에 띄는 조사가 없었다.

4. 홍산문화 연구 4기(1970년대 중반-1995년)

　　홍산문화 연구 4기는 1970년대 중반부터 1995년까지이다. 이 시기는 홍산문화 연구에서 황금기로 볼 수 있다. 1970년대 중반 문화대혁명이 끝나고 모든 사람이 제자리로 돌아와 일을 하기 시작했다. 중국 고고학자들은 요서 지역을 속속들이 조사하고 필요에 따라 중요한 유적지들을 발굴했다. 이러한 움직임 가운데 홍산문화를 다시 보게 되는 결정적인 일이 일어났다. 그것은 옥룡의 발견이다. 이 옥룡이 발견되기 전까지 중국에서는 용의 원형을 찾기 위한 노력이 부단히 진행되고 있었다. 그러던 중 내몽고 적봉시 옹우특기의 한 농가에서 보관해 온 C자형 옥기가 발견되었고, 이 옥기를 본 학자들은 이 옥기가 용의 형상이라고 최종 확정했다.[40] 이 일이 중국 전역에 알려지자 홍산문화는 일거에 중국에서 가장 중요한 문화로 떠오르게 되었다.[41] 이런 일련의 조사는 곽대순이 주도하게 된다.

---

40) 翁牛特旗文化館,〈內蒙古翁牛特旗三星他拉村發現玉龍〉,《文物》1984年 6期; 孫守道,〈三星他拉紅山文化玉龍考〉,《文物》1984年 6期.

41) 장풍상(张凤祥)과의 만남
　　필자는 여러 가지가 궁금하여 처음 이 'C'자형 옥기를 발견한 분을 만나고 싶었다. 이유는 이 옥기 하나로 중국 선사시대 문화에 대한 재해석이 시작되었기 때문이다. 그래서 막연하게 '얼마나 재수가 좋은 사람인가?' 하고 만나고 싶었다. 그러나 만나고 싶다고 하여 만나지는 것은 아니었는데 이번 중국 답사 길에서 만났다. 돌아오는 길에 생각해 보니 어렴풋이 기억이 났다. 석사과정 때 지도교수님과 이 유적을 왔었던 것이 말이다. 그리고 그때 적봉 박물관 관계자의 배려로 유물 사진도 찍을 수 있는 기회를 얻었다. 당시 유물은 발견 경위를 정리하여 잘 만들어진 상자에 담겨 있었다. 이 옥기의 발견으로 홍산문화는 이른바 중원문화와 짝을 이루는 문화로 인정받는 계기가 된 것이다. 그러므로 간단하게 정리하여 싣는다.
　　이 옥기는 1971년에 발견되었는데 그때 나이가 17세였다. 올해로 48년이 되었다. 농사를 짓는 과정에서 발견되었는데 위치는 나즈막한 언덕이었다. 언덕에 돌들이 쌓여 있었고 그 돌들을 들어 내보니 그 밑에 원형으로 쌓은 돌들이 있었다. 그때 원형으로 돌을 쌓았고 위에는 사각형 돌판으로 덮여 있었다.

장풍상과 저자

'C'자형 옥기가 처음 발견된 곳
(유적이라는 설명이 붙은 곳은 원래 발견지역이 아니다.)

이 돌무더기 중간에 옥기가 있었다. 발견 당시에는 옥기밖에 다른 것은 아무것도 없었다. 처음 옥기가 발견되었을 때는 쇠바퀴인 줄 알았다. 아이들이 와서 이곳에서 놀면서 옥기를 가지고 나온 내가 찾은 것이 옥기인 줄 알았다. 그때는 생활이 어려울 때였다. 당시 소 한 마리가 중국 돈 40원 정도이었는데 이 옥기를 소 한 마리 바꿀 수 있을 줄 알았다. 오단 박물관에 가지고 갔는데 당시 오단 박물관은 요녕성에 속해 있었다. 이 박물관에서는 이것이 무엇인지 누구도 몰랐다. 이것을 다시 집으로 가져와 보관하고 있었다. 그리고 7~8년 지난 후 오단 박물관 사람들이 와서 다시 감정을 하였다. 감정 결과 당시 돈 30원을 준다고 하였다. 그러나 그 돈을 받지 않았고, 10년쯤 되서 그 사람들이

 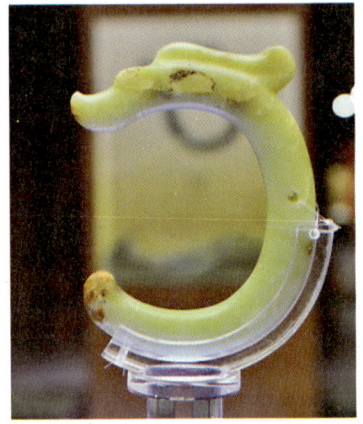

옹우특기에서 발견된 'C'자형 옥기(적봉시 박물관소장)

    이 일은 요서 지역 고대사를 집중적으로 연구하는 계기가 되었다. 이어 요령성 객좌현 동산취에서 홍산문화 제단 유적이 발견되었다.[42] 동산취 유적은 중국에서 최초로 발견된 선사시대 제사 유적이자[43] 가장 이른 시기의 제사 유적이다.[44] 동산취 유적 발견으로 홍산문화는 전 중국의 관심을 받으면서 연구되기 시작했다.

    적봉으로 가지고 갔다가 다시 심양으로 가지고 갔다. 그때 심양 박물관 관장은 이홍지였는데 그 자리에 손수도와 곽대순도 왔었다.
    그때 옥기가 손수도 손에 들어갔고, 손수도는 발견된 현장에 와서 유적을 조사하였으나 다른 것은 찾지 못하였다. 그 후 이 유물은 적봉 박물관에서 소장된 것으로 안다. 그때가 80년대 일이었다. 지금은 옛날 얘기지만 그래도 그때 일들을 기억하고 살고 있다고 하였다

42) 郭大順·張克擧, 〈遼寧省喀左縣東山嘴紅山文化建築群址發掘簡報〉, 《文物》1984年 11期.
43) 嚴文明, 〈遼西地區文明起源研究的歷程〉, 《紅山文化研究: 2004年紅山文化國際學術研討會論文集》, 赤峰學院紅山文化國際研究中心 編, 文物出版社, 2006年.
44) 張忠培, 〈遼西地區文明起源研究的歷程〉, 《紅山文化研究: 2004年紅山文化國際學術研討會論文集》, 赤峰學院紅山文化國際研究中心 編, 文物出版社, 2006年.

홍산문화 연구 최고 권위자 곽대순 교수(중국 〈광명일보〉 사진 인용)

동산취 유적 전경

 이 제사 유적의 발견은 옥룡과 더불어 요서 지역 선사문화 연구에 일대 전환점이 되었으며, 중국 고고학계뿐만 아니라 중국 역사학계에도 긍정적인 충격을 주었다. 동산취 유적 발굴이 완료되고 이 유적과 거의 동시에 조사된 우하량 유적 조사 결과 일부가 발표되면서 중국 고고학계와 역사

'C'자형 옥기와 소병기 교수

학계는 중국 상고사를 논리적으로 이해하는 동시에 중국 문화 발전 단계를 이론적으로 정립하는 틀을 마련하게 되었다.

이때부터 당시 중국 고고학계의 원로인 소병기(蘇秉琦)가 전면에 나서게 되는데, 소병기는 그동안 발굴된 홍산문화 유적들을 기준으로 삼고 그 후대에 일어난 문화 현상들을 종합하여 요서 지역 문명은 '고문화(古文化) → 고성(古城) → 고국(古國)'의 발전 단계를 거쳤다는 모델을 제시했다. 이 중 홍산문화는 '고문화' 시기에 해당하고, '고성'은 하가점하층문화 시기에 해당하며, '고국'은 하·상 시기를 말한다. 이 이론은 중국 고고학에서 사용하는 틀인데, 소병기는 이 이론을 중국 역사 발전에 대입하여 설명한 것이다.[45] 소병기의 중국사 발전 단계 이론은 요서 지역 연구자를 비롯한 모든 고대 문화 연구자에게 지침이 되었다. 이 이론은 일반인들에게도 고대 문화를 쉽게 이해하도록 하여 중국인들이 중국의 역사를 이해하는 데 큰 도움이 되었다.

---

45) 蘇秉琦, 〈我的幾點補充意見: 筆談東山嘴遺址〉, 《文物》1984年 第11期; 蘇秉琦, 〈遼西古文化古城古國:試論當前考古工的作重点和大課題〉, 《遼海文物學刊》1986年 創刊號

홍산문화에 대한 관심은 우하량 여신묘 발굴로 정점에 달했다. 우하량 여신묘는 옹우특기 옥룡보다 더 큰 영향력을 발휘해46) 이 유적이 공개되자마자 홍산문화는 그 즉시 중화문명 기원 탐구에서 가장 중요한 문화 중 하나로 떠올랐다. 이러한 분위기에 보답하듯 우하량에서는 수많은 유적이 계속하여 발견되고 있었다. 특히 대형 돌칸무덤과 제사 유적으로 추측되는 제단, 주구묘(周溝墓) 형태의 순장 무덤을 비롯해 매우 다양한 유물이 발견되었다. 우하량 유적 발견으로 그 이전 시기와는 다른 고대 문화 연구 방법론이 등장했다. 이 시기에 홍산문화 연구는 발굴을 통한 유물 수습을 뛰어넘어 유적과 유물의 상관관계를 연구하는 방식으로 진행되었다. 즉, 지금까지의 고고학을 뛰어넘어 사회학, 인류학, 천문학 등 타 분야 학문들이 연구에 도입되기 시작했는데, 특히 우하량 유적과 동산취 유적에서 발견된 제사 유적은 홍산문화 자체와 중국 고대 제사 문화를 연구하는 데 중요한 자료가 되었다.

우하량 유적 1지점 여신묘 유적(발굴 당시)

---

46) 遼寧省文物考古硏究所, 〈遼寧省牛河梁紅山文化"女神廟"與積石塚群發掘簡報〉, 《文物》 1986年 第8期; 魏凡, 〈牛河梁紅山文化第3地点積石石棺墓〉, 《遼海文物學刊》 1994年 第1期.

우하량 유적 2지점 전경

동산취 유적과 우하량 유적 발견으로 한껏 분위기가 고조되고 있을 때 마침 요령성 부신(阜新) 사해(査海) 유적에서 '용(龍)' 형상과 비슷한 돌무지가 발견되었다.[47] 이 유적은 연대가 홍산문화보다 1500여 년 빠른 지금으로부터 8000년 전 무렵으로 추정되는데, 이 유적에서 용의 모습과 비슷한 유적이 발견된 것이다. 사해 유적 발굴로 중국 문화 발전 계보는 '사해문화 → 홍산문화 → 중화문화'로 이어지는 공식이 성립되었다. 즉, 사해문화에서 시작된 용의 이미지가 홍산문화로 이어지고, 다시 훗날 상나라로 이어진다는 논리이다. 중국 정부도 이 논리를 지지하여 지금까지 이 틀에서 사해문화와 홍산문화 연구가 진행되고 있다.

이렇듯 홍산문화가 중화문화 형성에 결정적인 역할을 한 것으로 이해되어 그 중요성이 부각되자 연구자들은 홍산문화 전후 문화를 찾기 시작했다. 이때부터 전홍산문화(前紅山文化), 후홍산문화(後紅山文化)라는 개

---

47) 遼寧省文物考古研究所, 〈阜新査海新石器時代遺址試掘簡報〉, 《遼海文物學刊》 1988年 第1期.

념이 싹트기 시작했다.[48] 홍산문화 전후 문화를 연결하려는 노력은 시대와 문화 특징이 약간씩 달라 서로 다른 문화로 구별하긴 하지만, 선후 문화는 서로 연결되므로 그 문화도 역시 중화 문화의 연장선상에 있다는 논리를 만들어 냈다. 이러한 논리의 주창자는 곽대순(郭大順)이다. 곽대순의 논리는 그의 스승인 소병기를 뛰어넘는 것으로, 홍산문화 연구자들을 크게 고무시켰다. 곽대순의 논리에 동의하는 많은 학자는 홍산문화를 비롯한 요서 지역 고대 문화가 중국 문명의 큰 틀 중 한 갈래라는 개념을 머릿속에 넣고 연구를 진행하고 있다.

홍산문화 연구 4기의 가장 큰 특징은 홍산문화가 중국의 한 지방 문화 처지를 벗어나 기축 문화로 자리 잡았다는 것이다. 이러한 결론은 중국 고고학계의 중심인물들이 모여서 진행한 연구 성과에 중국 정부가 동의한 결과이다. 무엇보다도 중국의 상징인 용이 구체화되었고, 고고학이라는 학문이 중국 국민 정서 통합에 큰 역할을 했다.[49] 연구 방법에서도 매우 다양한 방법론이 제기되었는데, 순수한 고고학적 방법인 유물을 찾고 기록하는 수준에서 벗어나 상호관계를 연구하고, 인류학적 해석과 역사학적 해석을 동시에 진행했다는 점이 주목할 만하다.

---

48) 전홍산문화, 후홍산문화 개념을 처음 제시한 사람은 곽대순이다. 곽대순은 홍산문화를 기준으로 홍산문화의 전시기 문화인 흥륭와문화, 조보구문화, 부하문화를 전홍산문화, 홍산문화 후 시기 문화인 소하연문화를 후홍산문화로 정의하고, 이 모든 문화가 모두 연결된다는 논리를 전개했다.

49) 홍산문화 연구를 통해 중국 국민들은 중국의 상징이 용이라는 믿음에 역사적 근거를 확보하게 되었는데, 이러한 정서적 일치가 중화민족주의를 만드는 데 큰 역할을 했다. 홍산문화 연구가 한편으로 중국 역사 연구의 전통적인 목적을 달성하는 데 큰 역할을 한 것인데, 이는 학문과 정치의 결합이 성공한 중요한 예이기도 하다.

5. 홍산문화 연구 5기(1995-2018년)

홍산문화 연구 5기는 1995년 무렵부터 2017년 현재까지이다. 이 시기에 들어서는 새로운 홍산문화 요소들이 지속적으로 발견되고 있는데, 이를 해석하여 중국 문화 기원과 중국사에 대입하는 작업이 이루어지고 있다. 그중 주목할 연구 성과는 우하량과 오한기에서 새로 발견된 유적지들과 유물들에 나타난 문화 요소들을 통해 홍산문화 사회가 권력 사회 단계로 진입했다는 해석이 가능하게 된 것이다. 홍산문화는 그동안 중국 정부의 전폭적인 지원을 받아 중점적으로 연구되었지만, 문화 해석은 사회주의 이념을 벗어나지 못해 홍산문화 사회가 원시공동체 사회라는 결론에서 더 나아가지 못하고 있었다. 홍산문화 해석에 매우 신중한 태도를 보여 온 중국 학계도 우하량 유적 발굴 이후 좀 더 적극적인 해석을 시도하고 있다. 특히 우하량에서 출토된 옥봉황상과 옥인상, 오한기 초모산(草帽山)에서 발견된 석인상[50] 등은 홍산문화 사회가 원시공동체라는 해석에 의문을 제기하게 했다.

특히 이 시기에는 내몽고 적봉시 오한기 지역에서 많은 조사가 이뤄졌다. 현재 중국 학계는 홍산문화 사회가 원시공동체라는 이해에서 벗어나 중국 사서 기록과 홍산문화 내용을 종합적이면서도 구체적으로

전언국 오한기박물관장(내몽고 오한기 지역 고고학 조사에 가장 많은 참여를 하였다.)

---

50) 昭國田 主編,〈草帽山祭祀遺址群〉,《敖漢文物精華》, 內蒙古文化出版社, 2004年.

결부시키기 시작했다. 즉, 우하량 여신묘에서 발견된 곰 관련 유물을 《사기》〈오제본기〉에 나오는 유웅씨(有熊氏)와 연결하고, 이러한 근거들을 종합하여 중국 역사의 상징적인 존재인 황제 공손헌원이 활동한 지역이 홍산문화 지역이라는 논리를 제시하기에 이르렀다.[51] 나아가 여기에서 그치지 않고 홍산문화가 황하 중류 유역 문화 기원의 한 틀인 동시에 만주 지역 문화의 원류인 것처럼 설명하고 있다. 이른바 요하 문명의 핵심이 홍산문화이기 때문에 요서 지역이 중국 문화 기원지 중 가장 중요한 곳이라는 의미이다.[52]

이 시기에는 연구 방법론에도 다양한 발전이 있었다. 먼저, 첨단 기술을 이용한 연구 방법이 대거 활용되어 홍산문화 분포 지역의 지형 분석, 환경 분석, 기후와 문화 변동 관계에 관한 연구 성과가 쏟아져 나왔는데, 이러한 연구 경향은 서구의 영향을 받은 것이기는 하지만, 홍산문화를 해석하는 데 새로운 장을 연 것은 틀림없다.[53] 종족 연구에서도 계측 위주의 체질인류학을 훌쩍 뛰어넘어 분자생물학 수준의 유전학이 연구에 활용되기 시작했다.[54]

중국 학계에서는 홍산문화의 중요성이 점점 증가하면서 적지 않은 연구자들이 이 문화에 대한 통론적인 연구를 시도하였다. 몇몇 연구자들을 거론해 본다면 장성덕(張星德)의 《紅山文化研究》[55], 진국경(陳國慶)의

---

51) 郭大順, 《追踪五帝》, 商務印刷館. 2000年.
52) 遼寧省博物館·遼寧省文物考古研究所, 〈遼河文明展解: 郭大順〉, 《遼河文明展文物集萃》, 2006年.
53) 滕銘予, 《GIS支持下的赤峰地區環境考古研究》, 科學出版社, 2009年.
54) 遼寧省文物考古研究所 編著, 〈多學科綜合研究〉, 《牛河梁: 紅山文化遺址發掘報告書 (1983-2003年) 中編》, 文物出版社, 2012年.
55) 張星德, 《紅山文化研究》, 中國社會科學出版社, 2005年.

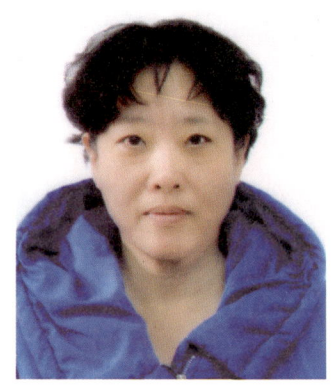
장성덕 교수(현재 요녕대학교 고고학교수로 재직하고 있다.)

〈홍산문화연구〉56), 색수분(索秀芬), 이소병 등의 〈홍산문화연구〉57) 등이 있다.

이러한 홍산문화 연구 흐름에 한국 학자들도 참여하게 되었는데, 그중 복기대는 당시에 이미 거대한 권력 사회가 존재했을 것이라고 주장했다.58)

이 중 장성덕의 연구는 최초의 종합적인 홍산문화 연구서로 그간의 연구에 대한 결과를 정리한 측면이 있어 이 방면 연구자들에게 많은 도움이 되었다. 그러나 진국경, 색수분, 이소병 등의 연구는 한편의 논문에 거대한 문화를 담고 있어 홍산문화를 이해는 데 많은 어려움이 있다. 이런 결과는 연구자들의 게으름이 아니라 홍산문화의 크기가 너무 커서 쉽게 담아내지를 못하고 있었던 것이다. 이 점은 대부분의 홍산문화 연구자들이 느끼는 공통점일 것이다. 이런 상황에서 복기대는 권력집중 단계로서 홍산문화를 파악하고 있었다.

이런 시점에서 유국상이 전체 홍산문화를 조망할 수 있는 결과를 내놓았다. 그는 몇십 년에 걸친 현장 조사와 여러 학자들의 의견을 수렴하여 《홍산문화》를 세상에 내 놓았다.59) 그는 이 연구에서 전체적인 홍산문화를 정리하였는데, 특징적인 것은 문화 분포 범위와 각 지역별 유형 차이를

---

56) 陳國慶, 〈紅山文化硏究〉, 《華夏考古》, 2008년 제3기.
57) 索秀芬·李少兵, 〈紅山文化硏究〉《考古學報》, 2011년 제3기.
58) 복기대, 〈하가점하층문화의 기원과 사회성격에 관한 시론〉, 《한국상고사학보 19집》, 1995년.
59) 劉國祥, 《紅山文化硏究》, 科學出版社, 2015年.

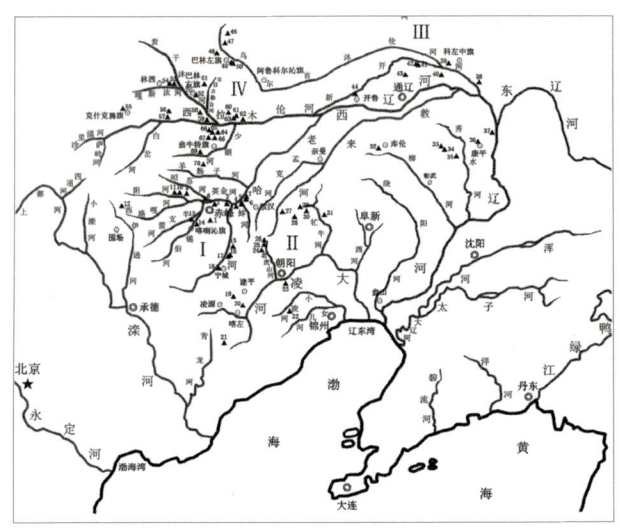

유국상의 《홍산문화》 중의 홍산문화 분포도

구분하여 구역을 획정한 것이다.

그러면서 필요한 유적들에 대한 설명을 통하여 향후 홍산문화를 연구하고자 하는 사람들에게 매우 유용한 자료집도 만들어 놓은 것이다.

그리고 이 시기에 이 문화를 연구하는 데 있어서 새로운 자료들이 확인되었다. 그 대표적인 것인 내몽고 과좌중기(科左中旗)의 합민(哈民) 유적과[60] 반랍산(盤拉山) 유적이다. 합민 유적은 내몽고 통료시 과좌중기(科左中旗) 사백토진 동남 20km 지점에 있다. 이 지점은 남으로는 서요하와 북으로는 신개하 사이에 위치하고 있다. 구체적인 위치는 동경 122°, 12.989′ 이고 북위 43° 58.909′ 이다. 유적의 면적은 동서 너비 200m, 남북 900m로 전체 면적은 18만m²이다.

---

60) 內蒙古自治區文物考古研究所·科左中旗文物管理所,〈內蒙古科左中旗哈民忙合新石器時代遺址2010年發掘簡報〉《考古》2012年 第3期.
內蒙古自治區文物考古研究所·吉林大學校邊疆考古研究中心,〈內蒙古科左中旗哈民忙合新石器時代遺址2011年的發掘〉《考古》2012年 第7期.

합민 유적 발굴 전경

합민유적 발굴 지휘 모습
(왼쪽에서 세 번째가 발굴 책임자인 길림대학교 주영강 교수)

집자리 유적
(합민 유적은 2010년에 발굴이 되었는데, 많은 집자리, 그리고 창고형 구덩이, 무덤 등이 발견되었다. 유물로는 통형질그릇과 생활에 필요한 도구들이 대량으로 발굴되었다.)

출토된 각종 질그릇
(질그릇의 겉에 새겨진 무늬들은 '마점문[麻点紋]'이 많았는데, 이 유적에서 가장 특징적인 것이다.)

양귀 항아리

키형 항아리

통형 단지

이 유적은 앞에서 말한 바와 같은 위치에 자리한 관계로 서랍목륜하(시라무렌강)를 중심으로 이북지역의 문화 요소와 남쪽의 문화 요소들이 섞여 있다. 그러므로 이 유적을 근거로 하여 '합민망합문화'라는 새로운 문화 유형이 제기되기도 하였다.[61]

---

61) 內蒙古自治區文物考古硏究所·科左中旗文物管理所,〈內蒙古科左中旗哈民忙合新石器

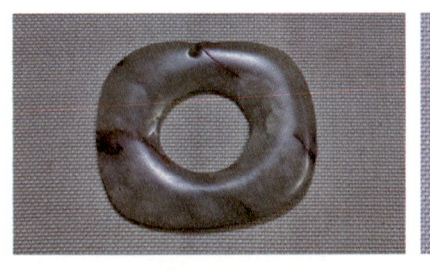

환형옥기

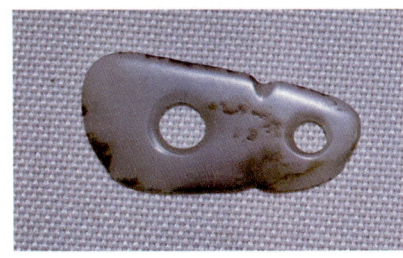
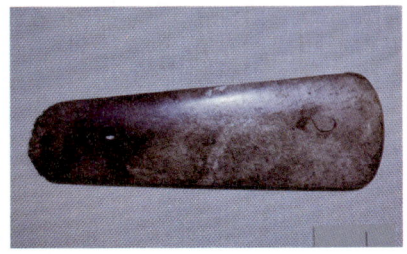

연주식　　　　　　　　　　옥도끼

돼지 모습(도제[陶製]: 불에 구워 만든 것)

유적의 집자리에서 사람들이 집단으로 매장된 것이 확인되었다. 그 매장된 상황을 보면 주검들이 흩어져 있고, 그 위로 집을 세웠던 기둥들이 무너져 쌓여 있는 것으로 보아 사람들이 죽은 후에 집이 무너진 것으로 볼 수 있다. 즉, 정상적인 죽음을 맞이하여 매장된 것으로 보기에는 어려움이 많다.

時代遺址2010年發掘簡報〉《考古》2012年 第3期, 19쪽.
內蒙古自治區文物考古硏究所·吉林大學校邊疆考古硏究中心, 〈內蒙古科左中旗哈民忙合新石器時代遺址2011年的發掘〉《考古》2012年 第7期.

이런 현상에 대하여 많은 학자들이 의견을 제시하였는데, 대체적인 흐름은 집단 제사형식으로 판단하고 있다.62) 그러나 필자는 중국 학계의 의견과는 다르다. 이에 대해서는 뒤에서 다시 설명하도록 하겠다. 의견은 다를지 몰라도 이 유적은 전체 홍산문화를 연구하는 데 매우 중요한 자료를 제공해 준 것만은 분명하다.

다음으로, 요령성 조양시 **반랍산** 유적이다.63) 이 유적은 우하량 유적과 그리 멀지 않은 곳에서 발견된 것인데, 78기의 무덤이 발견되었다.64) 이 무덤들은 한 곳에 집중적으로 질서 있게 배치가 되어 있는데, 무덤은 대부분이 돌판을 조각들을 짜서 만든 석관묘이며 홑무덤이다. 일부 미성년의 무덤을 제외하고는 대부분이 성인 무덤들이며, 남녀 모두가 있었다. 이들 무덤들에서는 질그릇을 비롯한 매우 다양한 유물들이 확인되었다. 이 유물들의 특징은 우하량 유적이나 호두구 유적에서 출토된 것들과 비슷

반랍산유적 위치도

---

62) 辽宁省文物考古研究所 朝阳市龙城区博物馆: 〈辽宁朝阳市半拉山红山文化墓地〉《考古》 2017年, 第7期.
63) 劉國祥, 《紅山文化硏究》 2015年, 科學出版社.
64) 劉國祥, 《紅山文化硏究》 2015年, 科學出版社.

반랍산 유적 제사 유적

하였다.

이 유적의 연대는 지금으로부터 5305~5045년이다.[65] 무덤은 1차장과 2차장이 동시에 존재하는데, 1차장보다 2차장이 많다. 유적은 죽은 사람을 묻은 무덤 구역과 제사 구역은 비교적 분명하게 구분되는데, 무덤 구역은 유적의 남부에 위치하고 있으며, 제사 구역은 북부에 위치한다.

특히 옥기들이 많이 출토되었는데, 이 옥기들과[66] 돌로 만든 사람 얼굴상, 짐승 대가리상, 그리고 흙으로 구워 만든 사람 얼굴상 등 다양하게 발견되었다.[67] 이런 것은 다른 유적에서도 보편적으로 확인되었으나, 중요한 것은 옥기를 만드는 과정 중으로 보이는 한 점과 다양한 사람 얼굴상이 확인된 것이다. 특히 사람 얼굴상은 그동안 이해하고 있었던 몽골인종들

---

65) 劉國祥,《紅山文化硏究》2015年, 科學出版社.
66) 지금까지 중국 요령성 경내에서 조사 과정에서 발견된 홍산문화 옥기는 200점이 넘지 않았다. 그러나 이 유적을 조사하는 과정에서 많은 옥기들이 발견되어 이 문화는 옥기를 연구하는 데 큰 도움이 될 것으로 본다.
67) 劉國祥,《紅山文化硏究》2015年, 科學出版社.

반랍산 유적 발굴 평면도

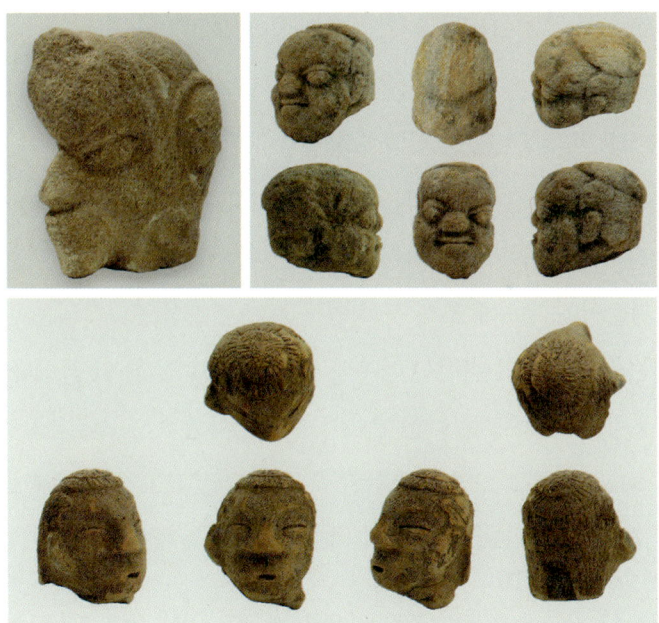

반랍산 유적 출토 인물상

과는 다른 인종들이 확인되었는데, 이는 홍산문화가 주변 지역과 다양한 교류가 있었으며, 또한 구성들도 다양한 지역 사람들로 구성되었을 가능성을 보여 주는 중요한 증거로 볼 수 있다. 유물들의 특징으로 봐서 이 유적은 홍산문화 후기 것으로 판단된다.

이 두 유적은 홍산문화뿐만 아니라 요서 지역의 선사시대 및 고대사 연구에 중요한 출발점이 될 것이다. 이 두 유적에 대한 의견은 뒤에서 다시 언급하도록 하겠다.

한국 학계에서는 홍산문화를 한민족의 선대 문화와 연결시키고자 하는 연구들이 진행되기 시작했는데, 한민족과 관련 있는 부분이 아직은 구체적으로 제시되지 못하고 있다. 다만 하가점하층문화와 한국상고사는 불가분의 관계가 있다고 주장하는 복기대는 홍산문화와 소하연문화, 그리고 하가점하층문화가 매우 밀접한 계승 관계에 있다며, 홍산문화가 중국 북방 지역의 고유 문화라는 점을 강조하고 있다.[68]

홍산문화 5기의 가장 큰 특징은 홍산문화를 단순히 고고 문화로 다루는 것이 아니라 적극적으로 중국 역사와 결부시키는 방향으로 연구가 진행되고 있다는 것이다. 중국 학계의 이러한 움직임과는 상관없이 홍산문화가 널리 알려지면서 다른 나라 학자들도 많은 관심을 갖기 시작했다. 미국과 일본 학자들이 순수하게 고대 문화 연구 측면에 관심을 나타내는 반면, 한국 학계는 한국사와의 관련성 여부에 관심을 갖고 있다. 연구 방법론적으로는 활용할 수 있는 모든 학문 분야를 활용한 통합적 연구 결과들이 나오기 시작했다. 특히 2012년에 출간된 우하량 발굴 보고서는 현재 중국 고고학 연구 방법론이 모두 활용된 결과로 볼 수 있을 것이다.

---

68) 복기대, 〈홍산문화와 하가점하층문화의 연관성에 관한 시론〉, 《문화사학 27호》, 2007년.

이상으로 홍산문화 연구사를 정리해 보았다. 연구사 흐름을 보면 1950년대와 1980년대 그리고 1990년대 중반을 기점으로 홍산문화 연구에 변화가 일어난 것을 알 수 있다. 1950년대 이전 홍산문화 연구는 고고학을 도구로 하여 시작되었지만, 주로 박물학적인 관점에서 연구가 진행되었다. 1950년대부터 1980년대까지는 사회주의 이념에 따라 홍산문화 사회를 원시공동체로 보는 관점에서 연구가 진행되었는데, 1980년대 들어서서 중화 문화 기원과 관련하여 연구가 진행되면서 점차 사회주의 이념에서 벗어나는 것을 볼 수 있다. 1990년대 중반부터는 요서 지역이 중국 문명 발상지 중 가장 중요한 지역으로 자리매김을 시도하면서 국가적 관심을 끌기 시작했고, 그 사실 여부를 떠나 중국사 연구에서 '통일적 다민족국가'라는 정치적인 목적에 맞는 근거를 제공함으로써 '통일적 중화민족사' 구성의 돌파구를 열었다.

6. 현재 중국 학계의 홍산문화 연구 방향

소병기가 홍산문화를 중국 문화 기원을 구성하는 한 계통으로 제시한 이래 '통일적 중화민족'이라는 관점이 꾸준히 이어져 왔다. 뿐만 아니라 최근 중국에서는 정부 지원 아래 중국 문화 기원에 관한 연구가 적극적으로 진행되고 있다. 이 과정에서 홍산문화는 점차 중국 문화의 주축으로 자리 잡아 가고 있다. 이러한 움직임에 관해서는 홍산문화를 중화 문명의 가장 중요한 축으로 보아야 한다는 전 중국 사회과학원 고고학연구소 소장 왕외(王巍)의 최근 견해가 주목할 만하다. 그의 견해는 소병기나 곽대순의 주장과 큰 차이가 없지만,[69] 왕외의 주장이 중요한 것은 이것이 중국 정부의 공식 입장이라는 점이다.

　이렇게 틀이 잡힌 중국의 홍산문화 연구 방향은 다음과 같이 분석해 볼 수 있다. 1980년대 동산취 유적과 연이어 우하량 유적이 발견 조사되었다. 이러한 일련의 조사 및 연구 결과에 대하여 소병기는 당시 중국 고고학계의 흐름을 뛰어넘는 획기적인 해석을 내놓았다. 특히 우하량 유적에 관한 해석이 매우 중요한데, 우하량 유적에 관한 소병기의 종합적 해석은 다음과 같다.

1) 소병기의 홍산문화 개념

　우선 소병기는 우하량 여신묘에서 발견된 여신상을 홍산문화 사람들의 조상이자 중화민족의 공통 조상을 나타내는 신상으로 보았다.[70] 그는 우하량 유적이 제단(壇), 무덤(塚), 사당(廟)의 삼위일체로서 유기적인 기능 조합을 이뤄 조상에게 제사 지내는 건축군을 구성한다고 해석했다. 제단, 무덤, 사당은 각기 기능이 구분되어 있어 무덤과 제단은 가까운 조상에게 제사 지내는 용도로, 사당은 먼 조상에 제사를 지내는 용도로 건축되었다고 보았다. 이 중 사당은 마을에서 가장 높은 자리에 자리 잡고 있어 전체 유적의 중심으로 볼 수 있다고 했다.

　또한, 우하량 제단과 무덤의 기본 건축 형식은 사각형과 원형의 결합이라고 했다. 사각형과 원형의 결합 형태는 훗날 대두된 천원지방(天圓地方)

---

69) 王巍, 〈紅山文化與中華文明起源研究〉, 《中華文明探源工程論文集: 社會與精神文化 卷 (Ⅰ)》, 科技部社會發展科技司·國家文物局博物館與社會文物司 編, 科學出版社, 2009年.

70) 蘇秉琦, 〈寫在"中國文明曙光"放映之前〉, 《華人·龍的傳人·中國人: 考古尋根記》, 遼寧大學出版社, 1994年, 103쪽.

관념과 관계가 있으며, 이는 우하량 유적이 하늘과 땅에 대한 제의와 관련 있음을 나타낸다고 해석했다. 결론적으로 소병기는 우하량의 건축 구성과 배치 구도를 선사시대 조상 숭배 및 하늘과 땅에 대한 숭배가 결합된 것을 반영하는 것으로 추측했다. 중국(中國)이라는 말에는 '국가의 중심'이라는 뜻과 '중심에서 시작한다'는 뜻이 있다. 중국 개념은 현재 중국인들

소병기 근영71)

이 스스로 갖는 의식인 동시에 타인에게 요구하는 사상이다. 그러나 중국 개념이 언제 시작되었는지에 관해서는 명확하지 않았다. 이 문제에 답을 제시한 사람이 소병기이다.

　소병기는 '중국' 개념을 형성하는 데 기여한 문화는 여럿이며, 이 문화들은 서로 교류하고 영향을 주면서 사방으로 뻗어 나갔는데, 그중 하나가 홍산문화라고 했다. 예를 들면, 홍산문화 옥기와 옥기 제작 기술이 사방으로 전파되었고, 황하 중류 유역 앙소문화 채도도 사방으로 전파되었으며, 중국 동남부 양저문화 옥기와 그 제작 방식 역시 사방으로 전파되어 서로 장점들을 주고받으며 발전했다는 것이다.

　소병기는 이러한 거부감 없는 교류는 '예(禮)'가 왕래한 것이며, 이때 신석기 문화권들 간에 이미 동질감이 형성되기 시작했다고 보았다. 이러한

---

71) 蘇秉琦, 〈寫在"中國文明曙光"放映之前〉,《華人・龍的傳人・中國人-考古尋根記》遼寧大學出版社, 1994년, 표지

동질감이 곧 '중국' 개념이 발생하는 모태가 되었다는 논리인데, 소병기는 지금으로부터 5000년 전 무렵인 신석기시대에 형성된 초기 중국 개념을 공통적으로 동질감을 느꼈다는 의미로 '공식적 중국(共識的中國)'이라고 표현했다. 그리고 지금으로부터 4000여 년 전 방국(方國) 시기는 각 문화권이 각기 목표를 향해 발전하고 있었다는 의미로 '이상적 중국(理想的中國)'으로, 진(秦)나라가 전국시대를 통일한 이후는 통일되어 하나가 된 '현실적 중국(現實的中國)'으로 표현했다.

즉, 소병기는 오늘날 중국 개념은 근대에 만들어진 것이 아니고, 홍산문화 시기에 이미 생성되어 지속적으로 발전한 것으로 본 것이다.[72] 소병기의 이러한 해석은 중국 역사학의 특징을 단적으로 보여 준다. 동산취 유적과 우하량 유적을 홍산문화의 대표적인 면모로 이해하고, 이를 바탕으로 중국 상고사 연구를 새롭게 정립한 소병기의 입장에서는 그럴 수 있을 것이다. 이후 소병기의 견해를 추종하는 많은 학자가 중국 고대사 연구에 새로운 방향을 정립하고, 중국 문화 발전 단계 이론을 만든 것이다. 소병기의 이러한 개념 정리는 홍산문화 연구의 틀이 되었다.

2) 홍산문화 – 중국 예제의 기원 –

소병기에 이어 그의 제자인 곽대순은 홍산문화 옥기에 관해 새로운 해석을 시도했다. 곽대순은 홍산문화 옥기 대부분이 동물모양인 것에 주목하여 토테미즘 관점에서 짐승 하나하나에 신격을 부여하고, 짐승 모양 옥기는 곧 신(神)의 상징이라고 해석했다. 특히 용으로 해석될 만한 형상이

---

72) 蘇秉琦,《華人 · 龍的傳人 · 中國人: 考古尋根記》遼寧大學出版社, 1994년, 247쪽.

많다는 점에 집착했으므로 C자형 옥기를 중국 문화의 상징인 용으로 해석한 것은 그로서는 자연스러운 일이었다. 곽대순은 자기 주장의 근거로 샤머니즘에서 하늘과 땅과 소통하는 주요한 매개체는 동물이라고 한 장광직(張光直)의 견해를 인용했다.[73]

곽대순은 홍산문화 사람들이 장례에서 유일하게 옥을 껴묻는 풍습을 중시하고,[74] 옥에 대한 장광직의 견해와 홍산문화 옥기의 특징을 결부시켜 중국 전통문화의 한 특징인 예(禮)의 기원을 홍산문화에서 찾았다. 장광직은 옥을 부장하는 풍습에 대하여 "옥은 자연에서 생성된 물질이므로 하늘과 소통할 수 있는 특수한 작용이 있다"라고 했다.[75] 이로써 그는 고대 문화를 해석할 때 가장 어려운 문제 중 하나인 고대인들이 하늘과 소통하는 방식에 대하여 나름 명쾌한 답을 제시한 것이다. 왕국유(王國維)도 예(禮) 자는 '옥으로 신을 본다'는 뜻인 '이옥시신(以玉示神)'에서 유래한다고 해석했는데,[76] 이 역시 옥으로 신과 소통함을 의미한다.

곽대순은 또 우하량 5지점 1호 무덤 주인의 양손 위에 올려 있던 옥 거북이의 무덤 주인이 신권을 장악했음을 상징한다고 보았다. 그리고 16지점 중심 무덤에서 발견된 옥인(玉人)은 양손을 가슴에 모아 기운을 모으는 형상이고, 주검의 허리 부분에 있던 것으로 보아 주검의 법기(法器)로 볼 수 있다고 했다. 따라서 이 옥인상을 무구(巫具)로 파악하고, 무덤 주인

---

73) 張光直,〈中國古代史在世界上的重要性〉,《考古學專第六講》, 文物出版社, 1986年, 7쪽. 장광직의 견해에 관한 곽대순의 이해는 장광직의 주장과는 조금 다른 것이다. 장광직의 주장은 샤머니즘에 관한 것이지만, 곽대순은 자연계 모든 생물에 신성을 부여하므로 애니미즘에 가깝다.

74) 郭大順,〈紅山文化的"唯玉爲葬"與遼河文明起源特徵再認識〉,《文物》, 1997年 第8期.

75) 張光直,〈談"琮"及其在中國古史上的意義〉,《文物與考古論集: 文物出版社成立三十周年記念》, 文物出版社, 1986年.

76) 王國維,《觀堂集林 第一輯》, 中華書局, 1959年, 290쪽.

은 샤먼이었을 것이라고 주장했다.77)

　곽대순은 홍산문화 옥기를 사람과 신이 소통하는 도구로 이해했는데, 양저문화(良渚文化) 옥기도 같은 기능으로 이해했다. 중국 예제(禮制)의 기원을 홍산문화의 옥기에서 찾으려는 노력은 곽대순을 비롯한 많은 학자의 옹호를 받아 홍산문화가 중국 문화가 되어야만 하는 절대적인 이유가 되었다.78) 조휘(趙輝)는 중국 각지에서 일어난 여러 문명 중 북방 지역에서 발전한 홍산문화가 중화문명 형성에 매우 중요한 위치를 차지하는 이유로 옥기에 큰 의미를 부여했다.79) 조휘의 주장은 소병기나 곽대순의 주장과 큰 차이가 없다.

3) 이백겸의 견해

　그러나 소병기의 견해와는 달리 홍산문화와 양저문화를 중국 전통 문화인 앙소문화의 곁가지로 보는 견해도 있다. 이백겸(李伯謙)은 지금으로부터 5000년 전 무렵에 현재 중국 경내에서 발전한 북쪽의 홍산문화와 황하 중류 유역의 앙소문화, 동남쪽의 양저문화의 특징을 비교 정리했다.

　이백겸은 곽대순의 주장대로 홍산문화는 옥기를 가장 신성시한 문화이며80) 신권 국가 형태로 보았다. 양저문화는 옥기를 비롯한 전 분야가 발

---

77) 郭大順, 〈紅山文化與中國文明起源的道路與特點〉, 《紅山文化研究: 2004年紅山文化國際學術研討會論文集》, 赤峰學院紅山文化國際研究中心 編, 文物出版社, 2006年.
78) 田廣林, 〈論紅山文化"壇廟塚"與中華傳統禮制的起源〉, 《紅山文化研究: 2004年紅山文化國際學術研討會論文集》, 赤峰學院紅山文化國際研究中心 編, 文物出版社, 2006年.
79) 趙輝, 〈中華文明的曙光〉, 《中華文明史 第1集》, 北京大學出版社, 2006年.
80) 郭大順, 〈中華五千年文明的象徵: 牛河梁紅山文化壇廟塚〉, 《牛河梁紅山文化遺址與玉器精粹》, 1997年.

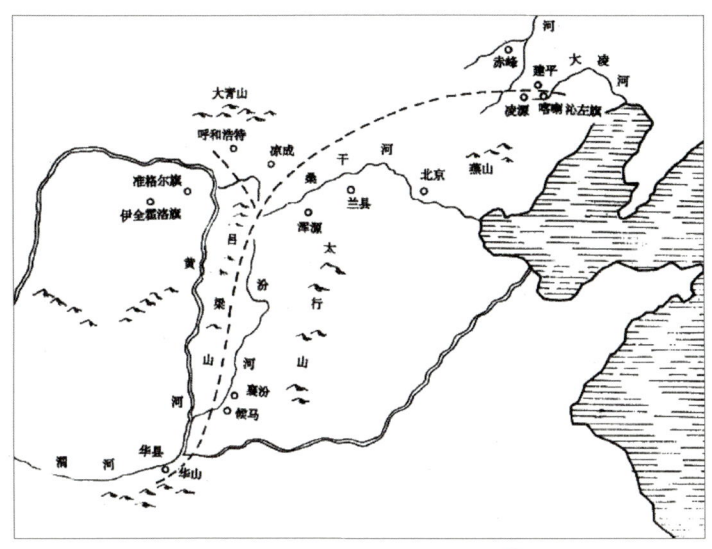

소병기의 화하(華夏)문명 형성도[81]

전했으므로 신권, 왕권, 군권이 확립된 국가 형태, 앙소문화는 옥기가 극히 소량 발견되므로 신권 국가는 아닌 군권과 왕권만 확립된 국가 형태로 분류했다. 또한, 이 세 문화는 문화 기원과 발전 과정이 다르고, 앙소문화를 제외한 두 문화는 일찍 소멸했기 때문에 이 문화들을 한 계통으로 엮으려는 시도에 우려를 제기했다. 특히, 앙소문화의 장점을 들어 중국 문화의 기축 문화는 앙소문화라고 주장했다.

이백겸은 홍산문화의 붕괴 원인이 신권에 집착한 나머지 신권을 지킬 옥기를 계속 생산한 것이 심각한 사회적 낭비를 초래한 데 있다는 견해를 제기했다. 반면 앙소문화는 신권이 아니라 왕권 중심이었기 때문에 오늘날까지 이어졌다고 했다.[82] 최근 하남성 앙소문화 무덤에서 출토된 옥 도

---

81) 蘇秉琦, 〈寫在"中國文明曙光"放映之前〉, 《華人·龍的傳人·中國人-考古尋根記》 遼寧大學出版社, 1994년, 85쪽.

82) 李伯謙, 〈中國古代文明的兩種模式: 紅山·良渚·仰韶大墓隨葬玉器觀察隨想〉, 《文物》

끼와 옥환 등 옥기 10점에 대해서는 앙소문화도 옥기를 사용했지만, 홍산문화나 양저문화처럼 사회가 붕괴될 정도로 옥기를 숭상하지는 않은 검소한 문화였다고 주장했다.83) 그러나 이 세 문화는 모두 현재 중국 영토 안에서 발생하여 발전한 문화이므로 그 후대 문화들이 서로 어울려 중국 문화를 형성했을 가능성이 충분하다고 보았다.

소병기와 곽대순, 이백겸의 견해를 살펴보았는데, 각각 문제가 없는 것이 아니다. 먼저, 소병기의 주장은 자신이 주장한 '문화구계론(文化區系論)'을 스스로 부정하게 되는 문제가 있다. 문화구계론은 각 지역 문화는 고유한 특징이 있다는 중국 고고학 이론인데, 소병기의 중국 개념에 따르면 모든 문화가 서로 영향을 주고받으며 동질화되어 고유성이 없어진다는 결론에 이르기 때문이다. 소병기의 말대로라면 문화구계론이 아니라 오히려 통일된 단일 문화권을 설정해야 한다. 그러나 사는 지역이 다르면 자연 환경과 생활 방식이 다르게 마련이고, 역사도 다르게 전개되므로 단일 문화권 설정은 불가능하다.

곽대순의 주장처럼 중국 예제가 홍산문화에서 시작된 것이라면 앙소문화와 이리두(二里頭)문화, 이리강(二里岡)문화에 홍산문화의 영향이 나타나야 한다. 그러나 이들 문화가 발전한 황하 중류 유역에서는 홍산문화의 영향이 주류로 나타나지 않는다. 다만 서주(西周)문화에 북방 문화 요소가

2009年 第3期.

83) 河南省文物考古研究所·中國社會科學院考古研究所河南1隊 等,〈河南靈寶西坡遺蹟2001年發掘簡報〉,《華夏考古》2002年 第2期; 河南省文物考古研究所·中國社會科學院考古研究所河南1隊 等,〈河南靈寶西坡遺蹟105號仰韶文化房址〉,《文物》2003年 第8期; 中國社會科學院考古研究所河南1隊·河南省文物考古研究所 等,〈河南靈寶試西坡遺蹟發現一座仰韶文化中期特大房址〉,《考古》2005年 第3期; 馬蕭林·李新偉·楊海靑,〈靈寶西陂仰韶文化墓地出土玉器初步硏究〉,《中原文物》2006年 第2期.

보이는 정도이다. 이리두문화와 이리강문화 등 하(夏)·상(商) 문화와 서주 문화는 차이가 있다. 따라서 곽대순은 이러한 부분들을 설명할 논거를 제시했어야 한다.

더욱이 앙소문화에도 토템 형식의 유물이 많으므로 이러한 유물에 대한 해석이 먼저 필요하다. 곽대순의 주장은 이백겸의 주장대로 홍산문화와 앙소문화가 서로 다르다는 것이 확인될수록 전체 중국 문화를 해석하는 틀로서는 기능을 상실할 가능성이 있다.

각 지역 문화를 따로 보는 이백겸의 시각은 객관적이지만, 홍산문화가 옥기에 집착한 탓에 문화 자체가 소멸했다는 해석은 침소봉대라고 생각한다. 홍산문화 옥기는 문화 분포 지역이 광범위한 데 비하면 많이 발견된 것이 아니다. 지역적으로 편중된 소량의 옥기에 집착하다가 사회 경제 기반이 무너졌다는 해석은 동의하기 어렵다. 글쓴이는 홍산문화 붕괴 원인은 일차적으로 기후 변화에 따른 사회 해체라는 점을 다시 한 번 강조한다. 이백겸은 기후 변화에 따른 생태 환경 변화를 이해하지 못한 것이다.

Ⅱ장. 홍산문화 개관

1. 홍산문화 개요

    홍산문화는 기원전 4700년경부터 기원전 3000년경까지 현재 내몽고 동남부와 요령성 서부에 분포한 문화이다.[84] 홍산문화 분포 범위는 일찍이 1950년대에 큰 틀이 확정되었는데, 당시 홍산문화를 규정한 근거는 통형 질그릇(筒形土器)과 채도(彩陶)였다. 그러나 이 근거는 전체 홍산문화를 대표하기에는 어려움이 있다. 왜냐하면 홍산문화 전기 요소는 흥륭와 문화와 큰 차이를 보이지 않기 때문이다. 그렇지만 그동안 많은 연구가 진행되어 상당한 자료가 축적되었으므로 현재는 20세기 전반기에 규정된 홍산문화 특징과 1980년부터 새로이 발견된 많은 자료에 근거하여 좀 더 구체적이고 확대된 홍산문화의 특징을 규정하고, 그 틀에서 홍산문화 분포 지역을 새로이 구획할 필요가 있다. 홍산문화의 구체적인 특징은 홍산문화 후기 유적과 유물에 나타나는 뚜렷한 문화 요소를 근거로 파악하는 것이 합당하다고 본다.

    대표적인 홍산문화 후기 유적인 우하량 유적과 동산취 유적의 문화 요

---

[84] 홍산문화의 시공간적 분포는 그 범위 밖의 시간대와 공간에서는 다른 문화 요소가 나타난다는 사실에 따른 것이다. 일반적으로 문화를 구분하는 척도는 이 방식을 따른다.

소를 근간으로 하여 새롭게 발견된 홍산문화 유적과 유물의 특징을 정리하면 다음과 같다.

먼저, 유적의 특징을 살펴보자.

가장 대표적인 홍산문화 유적은 집자리 유적, 무덤 유적, 제사 또는 천문 관측 유적으로 나눌 수 있으며, 무덤과 제사 유적이 한 공간에 배치된 유적들도 있다.

홍산문화 집자리는 많이 발견되지 않았다. 하지만 집자리들이 들어앉은 유적들은 많이 발견되었다. 현재까지 발견된 집자리들은 작은 것들이 많았다. 아직 전체적인 대형 유적들이 많이 발견된 것이 아니라 구체적인 것은 알 수 없다.

무덤들은 토광 민무덤부터 돌을 활용한 무덤 등 다양하게 발견되었다. 현재까지 주로 발견된 것은 주로 돌을 사용한 무덤들이다.

무덤은 돌방무덤(石棺墓)이 가장 많은데, 돌을 판돌(板石)로 가공하여 무덤을 만들었다. 그리고 돌무지무덤도 있었다. 무덤방은 여러 형태로 나타나며, 고위층 무덤으로 추정되는 무덤들은 계단형이다. 주위에 딸린무덤(陪塚)이 많으며, 이 딸린무덤들은 순장 무덤으로 보인다. 무덤 주위에 돌 조각이나 질그릇 조각들을 깔아 마당을 만든 경우도 많다. 돌방무덤의 외형은 피라미드 형태가 간혹 나타나기도 한다. 이러한 무덤은 집단을 이루어 분포하며, 대형 돌무지무덤 집단은 중간 지점이나 가장 높은 지역에 광장을 두었는데, 우하량 돌무지무덤 유적이 대표적이다.

대형 제단이 발견되었다. 대표적인 것이 우하량 1지점 북쪽에 위치한 것으로 약 2만 평의 크기이다. 다른 지역에서도 충분히 존재할 수 있는 형태의 유적이다. 예를 들면 동산취 유적도 포함될 수 있다.

천문을 관측했던 것으로 추정되는 유적들도 확인되었다. 대표적으로 동산취 유적, 그리고 우하량 2지점의 제단 유적도 여기에 속할 가능성이 높다.

유물은 질그릇(土器), 옥기(玉器), 석기(石器) 등을 들 수 있다.

홍산문화 유적에서는 붉은 질그릇(紅陶)이 많이 발견되었고, 검은 질그릇(黑陶)도 많이 발견되었다. 질그릇은 모양으로 보아 단지, 보시기, 대접, 항아리 등 여러 종류가 있다. 생활 용기로 쓰인 것들은 민무늬가 많고, 무덤에서 발굴된 것은 붉은 바탕에 검은 안료로 그림을 그린 것들이다. 질그릇에 그려진 그림은 대부분 기하학적 무늬이며, 구체적으로 무엇을 표현한 것인지는 아직 밝혀지지 않았다. 질그릇들을 유형학적으로 분류하여 계통을 추적하면 시대를 거슬러 올라갈수록 질그릇들이 점점 작아지고 대부분 민무늬이다. 또한, 질그릇 색도 갈색 계통이 많아지고 연질(軟質) 질그릇이 많아지는데, 질그릇이 나오는 유적은 민무덤 혹은 작은 돌덧널무덤들이다.

홍산문화 유물에는 옥기가 매우 다양하게 나타난다. 치레거리로 보이는 다양한 옥기는 짐승 모양을 본뜬 것과 추상적인 것들이 주를 이루며, 상징성이 강하다. 옥기 가운데 가장 대표적인 것이 '저룡(猪龍)'이라 일컬어지는 'C'자형 옥기이다.[85] 중국 학자들은 이 옥기가 돼지 형상에 용의 추상적 개념을 덧씌워 표현한 상징적인 기물이라고 추정하여 '저룡'이라고 이름 붙였다. 저룡은 아직까지 홍산문화에서만 발견되며, 이러한 특징을 가진 문화 요소가 언제부터 나타났는지는 의문을 제기하게 한다.[86]

---

85) 옥저룡은 동물 형상의 'C'자형 옥기이다. 중국 학계에서는 이 형태의 기물을 모두 '용'으로 보고 이 중 머리 모양이 돼지를 닮은 것을 '저룡'이라고 이름 붙였는데 이는 잘못이다. 이 글 뒷부분에서 이 문제를 자세히 다루고자 한다.

86) 옥기는 연대 측정이 어려운데, 홍산문화 옥기는 후대 문화인 하가점하층문화 옥기와 아주 흡사한 것이 많다. 따라서 옥기는 동반 출토 유물을 고려하여 출토 맥락에 따라 해석

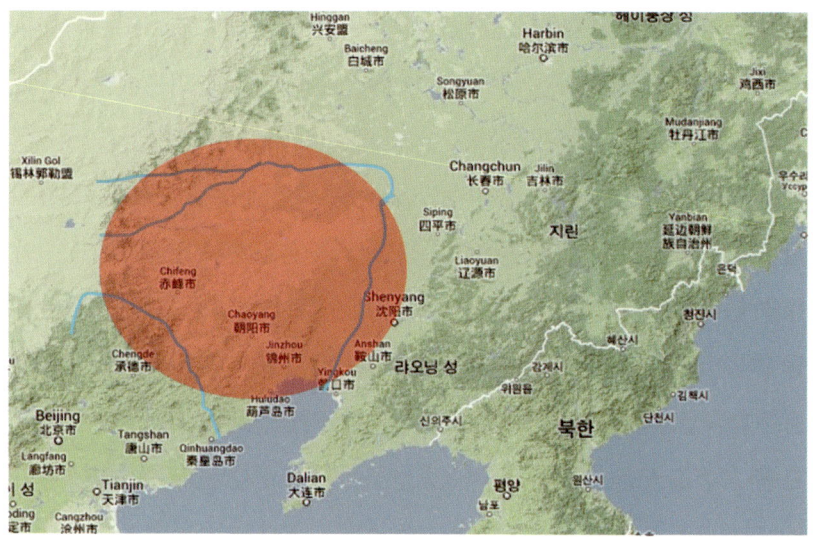

홍산문화 분포도

　석기도 많이 발견되었다. 석기는 대부분 간석기(磨製石器)이다. 농기구가 많이 출토되어 홍산문화 지역에서 농사를 많이 지은 것으로 추정된다. 농기구로 사용된 석기는 땅을 가는 쟁기와 곡물 수확에 사용했다고 추정되는 반달돌칼[87] 등이 주를 이룬다. 뗀석기(打製石器)는 돌을 정교하게 마름질하여 양면을 사용했다.

　유적과 유물에 나타나는 이러한 특징들이 바로 홍산문화의 기본 문화 요소들이다. 홍산문화의 이러한 특징들은 흥륭와문화[88]의 특징을 그대로 이어받은 것이다. 물론 부하문화의 영향도 보인다. 한편으로 홍산문화와

하는 것이 바람직하다.
87) 반달돌칼은 곡식 이삭을 자르는 용도로 사용되었다고 알려졌지만, 글쓴이가 실험해 본 결과 이삭을 훑어내려 낟알을 떨어내는 용도가 더 적합해 보인다. 이 실험은 손보기 교수의 실험에서 확인되었다.
88) 요서 지역 전기 신석기 문화이다.

비슷한 시기에 조보구문화(趙寶溝文化)가 존재했다.[89] 조보구문화는 시공간적으로 홍산문화와 공존한 문화이지만, 문화 요소는 기본적으로 홍산문화와 달랐다.

앞서 말한 유물들의 분포 지역을 살펴보면 홍산문화 분포 범위는 동쪽으로 의무려산 기슭, 서쪽으로는 내몽고 적봉시 옹우특기, 남쪽으로는 연산산맥 이북, 북쪽으로는 서랍목륜하(西拉木倫河) 유역을 경계로 한다.[90] 현재까지 발견된 유적을 보면 홍산문화는 내몽고 적봉과 요령성 서부인 조양(朝陽), 건평, 능원, 객좌 등지를 중심으로 발전했다고 추정할 수 있다.

---

89) 조보구문화 질그릇은 주로 청회색 경질 질그릇이다. 질그릇에 도식화된 짐승 그림을 그려 넣기도 했다. 질그릇 형태는 홍산문화 질그릇과 전혀 다르다. 중국 학계에서는 이 문화를 조보구문화(趙寶溝文化, 5000-4400 BCE)라고 한다. 조보구문화는 흥륭와문화를 계승하여 발전했으며, 시기적으로 홍산문화를 조금 앞선다.

90) 최근 조사에 따르면 연산산맥 남록에서도 홍산문화 관련한 유적이 확인되기도 하였다. 양가 연산촌 고성유적 및 확인 유물

연산촌 유적 발견 질그릇 조각

연산촌 발견 제단

2. 홍산문화 연대

홍산문화의 시작과 소멸 시기에 관해서는 여러 가지 견해가 제기되었다. 1990년까지만 해도 요서지역 선사문화는 조보구문화 → 홍산문화 → 소하연문화로 순차적으로 계승되었다고 인식되어 왔다. 그러나 1989년 내몽고 임서현(林西縣) 서랍목륜하(西拉木淪河: 시라무렌강) 북안(北岸: 북쪽 기슭)의 백음장한(白音長汗) 유적이 발굴된 후 이러한 견해는 대폭 수정되었다.

현재는 홍산문화가 조보구문화보다 조금 늦게 시작되었지만 두 문화가 상당 기간 병행 발전하다가 조보구문화가 소멸한 후 홍산문화가 단독으로 발전한 시기가 있다고 해석하고 있다. 즉, 조보구문화가 기원전 5000년경에 등장했고, 약 300년 후인 기원전 4700년경에 홍산문화가 나타나 조보구문화가 소멸한 기원전 4400년경까지 약 300년간 두 문화가 공존하였다. 그 후 홍산문화는 기원전 3500년경 무렵부터 큰 발전을 이루다가 이후 기원전 3000년 무렵 홍산문화가 해체되면서 요서 지역은 소하연문화 시대로 진입했다. 이러한 발전 과정을 고려하면 홍산문화는 기원전 4700년에 시작하여 기원전 3000년경에 소멸한 것으로 보면 타당할 것이다.[91]

---

91) 간혹 이 범위 밖에서 홍산문화 주 문화 요소가 발견되기도 하는데, 이 지역이 홍산문화 주변 지역이거나 문화 교류로 나타난 현상으로 보는 것이 합리적이다.

〈표 1〉 홍산문화 주요 유적지 연대

단위 분류	주요 유적	시료	C14 (BP)	나이테 교정 연대
ZK-1394	내몽고 오한기 흥륭와	목탄	5865±90	기원전 4714-4463
ZK-2064	내몽고 오한기 흥륭와	목탄	5735±85	기원전 4501-4383
ZK-1180	내몽고 오한기 오도만	인골	4455±85	기원전 3039-2984
ZK-1352	요령성 건평현 우하량	목탄	4975±85	기원전 3771-3519
ZK-1354	요령성 건평현 우하량	목탄	4605±125	기원전 3360-2920
ZK-1355	요령성 건평현 우하량	목탄	4995±110	기원전 3779-3517
BK-82079	요령성 객라심좌익기 동산취	목탄	4895±70	기원전 3640-3382
M22	요녕성 조양시 반랍산	사람뼈		BP4870~4830
M12	요녕성 조양시 반랍산	사람뼈		BP5030~5020
M19	요녕성 조양시 반랍산	사람뼈		BP5285~5160
M78	요녕성 조양시 반랍산	사람뼈		BP5285~5160
M76	요녕성 조양시 반랍산	사람뼈		BP5305~5045
M41	요녕성 조양시 반랍산	사람뼈		BP5305~5045
M4	요녕성 조양시 반랍산	사람뼈		BP5305~5045
M67	요녕성 조양시 반랍산	사람뼈		BP5310~5210
M14	요녕성 조양시 반랍산	사람뼈		BP5315~5215
M75	요녕성 조양시 반랍산	사람뼈		BP5315~5270
M11	요녕성 조양시 반랍산	사람뼈		BP5440~5420
M60	요녕성 조양시 반랍산	사람뼈		BP5465~5345

3. 홍산문화 분포 지역의 자연지리 및 유적 분포 현황

1) 자연 지리

홍산문화는 시간에 따른 점진적인 문화 변동이 잘 파악되지 않는다. 대표적인 예로 홍산문화 말기 유적인 우하량 유적은 정점을 향해 치닫던 문화가 급작스럽게 소멸한 흔적을 보인다. 그러나 그토록 융성한 문화가 어느 날 갑자기 사라진 원인에 관해서는 아직까지 아무것도 해명되지 않았다. 더욱이 같은 시기 홍산문화 분포 지역 남쪽과 동쪽 지대에서는 이렇다 할 큰 문화 변동이 나타나지 않았는데, 왜 유독 홍산문화 지역에서만 문화 소멸 현상이 일어났는지는 큰 의문을 제기하게 한다. 이 문제를 푸는 실마리는 관련된 여러 분야에서 찾을 수 있지만, 그중 가장 기초가 되는 첫 번째 실마리는 환경고고학적 접근으로, 이 지역의 공간적 특성과 변천이 이 지역 문화 변동에 어떠한 영향을 주었는지를 검토해 보는 것이다. 따라서 먼저 홍산문화 분포 범위의 자연 지리적 환경을 이해할 필요가 있다.

홍산문화 분포 지역은 동저서고(東低西高), 북고남저(北高南低)형 지형이다. 이러한 지형에서는 물이 높은 곳에서 낮은 곳으로 흐름에 따라 수계(水系)가 서쪽에서 동쪽으로, 북쪽에서 남쪽을 향해 형성된다. 따라서 이 지역 수계는 노로아호산맥(努魯兒虎山脈) 서쪽과 서남쪽에서 발원하여 동쪽으로 흐르는 여러 물줄기가 합쳐져 서랍목륜하를 이룬 후 이 물줄기가 요령성 경내로 들어와서 서요하(西遼河)가 되고, 다시 동요하(東遼河)와 합쳐져 요하(遼河)를 이룬다. 요하는 많은 물줄기가 합쳐져 흐르는 강이다. 요령성 서부에서는 조양 인근으로 대릉하(大凌河), 소릉하(小凌河), 효분하(曉芬河) 등이 서쪽에서 동쪽으로 흐른다. 산지는 노로아호산맥을 중

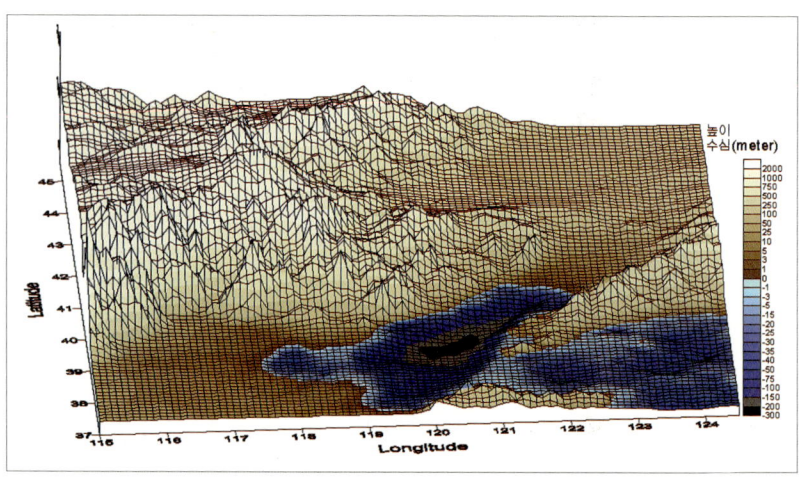

요서지역 지형도(왼편 산지가 홍산문화 주 분포지이다.)

심으로 동서가 나뉘며, 북쪽으로는 부신에 이르는 의무려산맥 북단과 평정산이 'ㄱ'자로 가로막고 있는데, 그 안은 대체로 평원지대이다. 이 지역에 노로아호산맥이 남북으로 길게 뻗어 있다. 노로아호산맥을 축으로 동쪽에는 조양, 북표(北票), 금주가 위치하고 서쪽에는 적봉이 위치한다. 노로아호산맥의 평균 해발고도는 700m이며, 이 산맥 동쪽은 해발고도가 200m 이하이고, 서쪽은 500m 이상이다.

최근 집중적으로 홍산문화 유적이 발견되는 적봉 지역의 홍산문화 유적들은 해발고도 500~600m 황토층 대지 위에 분포한다.[92]

지역의 남쪽은 발해만이며, 발해만의 수증기가 홍산문화 분포 지역에 비를 내리는 가장 큰 수원이 되고 있다. 그러나 발해만은 면적이 크지 않고 기온이 일정하지 않아 큰 비구름을 만들기 어렵다. 또한, 한국 서해와 발해만에서 발생한 구름을 서북쪽으로 몰고 올라가는 바람이 세지 않아

---

92) 滕銘予,〈赤峰地區環境考古學硏究的回顧與展望〉,《邊疆考古硏究 3輯》, 吉林大學邊疆考古硏究中心, 科學出版社, 2004.

구름이 고위도로 이동하는 동안 대부분이 요령성 북표 근방에서 노로아호산맥에 가로막혀 비구름이 서쪽으로 이동하지 못한다. 이 때문에 노로아호산맥 동쪽 지역에만 비가 내려 농경지대를 형성하고 비가 내리지 않는 서쪽 지역에는 초원지대가 형성된다.[93]

수자원은 문화 발전에 가장 기본적인 필요조건이므로 강수량의 절대적 차이는 노로아호산맥 동서 지대에 생계 경제 형태와 생활 방식에 큰 차이를 가져왔다. 결국 같은 문화권이라도 세부적인 문화 성격과 특징에는 차이가 나는 것이다.[94]

2) 유적 분포 현황

글쓴이는 선사시대나 현대나 사회 구조를 해석하는 데 가장 중요한 단서는 인구 규모라고 생각한다. 인구가 증가할수록 그 사회는 갈등과 문제가 발생하고, 문제를 해결하기 위해 조직과 제도를 만들어 냄에 따라 사회 복합도도 증가하기 때문이다. 예컨대 현대 세계에서 과학 발전 수준만 보면 러시아가 중국과 인도를 앞섰다. 그러나 경제 상황을 포함한 가까운 미래를 내다보면 러시아보다는 중국과 인도가 더 희망적이다. 그리고 희망적인 미래의 근간은 바로 인구수에 있다. 이러한 맥락에서 홍산문화뿐만 아니라 모든 문화권에서 인구수를 추정할 수 있는 유적 분포 현황은 면밀히 분석해 볼 필요가 있다.

---

93) 중국 요서 지역은 강수량이 적은 데다 남쪽에서 북쪽으로 불어 올라가는 바람이 내몽고 적봉 지역 서쪽에서 불어 내려오는 바람과 맞부딪쳐 큰비는 지역에 따라 제한적으로 내린다. 따라서 노로아호산맥 동쪽은 큰비가 오는 경우도 많지만 서쪽은 그렇지 못하다.
94) 滕銘予,〈赤峰地區環境考古學硏究的回顧與展望〉,《邊疆考古硏究 3輯》, 吉林大學邊疆考古硏究中心, 科學出版社, 2004年, 264쪽.

앞서 홍산문화 연구사에서 언급했듯이 홍산문화 흔적이 발견된 후 학계에서는 지금까지 꾸준하게 홍산문화 유적 수와 유적 분포도에 관심을 가져왔다. 유적 수와 분포도가 당시 사회 형성의 면모를 잘 드러내 주기 때문이다. 과거 고고학과 역사학 연구에서는 금속기를 사용한 시기를 기준으로 사회 발전 단계를 평가했다. 그러나 이러한 평가는 기술 문화 측면만 보여 줄 뿐 해당 사회를 총체적으로 보여 주지는 못한다.

홍산문화를 연구하는 과정에서 밝혀진 바와 같이 홍산문화 유적들은 아래위 문화층의 연결 없이 홀로 발견되는 경우가 매우 드물고, 대부분 그 앞 시기 또는 나중 시기 문화 유적과 지층 관계를 형성하여 발견된다. 이 때문에 유적지에서 홍산문화 유적만 발견된 경우는 많지 않다. 지금까지 지표 조사를 통해 확인한 홍산문화 유적지는 매우 많다. 1981년부터 1988년까지 내몽고 적봉시 오한기에서 조사된 유적지만도 약 500여 곳이다.[95] 이후에도 매우 많은 유적이 발견되었다.

또한 최근 중국과 미국 합동조사단이 적봉시 서부 765.4km²를 조사하여 약 160곳에서 홍산문화 유물을 확인했다.[96] 조사한 면적에 비해 많은 유적이 발견되었는데, 이러한 발견 상황들을 종합하면 홍산문화 유적은 매우 조밀하게 분포했음을 알 수 있다. 적봉 지역 홍산문화 유적은 특히 오한기 지역에 밀집 분포되어 있다.[97]

---

95) 홍산문화 발견 초기에는 유적지 수가 의미가 있었으나, 최근에는 홍산문화 유적지가 워낙 많이 발견되고 있어 숫자 자체는 큰 의미가 없어졌다.

96) 國家文物局合組赤峰考古隊(中國社會科學院考古硏究所·內蒙古自治區文物考古硏究所·吉林大學邊疆考古硏究中心,《半支箭河中游先秦時期遺址: 赤峰考古隊田野工作報告之一》, 科學出版社, 2002年.

97) 요령성에도 적봉시에 버금가는 크기의 지역에서 홍산문화가 발전했다. 자연 환경은 내몽고 적봉 일대보다 요령성 서부가 훨씬 좋다.

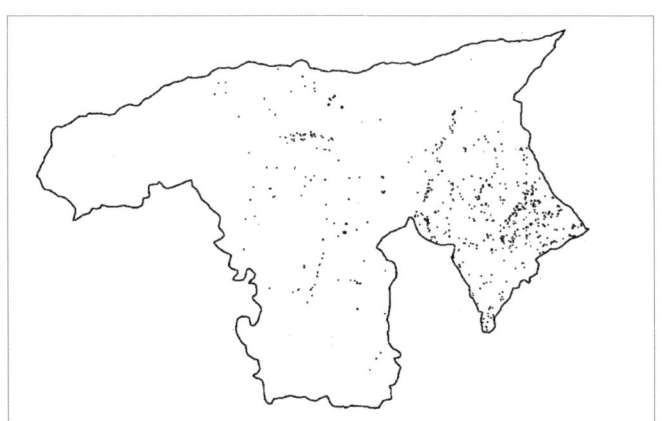

내몽고 서랍목륜하 이남 지역 홍산문화 분포도[98]

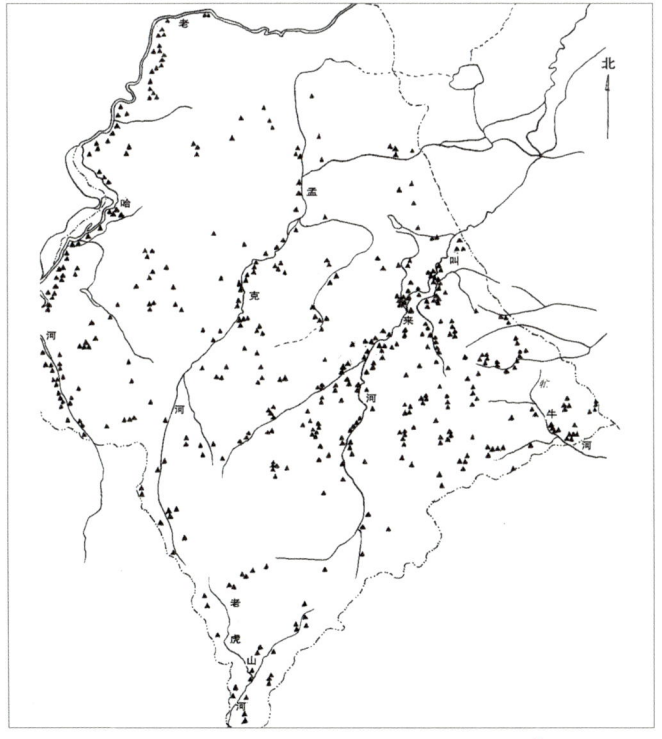

내몽고 적봉시 오한기 지역 홍산문화 분포도[99]

98) 滕銘予,《GIS支持下的赤峰地區環境考古研究》, 科學出版社, 2009年.

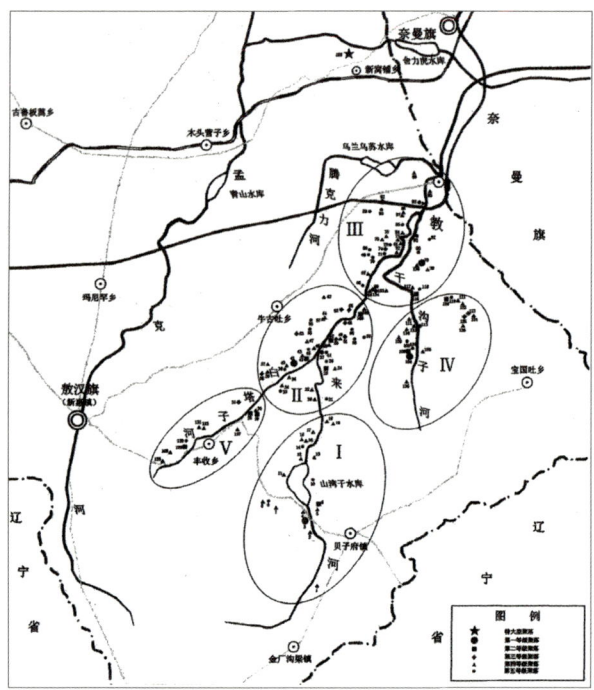

수계에 이어진 홍산문화 유적 분포도[100]

발견된 홍산문화 유적들은 무리를 이루어 분포한다는 공통적인 특징이 있다. 예를 들어, 망우하(牡牛河) 상류에서 발견된 11개 유적군은 전체 면적이 약 700km²이다. 이 범위 안의 유적군은 다시 규모에 따라 하위 군으로 나뉘는데, 소형은 4000~5000m², 중형은 3~10만m², 대형은 2~3km²[101]이다. 대, 중, 소 유적들은 대형 유적을 중심으로 중형 또는 소형 유적들이 주변에 분포하는 양상을 보인다. 이러한 분포 양상은 우하량

---

99) 田彥國·王苹主編,《紅山古國-敖漢旗紅山文化典型遺址-》, 科學出版社, 2017년
100) 劉國祥,《紅山文化硏究》2015년, 科學出版社.
101) 한국 평수로 60만~90만 평에 해당한다.

오한기 박물관 전시 홍산문화 유적 표시도 사판(이 사판이 제작된 것은 거의 20년에 다다른다. 그러므로 최근 조사 통계와는 다를 수 있다. 하지만 이 사판을 통하여 오한기 지역의 지형을 알 수 있고, 어떤 지형 위에 유적이 분포하고 있는지 이해를 돕기 위하여 수록한다.)

유적군의 특징이기도 하다. 내몽고 오한기 맹극하(孟克河) 하류 분자지(分子地) 유적군도 같은 사례에 속한다. 이 유적은 전체 면적이 약 6km²로, 홍산문화 유적 가운데서는 보기 드물게 큰 유적이다. 이 유적군 안에는 면적 3만m² 정도의 중형 유적 여러 개가 서로 멀지 않은 거리를 두고 군을 이루고 있다.

 이 같은 유적 분포도를 보면 홍산문화 사람들은 매우 넓은 지역에 걸쳐 각각 구역을 형성하면서 분포했다고 생각할 수 있다. 홍산문화 분포 지역 전체를 놓고 보면 서쪽에서 동쪽으로 갈수록 분포 밀집도가 높아진다. 이러한 현상은 홍산문화가 초기에 서부 지역에서 성기게 시작하여 점차 동쪽으로 퍼져 나가면서 문화 중심권도 함께 이동함에 따라 홍산문화 전성기에는 동부 지역에 인구가 밀집한 결과로 볼 수 있다. 문화 중심권 이동

흥륭구 일대 평야 전경

범장자 부근 홍산문화 유적지(밭에 검게 그려진 것이 홍산문화 유적임)

은 강수량과 관계가 있을 것으로 추측된다.

그러나 하나 깊이 고민해 볼 문제가 있다. 그것은 같은 홍산문화권이라

하더라도 요령성 서부 지역이 내몽고 동남부 지역보다는 생활 환경이 월등이 좋다는 것이다. 그러나 유적의 연대나 분포도를 보면 적봉 지역보다 늦거나 양적으로 적은 분포도를 볼 수 있다.

이런 현상은 다음과 같은 문제가 있을 것이라 본다. 즉, 생활 환경이 좋은 조양 지역에서 훨씬 이른 시기의 발전된 유적이 있었으나 이 지역은 계속 사람들이 거주를 하면서 훼손되어 많이 남아 있지 않았을 가능성이다. 반대로 적봉 지역은 생활 환경이 좋지 않아 사람들이 거주를 늘 하지 않아 많은 유적들이 남아 있을 수 있다는 가능성이다. 이 문제는 앞으로 이 문화를 연구하면서 고민해 봐야 할 문제이다.

Ⅲ장. 홍산문화 유적 및 유물 분석
— 적석묘, 제단, 옥기, 채도 —

　유적과 유물에 나타나는 고유한 특징은 그 문화의 성격을 대변하는 문화 요소를 구성한다. 문화 요소에는 사람들이 산 집자리, 묻힌 무덤, 생활 도구, 그리고 그들의 염원을 바라던 제사터 및 자연 현상을 관찰하던 자리가 모두 포함된다. 지금까지 홍산문화 유적은 크게 집자리, 무덤, 질그릇을 구운 가마터, 종교 의식을 거행한 제사 유적과 그에 딸린 광장, 별자리와 달의 움직임을 관찰한 천문대와 시간을 측정한 시계 시설 등이다. 이러한 유적에서는 질그릇, 석기, 옥기, 흙으로 빚은 각종 사람 모습과 짐승 모습 소조상들, 그리고 용도가 확실치 않은 여러 형태의 기물들이 발견되었다.
　이 장에서는 홍산문화 문화 요소를 유적과 유물순으로 분석해 보기로 한다.

1. 유적

1) 집자리

　홍산문화 유적으로 확인된 유적은 많지만 발견된 유적 수에 비해 발굴된 유적 수는 많지 않고 집자리 경우는 더더욱 적다. 그러나 지금까지 조사된 바에 따르면 집자리는 홍산문화 분포 지역에서 골고루 발견되며, 시기적으로도 전기부터 후기까지 모두 확인되었다. 몇몇 홍산문화 유적을 고찰해 보면 홍산문화 유적은 비슷비슷한 작은 유적지가 띄엄띄엄 분포하는 것이 아니라 대규모 유적을 중심으로 중형, 소형 유적지들이 등급을 이루어 분포하는 유적군을 이룬다는 사실이 드러난다. 이 유적들은 대부분 구릉성 대지에 분포하며, 유적지 근처에는 반드시 물길이 있다. 대표적인 집자리 유적은 내몽고 적봉시 백음장한, 서태(西台),[102] 남태자(南台子),[103] 서수천(西水泉),[104] 홍산후(紅山後),[105] 파림좌기 우호촌(友好村) 이도량(二道梁) 등지에서 확인되었다. 주거 유적은 발굴이 많이 이루어지지 않았다. 지금까지 발굴된 유적 중에는 옹우특기 백음장한 유적과 오한기 서태 유적이 대표적인 주거지 유적이다. 분자지 유적군처럼 더 작은 유적군으로 나뉘는 유적들도 있지만, 독립된 작은 유적지는 별도의 시설을 갖춘 곳도 있다. 발견된 주거지 유적을 통하여 홍산문화 주거지 특징을 간략하게 정리하면 다음과 같다.

주거 유적은 대부분 한 지역에 밀집되어 있다. 기본 형태는 사각형 또는 원형 반움집이 대부분이다. 아주 드문 예이지만 집 한 편에 돌로 아궁이를 설치한 경우도 있다. 홍산문화 유적 집자리는 크기에 큰 차이가 있다.[106]

---

102) 昭國田 主編,〈西台遺址〉,《敖漢文物精華》, 內蒙古文化出版社, 2004年.

103) 內蒙古文物考古硏究所,〈克什克騰旗南台子遺址發掘簡報〉,《內蒙古文物考古文集 2》, 中國大百科全書出版社, 1997年.

104) 中國社會科學院考古硏究所內蒙古工作隊,〈赤峰西水泉紅山文化遺址〉,《考古學報》, 1982年 第2期.

105) 濱田耕作·水野淸一,〈赤峰紅山後: 熱河省赤峰紅山後先史遺跡〉,《東方考古學總刊》甲種 第6冊, 東亞考古學會, 1938年.

발굴된 주거지 유적지 몇몇 사례를 구체적으로 살펴보면 다음과 같다.

(1) 서수천

큰 집자리는 서수천 유적에서 발견된 것으로, 길이 11.7m, 너비 9m이며, 길이 4m, 너비 3m인 나들목(門道)이 있는데 경사져 있다.[107] 거주면 한가운데 나들목 쪽에도 화덕이 있다. 화덕은 표주박형이며 깊이가 깊다. 얕게 돌을 둘러 화덕을 만든 경우도 있다. 주거지 유적 안에서는 무덤이 확인되지 않았다.

(2) 이도량 유적

이도량(二道梁) 유적은 내몽고 적봉시 파림좌기 우호촌 백음오포향(白音敖包鄕)에 있다.[108] 홍산문화 전기 유적에 속하며 홍산문화 분포권에서 서쪽에 위치하며 대규모 유적은 아니다. 간단히 정리하면 다음과 같다.

① 5호 집자리

평면은 직사각형이며, 현재 남아 있는 벽 높이는 10~20cm이다. 집 크기는 동북 변 길이 2.9m, 서남 변 길이 3.1m, 동남 벽과 서북 벽 길이는 2.2m이다. 생토면을 파서 움을 만들고, 바닥은 불로 태워 딱딱하게 만들었다. 벽은 생토를 그대로 사용하지 않고 가공했다. 서쪽 벽에 가공한 흔적이 남아 있는데, 벽 두께가 4cm 정도이며 풀을 섞어 갠 진흙을 바르고 불

---

106) 昭國田 主編, 〈西台遺址〉, 《敖漢文物精華》, 內蒙古文化出版社, 2004年.
107) 中國社會科學院考古硏究所內蒙古工作隊, 〈赤峰西水泉紅山文化遺址〉, 《考古學報》 1982年 第2期.
108) 內蒙古文物考古硏究所 編, 〈巴林左旗友好村二道梁紅山文化遺址發掘簡報〉, 《內蒙古文物考古論集 第一集》, 中國大百科全書出版社, 1994年.

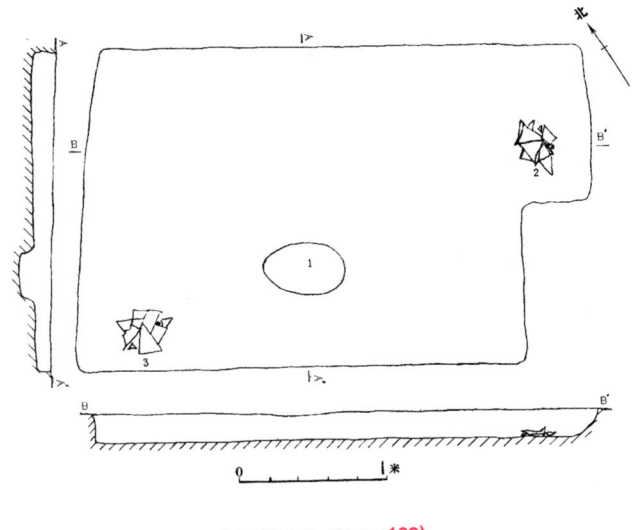

이도량 5호 집자리[109]

로 태워 벽이 붉은색이다. 집 안 서쪽에 있는 타원형 화덕은 평면 크기가 각 변 35~65m, 깊이 10cm이다. 화덕 벽과 바닥 두께는 5cm 정도로, 풀을 넣어 갠 진흙을 바른 후 불로 태워 담홍색을 띠는데, 단단하면서도 매끄럽다. 집 바닥은 그을음이 많이 남아 있다. 문은 동북쪽 35도 방향으로 곧게 나 있다. 문은 높이 50cm, 너비 1.1m이다. 바깥쪽으로 경사져 있다. 집 바닥에서는 질그릇 조각들이 발견되었다.

② 15호 집자리

평면은 직사각형이다. 길이는 동북서남쪽 8.4m, 서북동남쪽 4.2m이다.

---

109) 內蒙古文物考古硏究所,〈巴林左旗友好村二道梁紅山文化遺址發掘簡報〉,《內蒙古文物考古論集》第一集, 內蒙古文物考古硏究所編(李逸友·魏堅主編), 中國大百科全書出版社, 1994年.

현재 남아 있는 벽 높이는 0.05~0.28m이다. 현재 남아 있는 벽은 동남쪽 부분이 약간 높고 서북쪽 부분이 약간 낮다. 문은 동북쪽으로 나 있고 높이 80cm, 너비 70cm이다. 바닥에서 문 쪽으로 약간 경사졌다. 집 안 가운데 둥근 화덕이 있다. 화덕은 지름 25cm, 깊이 10cm이다. 화덕 내벽과 바닥은 불에 타서 붉은색이다. 단면에 몇 차례 수리한 흔적이 있다. 단면에서 서로 다른 세 층이 확인되었는데, 매번 5cm 정도 풀을 넣어 갠 진흙을 발랐다. 화덕과 거주면은 불로 태워 단단하며, 연한 붉은색으로 반들거렸다. 집 안 서쪽에 지름 25cm, 깊이 10cm인 기둥자리가 있다. 집 안에서 흑회색 흙덩이와 꼬불 무늬 질그릇 조각, 서남쪽 모퉁이에서 돌도끼 두 점이 발견되었다.[110]

(3) 남태자 26호 집자리

평면이 직사각형인 반움집이다. 깊이 4.9m, 너비 4.5m, 문 방향은 85도이다. 집 안은 풀을 갠 흙으로 바른 다음, 불로 태워 습기가 차지 않게 했다. 화덕은 문 가까운 곳에 있고, 길이 7cm, 깊이 40cm, 너비 60cm이다. 아궁이에는 20cm 정도 재가 남아 있었다. 나들목은 집 정중앙에 냈는데, 길이 45cm, 너비 80cm이다. 거주면에서 질그릇 조각 몇 개와 석기들이 발견되었다.[111]

---

110) 內蒙古文物考古硏究所, 〈巴林左旗友好村二道梁紅山文化遺址發掘簡報〉, 《內蒙古文物考古文集 1》, 中國大百科全書出版社, 1994年.
111) 內蒙古文物考古硏究所, 〈克什克騰旗南台子遺址發掘簡報〉, 《內蒙古文物考古文集 2》, 中國大百科全書出版社, 1997年, 91쪽.

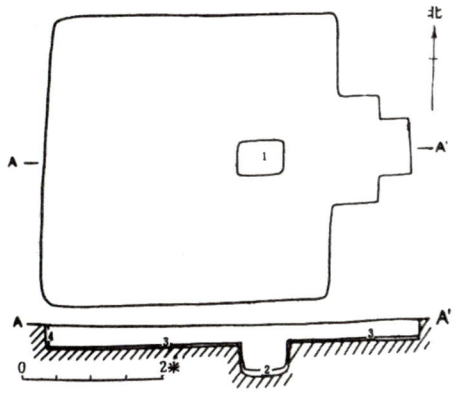

남태자 홍산문화 집자리 평·단면도[112]

(4) 흥륭구 2지점 유적

집자리 형태는 다른 유적지 집들과 비슷한 사각형이다. 특이하게 이 유적에서는 집 한 편에 돌로 아궁이를 설치한 것이 확인되었다. 아궁이를 설치한 것은 밖으로 굴뚝을 내어 연기를 외부로 뽑아냈음을 뜻한다. 아궁이와 굴뚝 설치는 홍산문화 사람들이 공기 흐름을 이용하여 온돌을 사용할 줄 알았음을 알려 준다.[113]

---

112) 內蒙古文物考古研究所,〈克什克騰旗南臺子遺址〉,《內蒙古文物考古文集 2》, 中國大百科全書出版社, 1997年, 71-73쪽.

113) 國家文物局 主編,〈內蒙古敖漢旗興隆溝聚落遺址2003年發掘〉,《2003年中國重要考古發現》, 文物出版社, 2004年, 16쪽.

흥륭구 3지점 주거지와 아궁이[114]

(5) 서태 유적

서태 유적은 적봉시 망우하 부근에 있으며, 근년에 대규모로 발굴되었다. 홍산문화 후기 유적에 속한다. 이 유적은 전체 길이가 약 600m이며 환호를 둘렀다. 환호 안에 집을 지은 것으로 보아 주거지는 대가족이 함께 거주한 구역으로 추측된다. 환호는 현재 세 면만 확인되었다. 현재 확인된 환호는 대략 직사각형을 이루며, 길이는 동남 방향으로 약 600m, 폭 2m, 가장 깊은 곳의 깊이는 2.25m이다. 환호 중간중간에 있는 문은 출입구로 보인다.[115]

---

114) 國家文物局 主編, 〈內蒙古敖漢旗興隆溝聚落遺址2003年發掘〉, 《2003年中國重要考古發現》, 文物出版社, 2004年, 16쪽.

115) 楊虎, 〈敖漢旗西台新石器時代及靑銅時代遺址〉, 《中國考古學年監》, 1988年.

서태 유적 전경

    환호 안에는 많은 집자리가 있다. 집자리가 서로 침범하여 교란된 것으로 보아 보수 또는 재건축되어 여러 차례 집자리로 사용된 듯하다. 환호는 주거지 울타리인 동시에 외부인과 짐승의 침입을 막는 기능을 했을 것이다. 집은 평면이 사각형에 가까운 반움집이다. 크기가 다 다른데 움집의 평균 안지름은 약 2m이다. 움 깊이도 차이가 있어 얕은 것은 몇 십 cm, 깊은 것은 2m가 넘는 것도 있다.

    주거면 중앙에 아궁이가 있고 아궁이 바닥에 돌 조각을 깔기도 했다. 기둥자리는 발견되지 않았다. 안벽은 약 30cm이며, 풀을 넣어 갠 흙을 바른 후 불로 그을렸다. 안 바닥은 황토를 4~5cm 두께로 한 층 깔고, 그 위를 불로 태워 단단하게 했다. 실내에는 화덕이 있고, 화덕은 길이 70cm, 너비 60cm이다.

    서태 유적군에서는 대형 돌도끼가 수습되었다. 또한, 이 유적 인근의 동

서태 유적 발굴 현장[116]

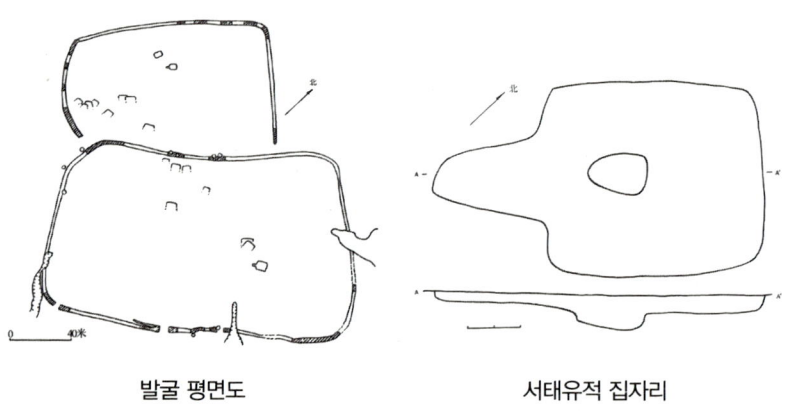

발굴 평면도　　　　　　　서태유적 집자리

가영자(董家營子) 유적에서는 버려진 옥 조각이 다수 발견되어 이곳에 옥기를 가공하던 장소였던 것으로 보인다. 이러한 발굴 자료는 당시 홍산문화 사회 구조를 연구하는 데 매우 중요한 증거를 제공한다.[117]

---

116) 昭國田主編,〈草帽山祭祀遺址群〉,《敖漢文物精華》, 內蒙古文化出版社, 2004年.

117) 앙소문화 반파 유적도 이러한 형태를 보이지만, 규모가 홍산문화보다 작고, 주거지 주변에 무덤이 있는 것이 홍산문화 유적과 다르다.

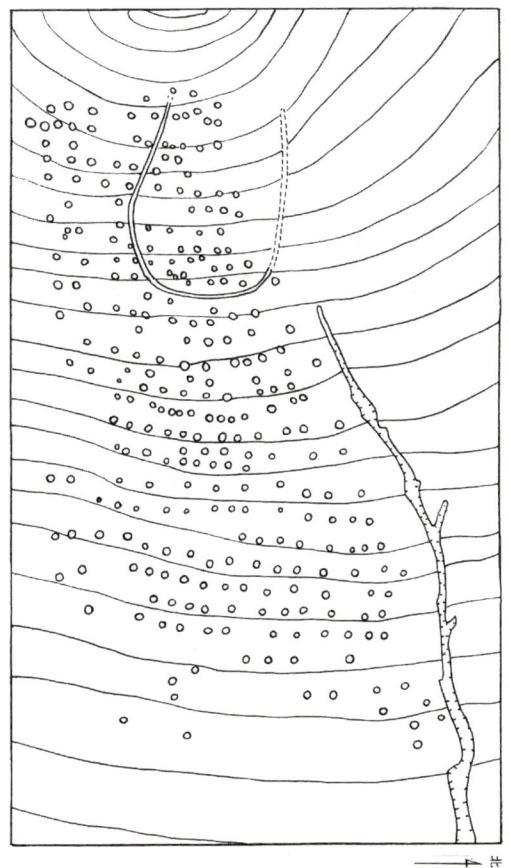

내몽고 오한기 두력영자 유적 분포도[118]
(왼쪽 환호가 둘려진 곳이 홍산문화 유적임)

두력영자 유적은 적봉시 오한기 풍수향 두력영자촌 서쪽 언덕 위에 있다. 이 유적은 동서 길이 600m, 서쪽의 남북 너비는 180m, 동쪽의 남북너비 360m로 전체 17만m²이다.[119]

---

118) 田彦國·王萃主編,《紅山古國-敖漢旗紅山文化典型遺址-》, 科學出版社, 2017年
119) 敖汉旗博物馆,〈敖汉旗杜力营子新石器时代遗址调查报告〉,《内蒙古文物考古》, 2009年, 第2期.

이 유적에서는 282기의 집자리가 발견되었는데, 조보구문화 유적과 홍산문화 유적이 나뉘어 존재하고 있다. 이 중 홍산문화 유적은 환호를 두른 것인데, 조보구문화 유적의 서북 모서리를 위치해 있다. 이 유적의 크기는

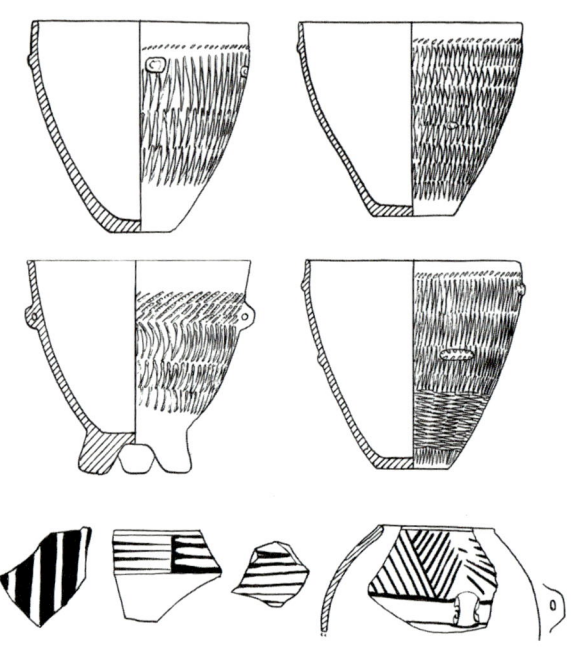

두력영자 수습 질그릇

두력영자 출토 삼족기

동서길이 200m, 남북너비 140m인데, 이 안에 49기 정도의 건물자리가 있다. 이 건물들의 배열은 규칙적이 않고, 건물들은 한 묶음에 2~6기 정도로 나눌 수가 있다. 이들 묶음 간의 거리는 4~23m이다. 이 건물들의 지름은 4~6m이다. 이 유적에서는 적지 않은 홍산문화 유물들이 발견되었는데 주로 질그릇, 채도 조각들이다. 이 중에 초기 삼족기로 보이는 기물도 확인이 되었다.

2) 창고

창고는 대부분 구덩이 형식이다. 이러한 구덩이는 여러 용도로 쓰였지만, 일괄하여 창고(저장 구덩이)로 분류하겠다. 창고는 매우 많이 발견되었다. 평면은 대부분 타원형 또는 원형에 가까운 직사각형이다. 구덩이 형태별로 특징에 별다른 차이는 없다. 간단한 예를 살펴보면 다음과 같다.

남태자 45호 창고는 구덩이 형태이

남태자 45호 창고[120]

고, 평면은 원형이다. 구덩이 입구 지름이 1.05m, 깊이는 0.3m이다. 벽을 곧게 파 내려갔다. 구덩이 안에서 유물은 발견되지 않았다.

남태자 2호 창고는 평면이 원형에 가까운 직사각형이다. 길이 0.95m, 너비 0.72m, 깊이 0.46m이다. 구덩이 안은 2단이며, 1단 높이는 0.36m, 2

---

120) 內蒙古文物考古研究所, 〈克什克騰旗南臺子遺址〉, 《內蒙古文物考古文集 2》, 中國大百科全書出版社, 1997年, 71-73쪽.

단 높이는 0.1m이다.[121] 구덩이 깊이는 1.5m이며, 입구는 길이 2m로 크고, 바닥은 길이 0.8~1m로 입구보다 작아 구덩이 벽이 비스듬히 기울었다.[122] 이 밖에도 계단식으로 만들어진 창고도 있었다.[123]

창고 안에는 특별한 시설이나 벽을 견고히 하기 위한 시설

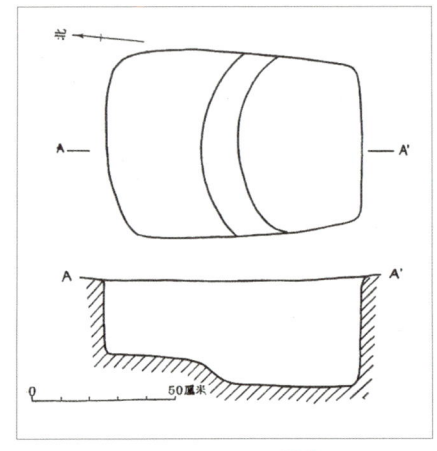

남태자 2호 창고[124]

이 없다. 불을 피운 흔적도 발견되지 않았고, 구덩이 안에서 유물은 발견되지 않았다. 집자리 수보다 창고 수가 많은데, 한 가지 이유는 개인 재산을 수납하는 공간이 필요했기 때문일 수 있다. 경우에 따라서는 방으로 사용했거나 짐승 우리로 사용했을 가능성도 있다.

3) 가마터

신석기시대 특징 가운데 한 가지는 보편적으로 질그릇을 사용했다는 사실이다. 홍산문화 사람들도 질그릇을 많이 썼고, 질그릇을 구운 가마도

---

121) 內蒙古文物考古研究所, 〈克什克騰旗南台子遺址發掘簡報〉, 《內蒙古文物考古文集 2》, 中國大百科全書出版社, 1997年.

122) 內蒙古文物考古研究所, 〈克什克騰旗南台子遺址發掘簡報〉, 《內蒙古文物考古文集 2》, 中國大百科全書出版社, 1997年, 71쪽.

123) 內蒙古文物考古研究所, 〈克什克騰旗南台子遺址發掘簡報〉, 《內蒙古文物考古文集 2》, 中國大百科全書出版社, 1997年, 72쪽.

124) 內蒙古文物考古研究所, 〈克什克騰旗南臺子遺址〉, 《內蒙古文物考古文集 2》, 中國大百科全書出版社, 1997年, 71-73쪽.

발견되었다. 홍산문화 질그릇 가마터는 사릉산을 비롯한 여러 유적지에서 발견되었는데, 사릉산 유적 가마터가 가장 넓다. 사릉산 가마터 유적은 그 규모로 보아 당시 전문적으로 질그릇을 만든 사람들이 있었음을 추측하게 한다. 사릉산 유적은 약 1만m²에 달하는 매우 큰 유적이다.

이 유적을 유지하는 데는 질그릇에 관여한 전문가들만도 질그릇 빚는 사람, 질그릇 표면에 그림 그리는 사람, 바탕흙(胎土) 채취하는 사람, 땔감 구해 오는 사람 등 여러 그룹으로 분화되어 있었을 것이다.

사릉산 유적은 동서 200m, 남북 50m, 전체 면적 약 1만m²이다. 이 중 약 300m²가 발굴되었는데, 여기서 질그릇 가마 6기가 발견되었다. 가마의 평면은 모두 횡혈식이다. 가마는 구조에 따라 단실, 쌍실, 다실 등 세 가지 형식으로 구분된다.[125]

따라서 이 유적은 당시 홍산문화 사회를 설명하는 데 매우 중요한 유적이 된다.[126]

(1) 단실

모두 무너졌는데 긴 사각형으로 너비 0.6~1.1m, 깊이 2.9m, 현재 남아 있는 가마 벽 높이는 30cm이다. 생토를 그대로 파서 가마를 만들었다. 가마 벽은 원래 있는 황토 면을 모래 섞인

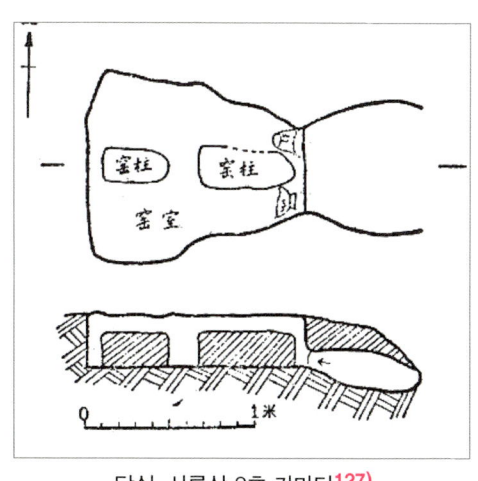

단실-사릉산 3호 가마터[127]

---

125) 遼寧省博物館 等,〈遼寧敖漢旗小河沿三種原始文化的發現〉,《文物》1977年 第12期.
126) 전문가 집단이 형성되었다면 상업이 발달했을 가능성도 충분하다.

진흙에 풀을 이겨 발랐다.

(2) 쌍실

쌍실 가마는 질그릇을 굽는 가마가 둘 달린 것을 말한다. 전체 길이 2.6m, 가마 안 남북 길이 1.4m, 동서 길이 1.38m, 현재 남아 있는 가마 벽은 40cm이다. 불을 지피는 아궁이 길이는 1.2m, 너비는 60~80cm이다. 가마 문은 매우 좁으나

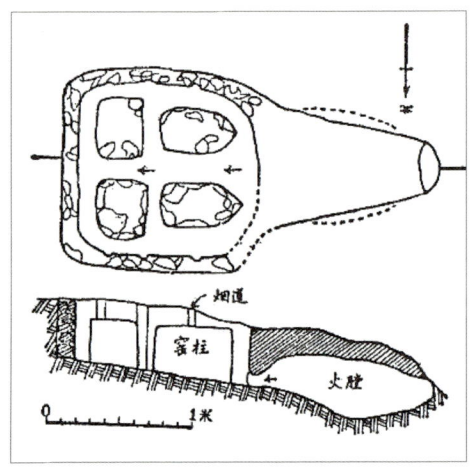

쌍실 - 사릉산 1호 가마터[128]

안으로 들어갈수록 넓고 높아지고 비스듬히 경사져 있으며, 가마 내부는 돌덩이로 쌓고 벽에는 진흙을 발랐다. 가마 안에는 요주(窯柱)가 네 개 있다. 가마 안 중심에는 십자형 화로가 있다. 요주는 모두 돌을 쌓아 올리고, 둘레를 진흙으로 발랐다. 연기는 굴뚝으로 빠진다. 질그릇은 요주 위에 놓았는데, 직접 불과 닿았다.

(3) 다실

동서 길이 2.7m, 현재 남아 있는 가마 벽은 40~50cm이다. 전실과 후실로 구분되는데, 전실은 아궁이고 후실은 가마이다. 가마에는 요주가 여덟

---

127) 遼寧省博物館 等, 〈遼寧敖漢旗小河沿三種原始文化的發現〉, 《文物》 1977年 第12期.
128) 遼寧省博物館 等, 〈遼寧敖漢旗小河沿三種原始文化的發現〉, 《文物》 1977年 第12期.
129) 遼寧省博物館 等, 〈遼寧敖漢旗小河沿三種原始文化的發現〉, 《文物》 1977年 第12期.

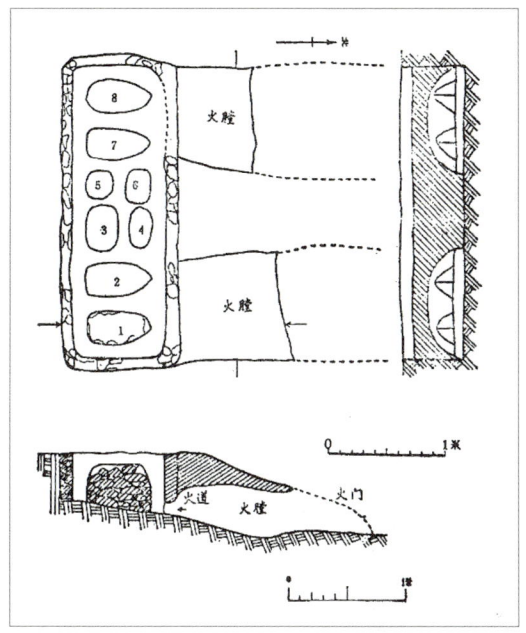

다실 – 사릉산 6호 가마터[129]

개 있는데, 양 옆 네 개는 삼각형이고, 안쪽 네 개는 사각형이다. 가마 벽과 요주는 흙과 돌로 연결되어 있다. 가마 안벽에는 풀을 섞어 갠 진흙을 0.5~1cm 발랐다. 아궁이는 길이 1.8m, 너비 80~95cm, 높이 60~90cm이다. 아궁이는 황토 면을 그대로 이용했으며 입구가 좁고 중간이 넓다.

4) 무덤

무덤은 삶을 마감하고 죽음을 맞은 육신을 묻는 곳이며, 그 시대 사람들의 관념과 가치관 등 정신세계를 가장 강하게 반영하는 유적이다. 따라서 묘제에는 당시 사람들이 삶과 죽음을 어떻게 인식했는지 그 생사관이 잘 드러나 있게 마련이다. 과학이 발달하지 않고 종교가 인식체계의 중심이던 시대에는 죽음을 삶의 연장으로 인식하는 것이 보편적이다. 따라서 살았을 때 존귀한 신분이던 사람은 죽어서도 존귀한 존재로 대접 받았고, 살았을 때 남의 부림과 멸시를 받은 사람은 그 주검이 묻힌 무덤에도 그러한 흔적이 나타난다.

고고학적으로 무덤 크기와 장식, 껴묻거리(副葬品), 순장된 사람과 동물 숫자 등은 이러한 인식체계를 그대로 드러내기 때문에 무덤은 당시 사회 체계를 파악하는 데 매우 중요한 유적이 된다. 홍산문화 무덤 유적은 무덤의 고고학적 요소들을 가장 명확히 보여 주는 예에 속한다. 당시 최하층 사람부터 최고위층 사람까지 계급 구조와 신분 질서를 분명하게 보여 주기 때문이다. 이 때문에 홍산문화 연구에서 무덤 연구는 가장 중요한 분야가 되었다.

특히 홍산문화 묘제는 홍산문화를 다른 요서 지역 문화와 구분하는 중요한 잣대이자 홍산문화를 특징짓는 가장 중요한 문화 요소 중 하나이다. 홍산문화 무덤 양식은 외관상 흙무지무덤(土塚)과 돌덧널무덤(石槨墓)으로 나눌 수 있다. 돌덧널무덤은 돌칸무덤(石室墓)과 널형 덧널무덤(石棺墓)으로 나뉘는데, 지금까지 발견된 홍산문화 무덤은 대부분 돌덧널무덤 계통이다. 그러므로 홍산문화 무덤을 통틀어 돌덧널무덤이라 칭해도 큰 문제는 없다고 본다.

홍산문화 묘지는 많이 발견되지 않아 대표적 특징을 논하기에 이른 감이 있으나, 내몽고 적봉 오한기 사가자진(四家子鎭)과 요령성 부신 호두구(胡頭溝), 건평 우하량 무덤 구역 등 홍산문화 후기 무덤 구역은 매우 독특한 특징을 보인다.

우선 무덤들이 떼를 이루어 무덤 구역이 따로 설정되어 있다. 이러한 무덤들은 다듬은 돌로 담을 쌓아 무덤 둘레를 에워싸든가 통형 질그릇을 둘

부신 호두구 유적 전경

부신 호두구 유적- 무덤 자리 추정

러 세우는 등 별도의 시설을 했다. 사각형 또는 원형 마당을 만든 곳도 있는데, 무덤에 제사 지낸 장소일 가능성이 있다. 우하량에서는 종류가 다른 대형 무덤이 25기 정도 확인되었으며, 제단으로 보이는 것도 확인되었다. 이 구역 안에서는 주거지 유적이 발견되지 않아 홍산문화 사람들이 거주

부신 호두구 유적(부신박물관 설치 조감도)

구역과 무덤 구역을 구분했음을 알 수 있다.

또 무덤 구역 규모에 큰 차이가 난다. 호두구와 우하량 무덤들은 특수층의 무덤으로 보이는데, 이 중에서도 우하량 무덤 구역이 호두구 무덤 구역보다 규모가 훨씬 크다. 평민들의 무덤 구역은 따로 조성되었을 것으로 생각한다. 이러한 점들은 홍산문화 사회에서 신분과 계급 차이가 엄연했고, 신분 질서에 따라 무덤 구역이 차별적으로 설정되었음을 알려 준다. 지금까지 밝혀진 홍산문화 무덤은 주로 신분이 높은 사람의 무덤으로 볼 수 있다. 이들 무덤은 한 지역에 집단을 이루어 특별 구역으로 조성되었다.

(1) 무덤 종류

무덤은 움, 장구, 주검 배치 방식, 껴묻거리와 껴묻는 방식 등에서 모두 고유한 특징을 보인다. 이러한 특징은 피장자의 신분과 당시 유행을 반영하는 것으로 해석되었다. 여기에서는 장구 사용 여부와 별도 시설 유무를 기준으로 하여 장구를 사용하지 않은 무덤은 민무덤, 장구를 사용한 돌덧널무덤은 돌널무덤, 무덤 칸을 만든 무덤은 돌칸무덤으로 구분했다.

① 민무덤

민무덤에는 외관상 흙무지무덤과 돌무지무덤이 있다. 무덤 안에 장구가 없다. 민무덤에 속하는 무덤은 대부분 직사각형이지만, 간혹 원형에 가까운 것도 있다. 대개 주검 한 구를 묻었으며, 간혹 여러 구를 함께 묻은 경우도 있다. 여러 구를 함께 묻은 경우에는 주검들의 방향이 일정하지 않다. 주검의 자세는 곧은장, 모로굽은장이고, 머리 방향은 정북향 혹은 동북향이다. 남태자 M13, 백음장한 M5를 제외한 나머지 민무덤은 돌무지무덤이며, 무덤 깊이가 얕다.

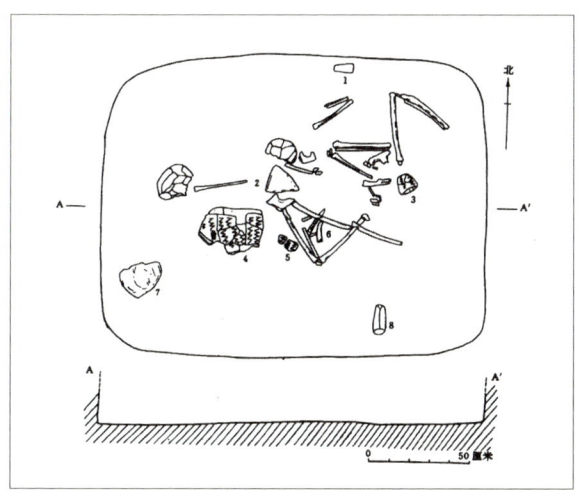

남태자 M1 평·단면도[130]

---

130) 內蒙古文物考古硏究所, 〈克什克騰旗南臺子遺址〉, 《內蒙古文物考古文集 2》, 中國大百科全書出版社, 1997年, 71-73쪽.

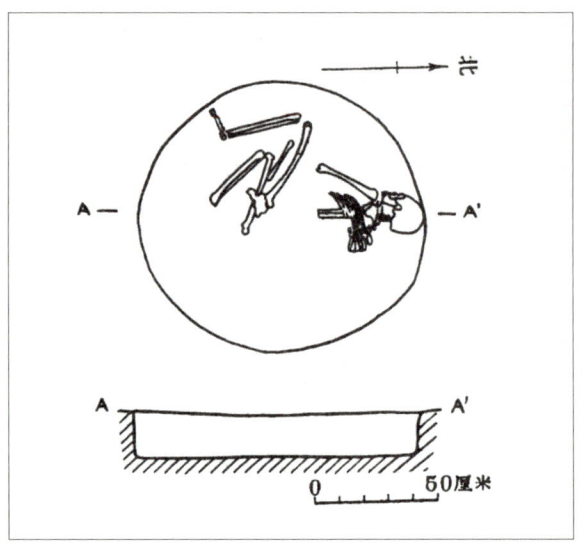

남태자 M10 평·단면도[131]

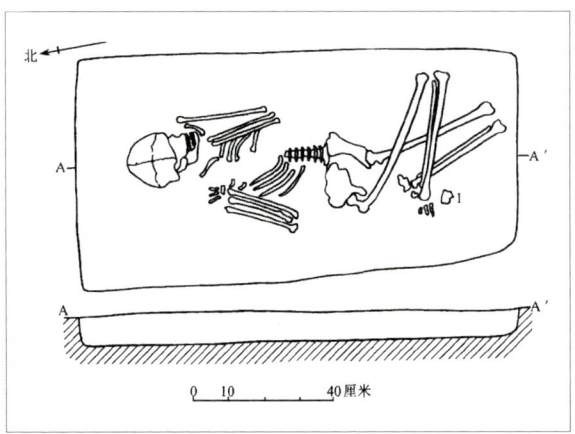

백음장한 M23 평·단면도[132]

---

131) 內蒙古文物考古硏究所, 〈克什克騰旗南臺子遺址〉, 《內蒙古文物考古文集 2》, 中國大百科全書出版社, 1997年, 71-73쪽.

132) 內蒙古自治區文物考古硏究所編著, 《白音長汗: 新石器時代遺址發掘報告 上》, 科學出版社, 2004년.

② 돌널무덤

　돌널무덤의 기본 구조는 땅에 사각형 움을 파고 주로 덧널(槨)을 만들어 주검을 안치하는 형식이다. 무덤 크기는 주검 크기에 비례하며, 대부분 주검 크기보다 약간 크다. 깊이는 민무덤처럼 얕다. 돌널무덤에서 출토된 껴묻거리는 대개 옥기 단품이다. 돌널무덤에는 대개 주검 한 구만 안치되어 있는데, 어린 아이와 청소년이 묻힌 경우도 있어 이 무덤 형식과 피장자의 연령은 상관이 없는 것으로 보인다.

　돌널무덤은 대부분 홑무덤이지만, 간혹 홑무덤에 딸린무덤이 있는 경우도 있다. 딸린 무덤은 큰 무덤에 부속된 무덤이며, 큰 무덤 주위에 배치된 경우가 대부분이다. 우하량 2지점 돌칸무덤 주변에 많이 배치된 딸린 무덤이 좋은 사례이다.

　딸린 무덤 중에는 대형 돌칸무덤 위에 있는 것도 꽤 있는데, 이 무덤들은 대형 돌칸무덤이 조영될 때 그 위에 만든 것이 아니라 훗날 대형 돌칸무덤을 만든 사람들과 상관없는 사람들이 기존 대형 돌칸무덤을 무시하고 그 위에 만든 것으로 보인다.

우하량 2지점 무덤들[133]

---

133) 遼寧省文物研究所,《牛河梁: 紅山文化遺址發掘報告(1983-2003年) 下編》, 文物出版社, 2012年.

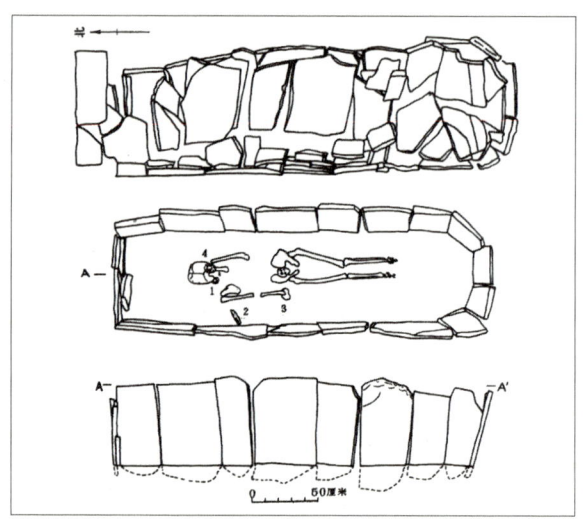

남태자 M7 평·단면도[134]

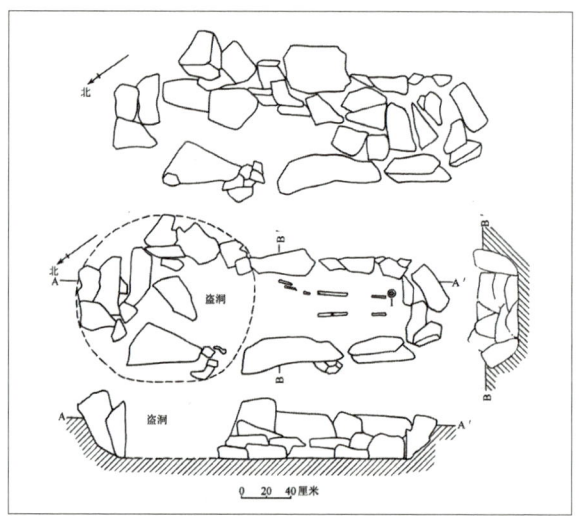

백음장한 4기 M15 평·단면도[135]

---

134) 內蒙古文物考古硏究所,〈克什克騰旗南臺子遺址〉,《內蒙古文物考古文集 2》, 中國大百科全書出版社, 1997年, 71-73쪽.

135) 內蒙古自治區文物考古硏究所編著,《白音長汗: 新石器時代遺址發掘報告 上》, 科學出版社, 2004년.

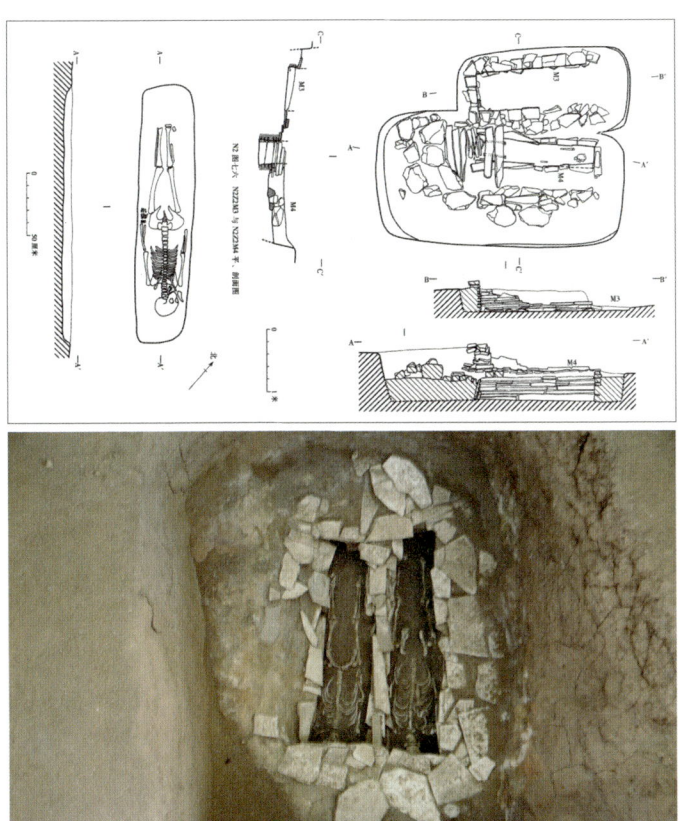

우하량 N2Z2M5 평·단면도[136]

③ 돌칸무덤

　돌칸무덤은 땅을 깊이 파서 넓은 사각형 움을 만들었다. 움 한쪽 또는 양쪽을 계단식으로 만들어 돌판 또는 돌덩이로 단을 표시한 경우도 있다. 돌방(石室)은 돌덩이를 다듬어 쌓거나 돌판을 차곡차곡 쌓아 덧널 형태로 넓게 만들었다. 돌방은 주검 크기에 비하여 넓고 머리와 발 쪽은 돌판을

---

136) 遼寧省文物硏究所,《牛河梁: 紅山文化遺址發掘報告(1983-2003年) 上編》, 文物出版社, 2012年.

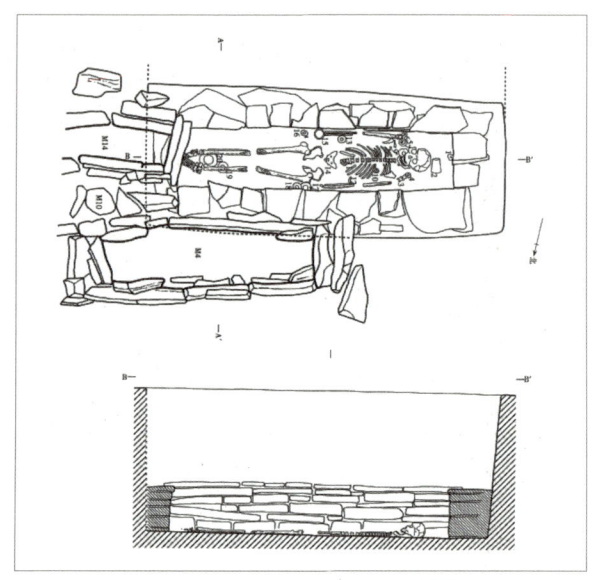

우하량 N2Z1M21 평·단면도137)

세워서 만들었다.

　돌칸무덤은 거의 공통적으로 독립된 무덤 구역을 이룬다. 예를 들어, 우하량 2지점은 무덤 구역이 다섯 구역으로 구분될 만큼 구역이 분명하게 설정되어 있는데, 돌칸무덤은 무덤 구역 외곽으로부터 안쪽으로 3단 정상 중심부에 만들어졌다. 외곽 구역 무덤은 원형 또는 사각형 무덤이지만 돌방은 모두 사각형이다. 돌칸무덤 주위에는 별도로 작은 돌널무덤들이 널려 있거나 돌널무덤들이 질서 있게 배열되어 있다.

　지금은 흔적만 남아 있지만 돌칸무덤은 원래 맨 위에 흙을 쌓아 무덤무지를 만든 것으로 보인다. 우하량 14호 무덤이 대표적인 예이다. 주검 매장 양식은 곧은장이고 1차장이다. 껴묻거리는 옥기가 대부분이다. 돌칸무

---

137) 遼寧省文物研究所,《牛河梁: 紅山文化遺址發掘報告(1983-2003年) 上編》, 文物出版社, 2012年.

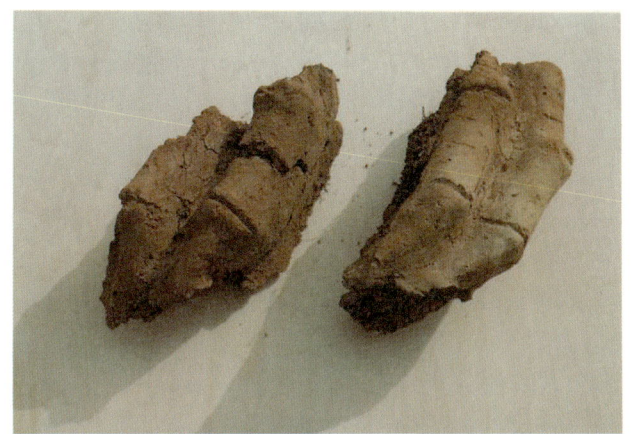

우하량 여신묘 출토 새 발톱상

우하량 여신묘 발견 곰 아래턱 뼈와 곰 발 소조상

곰 상 중에서 나머지는 부서지고 발만 수습된 듯하다.

③ 질그릇과 제사 용기

　주 건물 주실에서 질그릇이 출토되었으나 완전한 형태로 발견된 것은 거의 없으며 주로 붉은 질그릇이다. 출토된 질그릇 뚜껑은 윗면에 나팔 모양 손잡이가 있고 안이 비었다. 높이 8.4cm, 지름 11.7cm로 아랫부분은 뚜껑 몸체이다. 뚜껑 몸체의 투창은 긴 직사각형이다. 양쪽에 각각 구멍이 2개씩 있다. 겉면을 갈았고 두께가 일정하다. 제사 용기로 추정된다.

바닥이 둥근 바리 모양 질그릇이 완전한 형태로 출토되었다. 입자가 고운 붉은 바탕흙을 썼으며, 배와 바닥이 둥글고 아가리가 바깥으로 뻗었다. 아가리 지름 10.5cm, 높이 3.4cm이다. 질그릇 안팎벽을 갈았고, 배에 흙 띠를 두른 흔적이 있다.

우하량 여신묘 출토 나팔 모양 투창 질그릇 뚜껑166)

투창이 있는 큰 채도 조각도 건물 주실에서 출토되었다. 입자가 고운 붉은 바탕흙을 썼고, 높은 온도에서 구운 경질 질그릇이다. 두께는 2cm이며, 바깥벽은 갈아 내어 검은색을 띤다. 넓은 세모꼴 무늬가 그려져 있다.

우하량 여신묘 출토 바리167)

6) 천문 관측 유적168)

신석기시대에 천문 관측을 행했다는 사실은 홍산문화 사회를 해석하는

---

166) 遼寧省文物研究所,《牛河梁: 紅山文化遺址發掘報告(1983-2003年) 下編》, 文物出版社, 2012年.
167) 遼寧省文物研究所,《牛河梁: 紅山文化遺址發掘報告(1983-2003年) 下編》, 文物出版社, 2012年.
168) 천문 관측은 필자가 처음 제기하는 개념이다. 대부분 중국 학계에서는 제단 유적이라고 하는데 많은 조사를 해본 결과 무슨 개념으로 제단으로 분류했는지 정확하지가 않다. 또한 이렇게 조사한 유적은 대부분 남북 자오선에 따라 유구가 배치되어 있고, 밤에 별자리 관측이 가능하다는 점에서 천문 관측 유적으로 분류한다. 천문 관측 유적에서 제사도 지냈을 것이다.

데 매우 중요한 단서를 제공한다.

　신석기시대 말인 홍산문화 시기에는 농경을 기반으로 목축이 혼합된 정주 농경 사회였을 것으로 추정하고 있다. 농경 사회에서는 각 식물마다 파종 시기를 아는 것이 가장 중요하므로 어떤 방식으로든 날짜를 계산하고 절기를 알아야 한다. 또 농작물의 생장에는 일조량이 중요하므로 낮 시간의 변화도 알아야 한다. 낮 시간의 변화는 춘분, 추분, 하지, 동지 및 절기와 직접적으로 관련된다. 뿐만 아니라 우기, 건기 그리고 더위, 추위를 예측하고 질병을 예측하기 위해서라도 계절의 변화를 예측할 수 있는 천문 관측이 필요했다.

　따라서 고대에도 천문학은 농업과 절기 변화를 파악하여 기후 변화에 대처하기 위하여 책력을 만드는 데 반드시 필요했을 것이다.

　이러한 필요를 충족시키기 위하여 홍산문화 시기에 천문 관측소가 존재했을 것이라는 가설을 세우고, 그에 걸맞은 유적들을 조사했다. 그 결과 동산취 유적과 우하량 2지점 두 곳이 천문 관측 장소로 추정되었다. 이 두 유적은 이미 제사 유적으로 널리 알려져 있는데, 최근 이 유적들이 제의와 천문 관측을 병행했을 가능성이 제기된 것이다.

　천문 관측 유적은 별자리 관측 유적과 시간 측정 유적으로 나누어 분석해 보고자 한다.

(1) 별자리 관측 유적

　별자리 관측 유적은 기본적으로 남북 자오선이 정확하게 맞아야 하며, 북향을 했을 때 북두칠성의 움직임이 관측되어야 한다. 이러한 기본 개념을 설정하고 유적을 분석한 결과 이에 합당하는 유적은 동산취 유적이다.

　동산취 제단 유적은 평평한 들판 위에 볼록 솟은 '대' 형상의 지형에 자

동산취 천문 관측 유적(남쪽에서 북쪽으로 바라본 전경으로 북쪽이 탁 트인 전경임)

리한다.[169] 이러한 지리적 특징 때문에 제단 위치에서 보면 사방이 넓게 트여 있다. 현재는 측백나무를 심어서 시야를 가리고 있지만, 나무가 없다고 가정하면 하늘을 관측하기 좋은 장소이다. 특히 동산취 유적은 북쪽 지평선이 넓게 트여 있어서 북두칠성을 비롯한 별자리 움직임을 관찰하기에 좋다.

유적 내 건물은 자오선을 축으로 정남북으로 배치되었다.[170] 따라서 밤

---

169) 필자가 이 유적을 처음 답사하였을 때만 하여도 유적둘레에 심어 놓은 나무들이 작았다. 그러므로 이 유적에서 사방을 내려도 볼 수도 있어 사방을 내려다보면 이 유적은 평평한 들판에 타원형으로 솟아 오른 형태의 작은 동산과도 같았다. 그러므로 천문을 관찰하거나 혹은 제사를 지낼 때 이 땅의 쓰임새는 컸을 것으로 추측된다.

170) 현재 동산취 유적을 가면 아래 사진들과 같이 새롭게 단장을 했다. 이 새롭게 단장을 한 것은 원래 유적을 무시하고 만들어졌기 때문에 천문이라든지 혹은 이와 관련한 것을 연구하는 데는 의미가 없다고 봐야 한다.
몇 개 있었던 원형 단들이 하나밖에 남지 않았다. 그리고 원래 없었던 돌들이 쌓여 있다. 아마도 이 돌들은 유적을 복원하는 데 사용하고 남은 것들이 아닌가 싶다. 전체적

에 남쪽 원형 제단에서 북쪽 하늘을 보면 북극성을 중심으로 일주운동을 하는 북두칠성과 다른 별자리들을 관찰할 수 있다. 이 움직임을 관찰하여 기록했을 것이다. 북쪽 방형 제단 역시 제사 외에 천문 관측에도 중요한 역할을 했을 것으로 본다.[171] 여기서 하나 주의를 해야 할 것은 남쪽에 있는 원형 구조물들이 여러 개라는 점이다. 이것들은 혹시 시대가 바뀌면서 어떤 이유에서든간에 천문관측에서 변화가 있었던 것이 아닌가 한다.[172]

(2) 제단 유적

동산취 유적의 자연 지리적 조건과 유적 배치 방향을 근거로 절기를 파악하기 위해 천문 관측을 한 유적의 존재를 가늠해 보았다. 그렇다면 '하루'의 길이와 정확한 절기 시작 시점을 알기 위해 시간을 측정하는 장치를 설치했을 가능성도 충분하다. 그래야만 통계가 가능하기 때문이다. 이러

으로 볼 때 원래 모습과는 전혀 다른 모습으로 변한 것을 볼 수 있다.

171) 내몽고 적봉시 오한기에 있는 성자산 산성 유적도 천문 관측 유적일 가능성이 있다. 이 유적은 하가점하층문화 유적으로 알려져 있지만, 홍산문화 유물로 보이는 질그릇 조각과 옥 자귀가 발견된 것으로 보아 홍산문화 시기부터 천문 관측에 활용된 유적일 가능성이 크다.

172) 현재 동산취 유적을 가보면 남북 방향이 제대로 구별이 되지 않는다. 그 이유는 원래 이 유적 둘레에는 나무들이 없었는데 유적을 정비하는 과정에서 둘레에 나무를 심어놔서 방향을 구분할 수 없게 되었다. 그러므로 이 유적은 유적 둘레에 심어 놓은 나무들을 베어 내야 제대로 확인을 할 수 있다.

한 가설을 세우고 홍산문화 유적을 조사한 결과 우하량 제2지점 N2Z3호 유적이 이러한 용도 가능성이 높은 유적이 존재함을 확인했다.

우하량 유적 2지점에는 제단 유적이 별도로 존재한다. 이 유적은 3단의 타원형으로 만들어졌는데, 동남 방향이 5도, 서북 방향이 8도의 기울기를 가지고 있다. 이런 특징은 2지점 전체 유적의 특징을 볼 때 규율을 어기고 있다. 각각의 유적들은 반드시 평평하게 수평을 잡아서 축조를 하였는데, 이 유적만큼은 그렇지 않다는 것이다. 더구나 유구 안에서는 어떠한 제사 흔적도 보이지 않았다. 그럼에도 불구하고 이 유적이 제사 유적으로 불리게 된 이유는 그 지점 전체가 모두 무덤 유적이기 때문이고, 이 유적은 무덤의 중간 지점에 설치를 하였기 때문에 제사 유적이라 판단한 것이다. 그렇다면 제사 유적으로서 무엇인가를 표시했을 것이고 그 흔적도 남아 있을 텐데 전혀 그렇지 않다. 그러므로 이 유적을 제사 유적으로 보는 것은 타당하다고 볼 수는 없다. 필자는 이 유적을 시간을 만족하기 위한 유적이 아닌가 추정을 해본다. 그 이유는 다음과 같다. 이런 이야기는 필자의 추측일 뿐이다. 앞으로 연구가 더 필요한 부분이다.

N2Z3호 유적은 N2Z2호 동쪽에 위치한다. N2Z3호 서쪽 가장자리에는 N2Z2호 무덤에서 떨어져 나온 돌들이 묻혀 있었다. 동부와 동남부 적석 결구는 없으며 서북부 천장돌도 일부가 없어져 현재 남아 있는 부분은 전체 유적의 절반 정도이다. 현재 모습으로 보아 이 유적은 무덤이나 제단이 아니다.[173]

---

173) 학자들은 대부분 이 유적을 제단으로 보고 있다. 遼寧省文物考古硏究所,《牛河梁: 紅山文化遺址發掘報告書(1983-2003年度) 上編》, 遼寧省文物考古硏究所 編著, 文物出版社, 2012年.
그러나 이 유적이 제단이라는 근거는 이 유적을 중심으로 많은 무덤들이 있기 때문에 제단으로 보는 것이다. 물론 다른 것으로 사용을 하면서 제단으로 사용했을 수는 있

N2Z3호 시간 관측 추정 유적 전경(발굴 당시)

N2Z3호 시간 관측 추정 유적(정리 복원 전경)

다. 그러나 이를 전문적인 제단으로 사용했다고 보기는 어렵다. 그렇다면 이 유적의 용도는 무엇일까? 유구의 배치도를 보면 뭔가 계산을 했을 가능성이 매우 높다. 이는 아마도 이 지역에서 낮이나 잠에 시간의 흐름을 관측하지 않았을까 추측해 본다. 연구의 또다른 실마리를 찾아보고자 한다. 물론 시간 측정 유적에서 제사도 지냈을 가능성이 높다.

N2Z3호 유적 남북 기울기 모습

　이 구역은 N2Z1호, N2Z2호와는 다르게 전체 평면이 원형이며, 3단으로 구성된 피라미드 형식이다. 정상부에는 따로 단을 설치한 것으로 보인다. 유적이 자리한 곳은 남쪽이 북쪽보다 1.2m 정도 낮은 북고남저 지형이다. 전체적으로 유적 북쪽이 짧고, 남쪽이 길게 설계되어 있다.

　1, 2, 3단 각 단에 땅을 파고 각 돌(角石)을 세웠다. 각 돌은 원 안쪽으로 조금 기울어졌고 10cm 정도가 지면에 노출되어 있다. 돌은 모두 붉은 안산암이며 오각형 형태가 많으나 간혹 사각형 형태도 있다. 각 돌은 1, 2, 3단 모두 규격이 다르다. 1단 각 돌은 높이 35~40cm, 너비 10~12cm로 가장 크다.

　2단 각 돌은 높이 30cm, 너비 8~10cm이며, 3단 각 돌은 높이 25cm, 너비 6~8cm이다.

　1단은 지름이 22m이고, 각 돌은 서남쪽에 63개가 남아 있다. 이 가운데

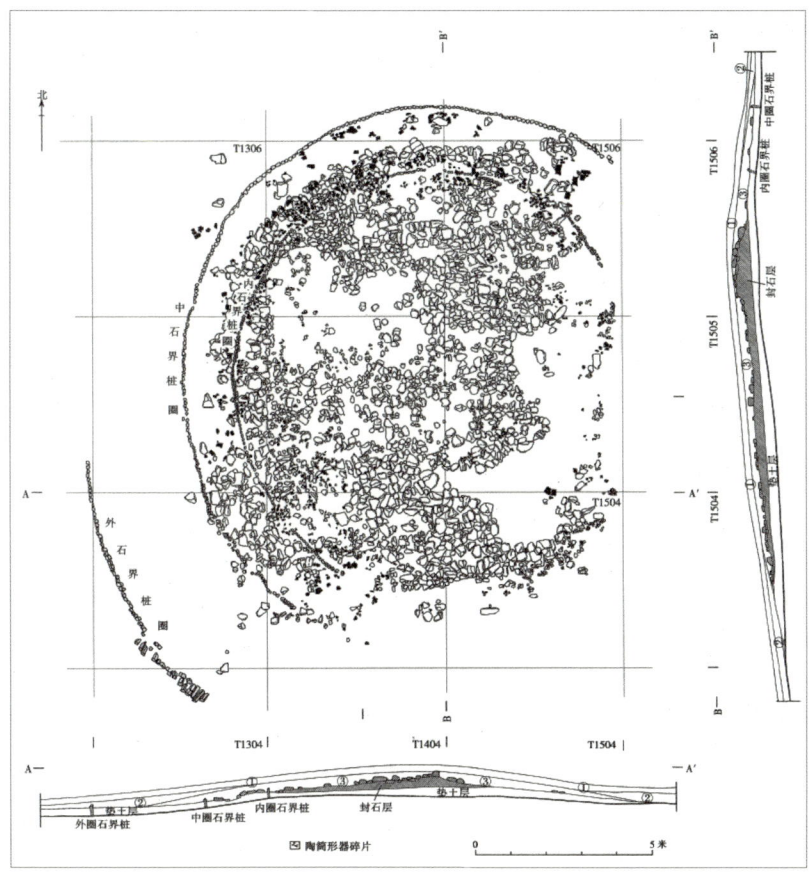

N2Z3호 유적 평면도[174)]

10개는 넘어져 있었다. 서남쪽 외에는 각 돌 남아 있지 않고 다른 방향으로 연이어진 흔적도 없어 처음부터 세우지 않았을 가능성도 있다.

  2단은 지름이 15.6m이며 3단과 3.15~3.4m 떨어져 있다. 현재 남아 있는 각돌은 263개이다. 지세가 북고남저이므로 북쪽에는 긴 각돌을, 남쪽에는 짧은 각돌을 세워 단 정상부와 수평을 맞추었다. 누워 있는 각돌이나 원 밖으로 비스듬히 기운 몇몇 각돌은 땅이 부드러워 주저앉은 듯하다.

N2Z3호 유적 2단 3단 단계 차이 모습[175]

3단은 지름이 11m이며 2단과 1.8~2m 거리에 있는데 현재 남아 있는 각돌은 159개이다. 이 각돌들은 현재 원 바깥쪽으로 기울어져 있는데, 이는 아마도 정상부에 있던 구조물이 무너져 내리면서 충격을 주어 나타난 현상으로 보인다.

3단 각돌 안의 돌들은 높이가 모두 다른데, 바깥쪽 돌들은 짧고 안쪽으로 갈수록 긴 돌을 깔아서 점차 높아진다. 이러한 배치는 정상부 중심을 관통하는 자오선을 기준으로 한 것으로 보인다. 전체 유적의 고도는 3단 남쪽이 가장 낮고 2단이 3단보다 0.4m 높으며, 1단은 2단보다 0.3m 높다. 북쪽은 2단보다 3단이 0.1m 높다.

---

174) 遼寧省文物研究所, 《牛河梁: 紅山文化遺址發掘報告(1983-2003年) 上編》, 文物出版社, 2012年.

175) 遼寧省文物研究所, 《牛河梁: 紅山文化遺址發掘報告(1983-2003年) 下編》, 文物出版

N2Z3호 유적 각돌 배치 모습

정상부는 3단보다 약간 높은데, 현재 너비 0.6m, 높이 0.2m 정도 돌탑 자리가 남아 있다. 돌무지는 석영이 섞인 돌덩이가 주이며 응회암도 조금 섞여 있다. 돌의 규격은 일정하지 않지만, 동북쪽에 돌을 둥글게 쌓은 형태가 남아 있고 둥근 정도가 각 단과 비슷한 것으로 미루어 보아 이 돌탑은 원기둥 형태였을 것으로 추측된다.

돌탑의 높이는 정확하게 알 수 없으나 이 돌탑이 무너진 잔해가 2단과 3단 사이까지 떨어져 내린 것을 보면 상당한 높이였을 듯한데, 3단의 지름이 11m, 지금 남아 있는 돌탑의 너비가 0.6m인 것을 감안한다면 4m 이상은 되었을 것으로 보인다.

정상부에서는 투창이 있는 탑형 질그릇(塔型器) 조각이 발견되어 이 탑

社, 2012年.

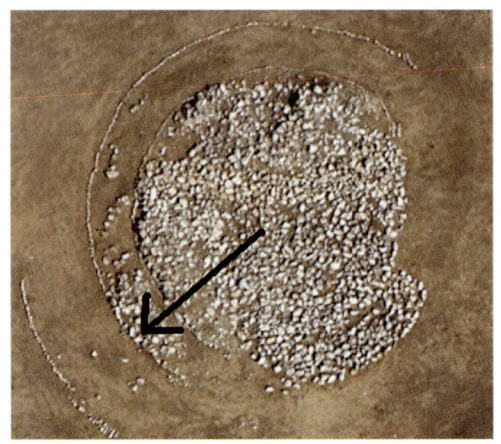

N2Z3호 유적 정상부 탑 붕괴 흔적[176]

N2Z3호 유적 정상부 탑 자리 및 붕괴 흔적[177]

형기는 정상부 탑 위에 올려져 뾰족한 그림자를 만들어 시간 변화를 가리 키는 역할을 하도록 한 것으로 보인다.

  3단 각 돌 근처에서는 바닥 없는 통형 질그릇들과 그 조각들이 발견되었다. 1단과 2단 각 돌 근처에서는 바닥 없는 통형 질그릇을 볼 수 없으므

---

176) 遼寧省文物硏究所,《牛河梁: 紅山文化遺址發掘報告(1983-2003年) 下編》, 文物出版社, 2012年.

177) 遼寧省文物硏究所,《牛河梁: 紅山文化遺址發掘報告(1983-2003年) 下編》, 文物出版社, 2012年.

N2Z3호 유적의 탑형기 깨진 조각[178]

탑형기 복원 모습

로 정상부에만 통형 질그릇을 박았다고 추측할 수 있다. 돌탑 부근에서 옥대롱 두 점도 발견되었다.

이 유적은 정원(正圓)에 가까운 타원형이고, 정확하게 3단으로 구성되

---

178) 遼寧省文物研究所,《牛河梁: 紅山文化遺址發掘報告(1983-2003年) 下編》, 文物出版社, 2012年.

어 있다. 원 안에는 다른 건축물이 아무것도 없다. 이러한 특이한 구조물은 우하량 유적에서 유일한데 아마도 낮에 시간을 측정하는 건축물이 아니었을까 한다.

지금까지 살펴본 바와 같이 이미 홍산문화 시기에 밤에는 별자리와 달의 움직임을 관측하는 천문대와 낮에는 시간과 절기를 측정하는 시계가 있었을 가능성이 있다. 이는 당시 자연 현상을 관측하여 통계를 내고 일상생활에 활용했음을 시사한다. 따라서 홍산문화 시기에 이미 기록 수단과 정밀한 계산 능력이 있었을 가능성도 생각해볼 수 있다.

지금까지 홍산문화 유적들을 훑어보았다. 홍산문화는 분포 지역이 매우 넓고 지속된 시간이 길어 분기별 특징에 많은 차이가 있을 것으로 보고 있다. 현재 남아 있는 유적들을 근거로 분석해 본 결과 홍산문화 전기 유적과 중기 유적은 큰 차이가 없는 것으로 보인다. 그러나 후기에 들어서는 전기·중기와는 전혀 다른 문화 현상을 보이는데, 전기·중기와는 비교가 어려울 만큼 큰 발전이 있었다고 할 수 있다.

2. 유물

유적이 당시 문화의 큰 틀을 알려 준다면 유물은 당시 사람들의 소소한 일상을 알려 준다. 즉, 유적이 자연의 변화에 대한 인간의 적응 양상을 나타낸다면 유물은 사람들의 일상적인 생각을 드러낸다고 할 수 있다. 그러므로 당시 제작되었던 유물들을 근거로 하여 당시 생활과 사유체계의 일부를 추측해 볼 수 있다. 이에 출토된 유물들의 특징들을 분석해 보기로 한다. 출토된 유물은 질그릇, 석기, 옥기, 골기 등이 대표적이라 할 수 있다.

1) 질그릇

질그릇은 액체와 낟알 등을 담아 두거나 먹거리를 조리할 때 꼭 필요한 생활 용기이다. 신석기시대에는 질그릇을 보편적으로 사용하기 시작했고, 사람들은 당시 지식을 총동원해 질그릇을 잘 만들려고 노력했다. 기물들 중 옥기, 석기, 골기 등은 시기를 넘어서도 계속 사용할 수 있다. 그러나 질그릇은 쉽게 깨지기 때문에 다시 만든 것이 보편적이다. 그러므로 고고학에서는 이 질그릇을 활용하여 시기를 구분하기도 한다. 홍산문화 시기도 예외가 아니다. 홍산문화 질그릇은 시기와 지역에 따라 차이가 있으므로 전기, 중기, 후기로 나누어 질그릇을 분석하고자 한다.

(1) 홍산문화 전기(前期) 질그릇

홍산문화 전기 질그릇은 바탕흙으로 진흙을 쓴 것과 진흙과 모래를 섞어 쓴 것이 있다. 진흙질 질그릇은 겉면이 대부분 붉은색이지만, 드물게 회색 또는 흑회색도 있다. 반면 모래가 섞인 질그릇은 대부분 회갈색이며 간혹 붉은색도 있다. 바탕흙 차이 말고도 빚은 방법과 불에 구운 방법에서도 차이가 난다. 즉, 서로 다른 방법으로 용도가 다른 질그릇을 만든 것이다. 작은 질그릇들은 손으로 직접 빚는 손빚기법(手捏法)으로 만들기도 했지만, 대체로 서리기법(捲上法)과 테쌓기법(輪積法)으로 만들었다. 홍산문화 질그릇 종류는 통형 단지, 단지, 항아리, 호, 대접, 바리, 대야 등이다.

전기 질그릇은 대부분 무늬가 없는 민무늬 질그릇이다. 그러나 일부 통형 단지는 之자 무늬가 많이 새겨져 있고, 기하학적 무늬도 많다. 바닥에는 점무늬가 촘촘히 새겨져 있는데, 아마도 미끄럼 방지를 위한 디자인으로 보인다. 홍산문화 전기 질그릇은 모래질 질그릇이 많다.

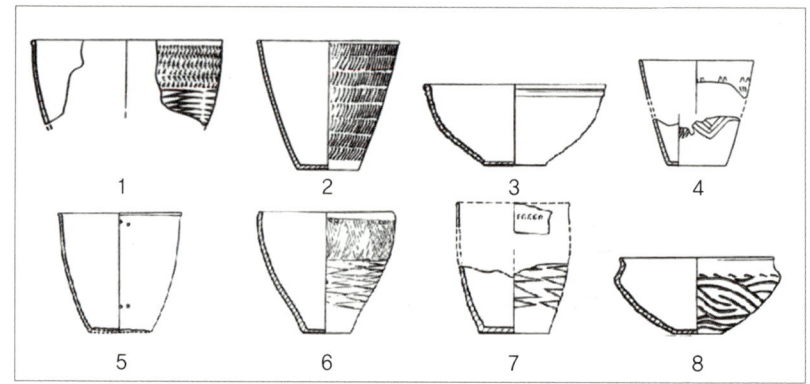

홍산문화 전기 질그릇(축적 부동)
1-6. 통형 단지, 7-8. 사발

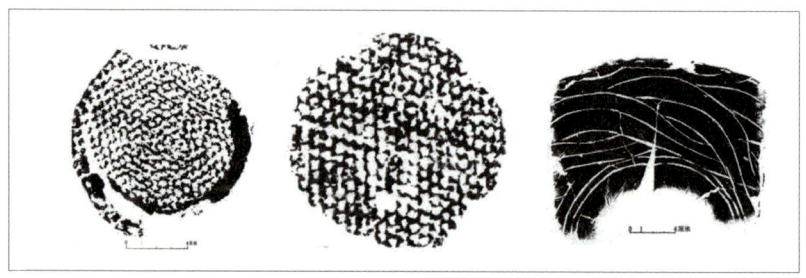

홍산문화 전기 질그릇 하부 문양[179]

홍산문화 전기 질그릇 도판

---

179) 內蒙古自治區文物考古硏究所 編著,《白音長汗: 新石器時代遺址發掘報告 上》, 科學出版社, 2004年

제사 유적은 객좌 동산취 유적과 우하량 여신묘, 두 곳이다. 그러나 홍산문화 분포 지역에는 제사 터로 추측되는 곳이 몇 곳 더 있기는 하나 최종적으로 확정되지는 않았다.153)

이것은 홍산문화의 독특한 문화 요소로, 홍산문화를 다른 문화와 구별하는 큰 근거가 된다. 또한, 이로 인해 홍산문화는 다른 문화에 비해 매우 수준 높은 문화로 인식되었다. 지금까지 발견된 홍산문화 제사 유적인 동산취 제사 터와 우하량 여신묘는 제단 주변 경관이 사방이 트이거나 삼면이 트인 곳이라는 공통점이 있다.

(1) 동산취(東山嘴) 유적

동산취 유적은 우하량 여신묘보다 먼저 발견되었다. 요령성 객좌현 대성동 대릉하 서안에 위치하며, 평평한 들판에서 살짝 위로 평평하게 도드라진 '대(臺)' 모양의 구릉에 정남북 방향으로 배치되었다. 이러한 지리적인 특징으로 인해 제단 위치에 서면 사방으로 시야가 탁 트였다.

제단은 유적 중심으로 보이는 곳에 사각형으로 얕은 단을 만들었다. 이 방형 단 사방에 긴 댓돌로 제단 틀을 만들고, 그 안에 필요한 시설물을 만든 후 긴 댓돌 밖으로 돌을 깔았다. 중심부의 방형 단은 동서 11.8m, 남북 9.5m이다. 이 방형 단 안에는 흑회색 돌 조각이 50cm 정도 쌓여 있고, 그 밑에는 30cm 정도 되는 황토층이 있었다. 돌의 규격은 길이 약 30cm, 너비 약 20cm, 두께 약 15cm로 대부분 다듬어 사용했다. 벽 높이는 일정하지 않다. 방형 단 안에는 돌덩이가 많았다.

현재 남아 있는 방형 단 담은 동쪽 담이 길이 3m로 가장 길며, 높이는

---

153) 글쓴이가 몇 곳을 확인했지만 중국 학계에서 아직 공식적으로 발표하지 않아 구체적으로 밝히지 않는다.

동산취 유적(남쪽에서 북쪽을 향해 바라봄)

46cm이고, 4단으로 돌을 쌓았는데, 이 안에서 돌더미들이 발견되었다. 남쪽 중앙에 있는 돌더미가 규모가 가장 크며, 빼곡하게 쌓인 타원형 돌무더기는 동서 지름이 약 2.5m이다. 이 돌무더기를 받친 긴 댓돌은 바닥이 평탄하고 위가 뾰족한 쐐기형인데, 높이는 약 85cm이며 동북 방향으로 경사가 졌다. 방형 단 바닥에는 평탄한 황토색 흙 사이에 불에 탄 흙덩이들이 있었다. 그 위에 옥황(玉璜), 불에 탄 돌덩이, 뼈, 통형 질그릇 조각들이 놓여 있었다.

방형 단 동쪽과 서쪽에는 돌로 단을 만들었다. 돌 단(石壇) 받침돌은 다듬은 돌이며, 길이 30~50cm, 너비 20cm, 두께 12~15cm이다. 돌담 위에는 흑회색 돌 조각이 놓여 있었다. 북쪽 담은 모두 사암을 가공한 긴 댓돌을 한 줄로 쌓았다. 현재 남은 담 길이는 8.4m이며, 긴 댓돌 23개가 이어져 있다. 넓게 퍼진 돌무지가 방형 단 동서쪽 가장자리에 닿아 있고, 남쪽 담도 모두 긴 댓돌로 쌓았다. 남쪽 양쪽 날개 돌벽 위치는 북쪽 양쪽 날개 돌벽과 정확하게 대칭을 이룬다.

방형 단 남쪽에 있는 제단은 원형 단과 타원형 단으로 분리되어 있다. 원형 단은 방형 단 남벽 약 15m 지점에 있으며 지름이 2.5m이다. 원형 단 주위는 직사각형 백회암 돌 조각으로 둘렀다. 둥근 가장자리는 매우 정교한 원형을 이룬다. 원형 단 안에는 크기가 균일한 강돌을 한 층 깔았는데, 동산취 유적 안에서는 유일하게 발견된 강돌이며, 강돌은 주변 하천에서 가져온 것으로 추측된다. 타원형 단은 원형 단 남쪽 약 4m 거리에 있다. 많이 파괴되었으나 서로 연결된 원형 단 세 기로 확인되었다. 그중 두 개는 윤곽이 뚜렷한데 타원형에 가깝다. 이 중 하나는 남북 지름 2.9m, 동서 지름 4.1m이다. 이 두 원형 단은 단층이며, 바닥에 작은 돌 조각을 깔고 가장자리는 큰 강돌로 울타리를 두 줄 쳤다.

제단 안 동북쪽에서 사람 뼈 한 구가 발견되었는데, 이미 석화가 되었으

동산취 유적 동쪽 모서리

동산취 출토 탑형 질그릇과 채색 통형관(통형기는 복제품)

동산취 탑형기(왼쪽)와 우하량 N2Z2 출토 탑형기(오른쪽) 비교[154]

며 무덤 형태 없이 곧은장으로 매장했다.

　질그릇은 대부분 조각들로 발견되었는데 그 가운에 채색 통형 질그릇과 투창 탑형 질그릇이 발견되었다.

통형 질그릇 용도에 관해서는 북(鼓)이라는 견해와 그릇 받침(器臺)이라는 두 가지 견해가 제기되었다. 모두 제사와 관련된 기물(器物)인데, 호두구 유적에서는 이러한 통형 질그릇이 유물의 주를 이루며 제사와 관련된 원형 단 아래에 놓여 있었다.

옥기는 작은 장식품이며 쌍용머리 장식과 오소리형 장식이 있다. 또 흙으로 빚어 만든 사람상이 20여 조각으로 발견되었는데, 사람 소조상이 여럿이었던 듯하다. 조각 대부분은 손발이며 머리는 발견되지 않았다. 사람 소조상은 동산취 유적의 대표적인 유물인데, 이 가운데 임신한 여인상도 두 점 있다. 모두 나체 입상이며 머리와 오른쪽 어깨가 부서졌다. 한 점은 어깨가 두툼하고 왼쪽 손을 불룩 나온 배 위에 올려놓은 자세이다. 다른 한 점은 원형 단 동쪽 황토층에서 발견되었다. 다른 나부상보다 작고 하단이 파손되어 5cm만 남아 있는데, 몸통이 뚱뚱하고 배가 둥글게 부풀었으며 다리를 약간 구부린 자세이다.

두 나부상과 달리 큰 사람 소조상 상체와 하체도 각각 하나씩 발견되었다. 모두 원형단의 동쪽 황토층에서 발견되었으므로 한 소조상에서 부서진 조각들로 볼 수 있다. 소조상 상체는 어깨와 가슴 그리고 배가 파손되었다. 높이 18cm, 너

동산취 유적 출토 임부상[155]

---

154) 遼寧省文物研究所,《牛河梁: 紅山文化遺址發掘報告(1983-2003年) 下編》, 文物出版社, 2012年.
155) 國家文物局, 中華人民共和國科學技術部, 遼寧省人民政府 編,《遼河尋根 文明溯源》, 文物出版社, 2011

동산취 출토 사람 소조상 상·하체(소조상 안은 비어 있음)[156]

비 22cm, 두께 0.9cm인데 속이 비어 있다. 왼쪽 어깨는 훼손되어 흔적만 남아 있으며, 오른쪽 어깨는 아랫부분만 남아 있다. 양손을 엇갈려 오른손으로 왼손을 잡고 배에 올려놓은 모습인데 오른손이 더 길게 표현되었다.

소조상 하체는 길이 12.5cm, 너비 22cm, 두께 3~4cm이며 역시 내부가 비어 있다. 오른 다리를 왼쪽 다리 위에 올려 반가부좌를 한 자세이며 오른발과 발가락이 표현되어 있다. 왼쪽 무릎 위에 둥근 구멍이 하나 있다. '하체' 아랫부분은 매끄럽고 전체에 삿자리무늬가 있다.

소조상 상체의 움켜쥔 손, 잡은 팔, 왼손과 오른손의 교차, 하체의 원형 무릎 등은 매우 자연스럽고 생동감이 넘친다.

타원형 단 부근에서 같은 자세를 한 다른 소조상의 상체와 하체가 발견되었는데, 반듯하게 앉아 두 손을 포개 배 위에 올려놓은 자세이다.

그 밖에 옥으로 된 허리 장식 조각이 원형 단 서남쪽에서 발견되었는데, 부러진 옥 장식 조각이며 상하 모두 조각이다. 높이 6cm, 너비 12~14cm,

---

156) 國家文物局, 中華人民共和國科學技術部, 遼寧省人民政府 編,《遼河尋根 文明溯源》, 文物出版社, 2011

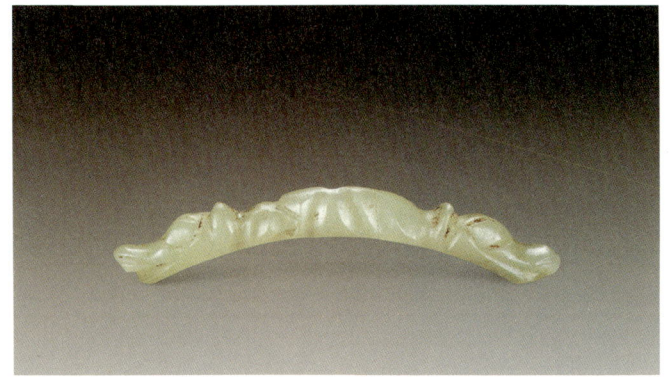

동산취 출토 옥기(양 끝에 짐승 모습이 보임)[157]

두께 1~3.5cm이며, 한 면에는 무늬가 있고, 양쪽에 홈을 파서 가죽 끈으로 묶을 수 있게 되어 있다.

(2) 우하량(牛河梁) 여신묘(女神廟)

우하량 제1 지점의 일명 '여신묘'이다. 우하량 유적은 요령성 능원시와 건평현 경계 해발 600~650m에 산을 등지고 앞이 트인 구릉에 위치한다. 산줄기 동쪽 구릉이 건평 망우하 수원이어서 '우하량'이라는 이름이 유래했다. 여신묘 유적은 우하량 산줄기 북쪽 산꼭대기 남쪽 아래 비교적 평탄한 땅에 자리했다. 현재 지면 경사도는 10도이다. 여신묘 구역은 건물 구역과 건물이 없는 넓은 빈 공간으로 구분된다. 건물 구역과 빈 공간 구역은 정남북선상에 위치한다.

건물 구역은 남쪽에 위치하며, 북쪽 빈 공간 구역보다 고도가 낮다. 건물 터 북쪽의 넓은 공간은 면적이 4만m² 정도이다. 이 공간에는 주위에 돌

---

157) 國家文物局, 中華人民共和國科學技術部, 遼寧省人民政府 編,《遼河尋根 文明溯源》, 文物出版社, 2011

우하량 여신묘 발굴 당시[158)]

우하량 여신묘 유적 전경

담을 두른 흔적이 남아 있다.

---

158) 遼寧省文物研究所,《牛河梁: 紅山文化遺址發掘報告(1983-2003年) 下編》, 文物出版社, 2012年.

우하량 여신묘유적 북쪽 평태 전경

세 차례 발굴에서 소조로 된 사람상 여러 개와 짐승상, 곰뼈, 제기(祭器) 등이 출토되었고 특이하게 기하무늬가 그려진 벽화가 발견되었다.

① 여신묘 건축 구조

여신묘는 방이 여럿인 주 건물과 방이 하나인 부속 건물로 구성된다. 북쪽에 있는 주 건물과 부속 건물 간격은 2.05m이며, 두 건물이 동일 선상에 배치되어 건물 터는 전체적으로 E자 형을 이룬다. 방향은 북편동 20도이다. 주 건물은 전체 남북 길이가 18.4m, 현재 남아 있는 동서 길이가 6.9m이며, 구조가 매우 복잡하다. 주 건물은 주실을 중심으로 측실 여러 개가 연결되어 있는데, 이를 각각 전실과 후실로 볼 수 있다. 부속 건물은 길이 6m, 최고 너비 2.65m이다.

우하량 여신묘는 움을 파고 움에 전실, 후실 등을 설치했다. 움 안에서 건축 당시 벽에 붙인 것으로 보이는 흙판이 발견되었다. 흙판에는 붉은색

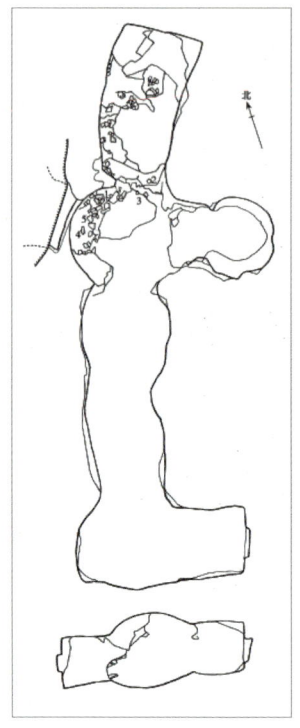

우하량 여신묘 평면도[159)]   우하량 여신묘터 복원 모습

과 황백색 물감으로 그린 기하학적 무늬가 있다. 흙판은 여러 개가 발견되었는데, 주 건물과 부속 건물에서 모두 출토되었다. 먼저 부속 건물에서 출토된 것을 살펴보면 다음과 같다.

담벼락에서 출토된 것은 한쪽이 매끈하다. 현재 남아 있는 크기는 길이 10.2cm, 너비 9.8cm, 두께 3.2cm이다. 매끈한 면에 자홍색과 황백색으로 세모꼴 무늬를 그렸다. 뒷면에는 조밀하게 팬 포아풀 줄기 흔적이 있다. 흔적으로 보아 띠 지름은 0.4~0.6cm이다.

---

159) 遼寧省文物硏究所, 《牛河梁: 紅山文化遺址發掘報告(1983-2003年) 上編》, 文物出版社, 2012年.

우하량 여신묘 출토 흙판 조각들

우하량 여신묘 출토 벽화[160]

    부속 건물 표토층에서는 그림이 없는 담벼락 흙판 조각도 발견되었다. 현재 남아 있는 크기는 길이 26cm, 너비 25cm, 두께 9.5cm인데, 표면은 평탄하게 손질되었고 딱딱하지 않다. 뒷면에 나무를 댄 흔적이 있다.
주 건물 주실에서도 흙판이 두 종류 출토되었는데, 각각은 뒷면 형태로 구분할 수 있다. 하나는 현재 남은 길이 34cm, 너비 27cm, 두께 6.2cm이다. 판 너비는 19.8cm이며, 1.5~3cm가 돌출되어 있다. 단면이 네 겹으로 되어 있다. 안쪽으로부터 2cm, 1.5cm, 1.5cm, 0.5cm이다. 뒷면 중심부에 포아풀 줄기 흔적이 한 줄 있는데, 길이는 6cm이다. 각 겹마다 작고 둥근

---

160) 遼寧省文物硏究所,《牛河梁: 紅山文化遺址發掘報告(1983-2003年) 下編》, 文物出版社, 2012年.

우하량 여신묘 흙판[161]

우하량 여신묘 출토 평대[162]   우하량 여신묘 출토 꼭지 달린 평대[163]

구멍이 줄 지어 있다. 구멍 지름은 1~1.4cm, 깊이는 0.3~1.1cm이다. 다른 흙판은 뒷면에 꼭지가 달렸다. 현재 남아 있는 크기는 길이 30.5cm, 너비 17cm, 두께 8cm이다. 밑부분 흙 두께는 4.5cm이다. 뒷면에 포아풀 줄기 흔적이 보인다. 표면이 매끄럽게 처리되었으며, 흙 띠를 두 줄 붙였다. 한 줄은 둥근 띠인데, 너비 9.8cm, 불룩 나온 부분은 1cm이다. 이 두 줄은 가로세로로 겹쳐 있다. 납작한 띠는 약간 휘었다. 고운 흙으로 만든 꼭지가

---

161) 遼寧省文物研究所,《牛河梁: 紅山文化遺址發掘報告(1983-2003年) 下編》, 文物出版社, 2012年.

162) 遼寧省文物研究所,《牛河梁: 紅山文化遺址發掘報告(1983-2003年) 下編》, 文物出版社, 2012年.

163) 遼寧省文物研究所,《牛河梁: 紅山文化遺址發掘報告(1983-2003年) 下編》, 文物出版社, 2012年.

있는 평대는 남은 길이 39cm, 너비 33cm, 두께 5~13cm이다. 표면은 대략 원형이고 꼭지가 가득 배열되어 있다. 꼭지 지름은 1.5~2cm. 꼭지 융기는 0.5cm, 간격은 3~4cm이다.

② 여신묘 출토 소조상(塑造像)

이 유적에서 발견된 소조품으로는 사람상이 많고 짐승상도 있다. 대부분 건물이 무너질 때 파괴되었다. 발견된 소조상의 특징은 다음과 같다.

사람상은 머리, 어깨, 팔, 젖가슴, 손이 조각으로 출토되었다. 머리 파편은 주 건물 주실 서북쪽 아래에 떨어져 있었다. 머리, 이마와 왼쪽 귀, 코는 깨졌다. 얼굴은 길이 22.5cm, 너비 16.5cm로, 실물 크기이다. 이마와 미간, 두 뺨이 둥글게 도드라지고 광대뼈가 높이 솟았다. 귀가 크고 둥글며 입이 크다. 눈두덩은 깊지 않고 콧마루가 낮다. 눈 안에 푸른 옥을 넣어 반짝거린다. 파손된 뒷머리 부문에 풀 짚 흔적이 있다. 얼굴에 붉은 칠을 했다.

어깨 부분이 부서진 조각이 많이 출토되었다. 주 건물 주실에서 출토된

우하량 여신묘 출토 여신상[164]

---

164) 遼寧省文物研究所,《牛河梁: 紅山文化遺址發掘報告(1983-2003年) 下編》, 文物出版社, 2012年.

어깨 조각은 높이 15.2cm, 너비 13.5cm이다. 어깨와 목 부분이며, 앞쪽으로 가슴까지 이어진 조각이다. 고운 흙으로 빚었고 곡선을 자연스럽게 처리했다. 주 건물 주실 서쪽 근처에서 어깨와 가슴, 겨드랑이, 위팔 부위의 깨진 조각이 많이 발견되었는데, 표면을 곱게 갈았다. 어깨와 머리에서 앞가슴까지 18cm, 어깨에서 겨드랑이까지 25.5cm이며, 팔 둘레는 9cm이다. 어깨부터 앞가슴까지는 수직이다. 가슴과 팔 부위 안에는 포아풀 줄기 흔적이 있다.

여성 소조상 조각으로 보이는 크기가 다른 젖가슴 조각들이 발견되었다. 이 가운데 오른쪽 젖가슴 조각이 보존 상태가 좋다. 길이 13.5cm, 너비 13cm, 높이 4cm이며, 소녀상 조각으로 보인다.

손 파편은 보존 상태가 좋은 조각이 두 개인데, 하나는 손바닥 조각이며 주 건물 주실과 북실(北室)이 이어지는 지점에서 출토되었다. 여성의 오른손이며 팔까지 남아 있다. 길이 12cm, 너비 9.5cm, 높이 4cm이며, 지름은 2cm이고, 손은 주먹 쥔 모양이다. 팔이 둥글어 지름이 5.2cm이며 팔의 각

우하량 여신묘 사람 신체상(왼쪽 어깨 부분)[165]

---

165) 遼寧省文物研究所,《牛河梁: 紅山文化遺址發掘報告(1983-2003年) 下編》, 文物出版社, 2012年.

여신묘 출토 가슴 부분 조각

부위 비례가 정확하며 팔 안은 비어 있는데, 팔에는 포아풀 줄기 흔적이 있다.

다른 하나는 손가락을 편 모양으로, 주 건물 주실 북쪽에서 출토되었다. 오른손인데, 크기가 비교적 크고 손가락이 가늘고 길다. 길이 21cm, 너비 20cm, 가운뎃손가락 길이 11cm이다. 다섯 손가락을 모두 펴고 있으며 생동감이 있다.

우하량 여신묘 출토 주먹 쥔 모습

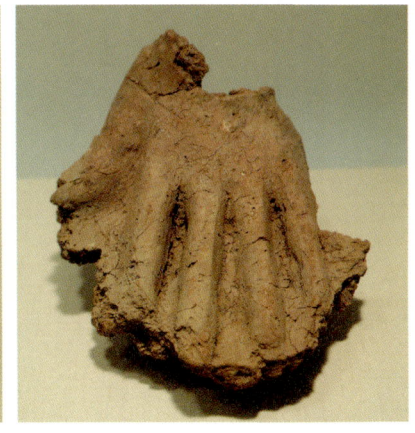

우하량 여신묘 출토 손을 편 모습

짐승상도 많이 발견되었으나 대부분 조각만 남아 있다. 이 중 현재 형태가 판명된 것은 돼지, 새, 곰이다. 돼지 소조상은 주 건물 주실 북쪽에서 머리를 북쪽으로 향한 모습으로 발견되었다. 발견된 위치가 지표와 가까워 이마와 몸체가 대부분 파손되고 머리, 귀, 입, 몸체 앞부분과 아랫다리 부분이 남아 있다. 돼지 입은 긴 원형으로, 길이 11.5cm, 너비 8cm, 높이 10cm이다. 타원형 콧구멍의 지름은 2.5~3cm, 깊이 4cm이다. 흙으로 눈알을 만들었으며 송곳니가 앞으로 튀어나왔고 앞니도 있다. 발톱은 길이 14.5cm, 너비 12cm, 높이 7.5cm이다. 두 번째 발가락이 짧다.

새 소조상은 주 건물 북실에서 발견되었는데, 심하게 파손되어 날개 부위와 발톱 두 개만 남아 있다. 발톱은 각각 14.5cm, 13.5cm로 날카롭게 표현된 형태가 매우 사실적이다. 발가락을 모두 구부려 동작 중인 상태를 표현했다. 발가락은 세 마디이며 도드라진 관절이 선으로 표현되었다.

곰 관련 유물도 두 개 확인되었는데, 하나는 곰의 아래턱 뼈 실물이고 다른 하나는 흙으로 만든 곰 발이다. 곰 턱뼈는 애초에 턱뼈만 있었는지, 다른 부위 뼈도 있었는지는 확인되지 않았다. 흙으로 만든 곰 발은 전체

우하량 여신묘 출토 새 날개 소조상(발굴 당시 모습)

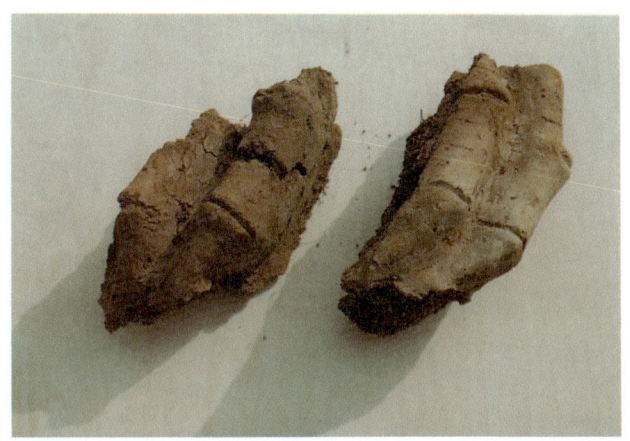

우하량 여신묘 출토 새 발톱상

우하량 여신묘 발견 곰 아래턱 뼈와 곰 발 소조상

곰 상 중에서 나머지는 부서지고 발만 수습된 듯하다.

③ 질그릇과 제사 용기

주 건물 주실에서 질그릇이 출토되었으나 완전한 형태로 발견된 것은 거의 없으며 주로 붉은 질그릇이다. 출토된 질그릇 뚜껑은 윗면에 나팔 모양 손잡이가 있고 안이 비었다. 높이 8.4cm, 지름 11.7cm로 아랫부분은 뚜껑 몸체이다. 뚜껑 몸체의 투창은 긴 직사각형이다. 양쪽에 각각 구멍이 2개씩 있다. 겉면을 갈았고 두께가 일정하다. 제사 용기로 추정된다.

바닥이 둥근 바리 모양 질그릇이 완전한 형태로 출토되었다. 입자가 고운 붉은 바탕흙을 썼으며, 배와 바닥이 둥글고 아가리가 바깥으로 뻗었다. 아가리 지름 10.5cm, 높이 3.4cm이다. 질그릇 안팎벽을 갈았고, 배에 흙 띠를 두른 흔적이 있다.

투창이 있는 큰 채도 조각도 건물 주실에서 출토되었다. 입자가 고운 붉은 바탕흙을 썼고, 높은 온도에서 구운 경질 질그릇이다. 두께는 2cm이며, 바깥벽은 갈아 내어 검은색을 띤다. 넓은 세모꼴 무늬가 그려져 있다.

우하량 여신묘 출토 나팔 모양 투창 질그릇 뚜껑166)

우하량 여신묘 출토 바리167)

6) 천문 관측 유적168)

신석기시대에 천문 관측을 행했다는 사실은 홍산문화 사회를 해석하는

---

166) 遼寧省文物研究所,《牛河梁: 紅山文化遺址發掘報告(1983-2003年) 下編》, 文物出版社, 2012年.

167) 遼寧省文物研究所,《牛河梁: 紅山文化遺址發掘報告(1983-2003年) 下編》, 文物出版社, 2012年.

168) 천문 관측은 필자가 처음 제기하는 개념이다. 대부분 중국 학계에서는 제단 유적이라고 하는데 많은 조사를 해본 결과 무슨 개념으로 제단으로 분류했는지 정확하지가 않다. 또한 이렇게 조사한 유적은 대부분 남북 자오선에 따라 유구가 배치되어 있고, 밤에 별자리 관측이 가능하다는 점에서 천문 관측 유적으로 분류한다. 천문 관측 유적에서 제사도 지냈을 것이다.

데 매우 중요한 단서를 제공한다.

　신석기시대 말인 홍산문화 시기에는 농경을 기반으로 목축이 혼합된 정주 농경 사회였을 것으로 추정하고 있다. 농경 사회에서는 각 식물마다 파종 시기를 아는 것이 가장 중요하므로 어떤 방식으로든 날짜를 계산하고 절기를 알아야 한다. 또 농작물의 생장에는 일조량이 중요하므로 낮 시간의 변화도 알아야 한다. 낮 시간의 변화는 춘분, 추분, 하지, 동지 및 절기와 직접적으로 관련된다. 뿐만 아니라 우기, 건기 그리고 더위, 추위를 예측하고 질병을 예측하기 위해서라도 계절의 변화를 예측할 수 있는 천문 관측이 필요했다.

　따라서 고대에도 천문학은 농업과 절기 변화를 파악하여 기후 변화에 대처하기 위하여 책력을 만드는 데 반드시 필요했을 것이다.

　이러한 필요를 충족시키기 위하여 홍산문화 시기에 천문 관측소가 존재했을 것이라는 가설을 세우고, 그에 걸맞은 유적들을 조사했다. 그 결과 동산취 유적과 우하량 2지점 두 곳이 천문 관측 장소로 추정되었다. 이 두 유적은 이미 제사 유적으로 널리 알려져 있는데, 최근 이 유적들이 제의와 천문 관측을 병행했을 가능성이 제기된 것이다.

　천문 관측 유적은 별자리 관측 유적과 시간 측정 유적으로 나누어 분석해 보고자 한다.

(1) 별자리 관측 유적

　별자리 관측 유적은 기본적으로 남북 자오선이 정확하게 맞아야 하며, 북향을 했을 때 북두칠성의 움직임이 관측되어야 한다. 이러한 기본 개념을 설정하고 유적을 분석한 결과 이에 합당하는 유적은 동산취 유적이다.

　동산취 제단 유적은 평평한 들판 위에 볼록 솟은 '대' 형상의 지형에 자

동산취 천문 관측 유적(남쪽에서 북쪽으로 바라본 전경으로 북쪽이 탁 트인 전경임)

리한다.169) 이러한 지리적 특징 때문에 제단 위치에서 보면 사방이 넓게 트여 있다. 현재는 측백나무를 심어서 시야를 가리고 있지만, 나무가 없다고 가정하면 하늘을 관측하기 좋은 장소이다. 특히 동산취 유적은 북쪽 지평선이 넓게 트여 있어서 북두칠성을 비롯한 별자리 움직임을 관찰하기에 좋다.

유적 내 건물은 자오선을 축으로 정남북으로 배치되었다.170) 따라서 밤

---

169) 필자가 이 유적을 처음 답사하였을 때만 하여도 유적둘레에 심어 놓은 나무들이 작았다. 그러므로 이 유적에서 사방을 내려도 볼 수도 있어 사방을 내려다보면 이 유적은 평평한 들판에 타원형으로 솟아 오른 형태의 작은 동산과도 같았다. 그러므로 천문을 관찰하거나 혹은 제사를 지낼 때 이 땅의 쓰임새는 컸을 것으로 추측된다.

170) 현재 동산취 유적을 가면 아래 사진들과 같이 새롭게 단장을 했다. 이 새롭게 단장을 한 것은 원래 유적을 무시하고 만들어졌기 때문에 천문이라든지 혹은 이와 관련한 것을 연구하는 데는 의미가 없다고 봐야 한다.

몇 개 있었던 원형 단들이 하나밖에 남지 않았다. 그리고 원래 없었던 돌들이 쌓여 있다. 아마도 이 돌들은 유적을 복원하는 데 사용하고 남은 것들이 아닌가 싶다. 전체적

에 남쪽 원형 제단에서 북쪽 하늘을 보면 북극성을 중심으로 일주운동을 하는 북두칠성과 다른 별자리들을 관찰할 수 있다. 이 움직임을 관찰하여 기록했을 것이다. 북쪽 방형 제단 역시 제사 외에 천문 관측에도 중요한 역할을 했을 것으로 본다.[171] 여기서 하나 주의를 해야 할 것은 남쪽에 있는 원형 구조물들이 여러 개라는 점이다. 이것들은 혹시 시대가 바뀌면서 어떤 이유에서든간에 천문관측에서 변화가 있었던 것이 아닌가 한다.[172]

(2) 제단 유적

동산취 유적의 자연 지리적 조건과 유적 배치 방향을 근거로 절기를 파악하기 위해 천문 관측을 한 유적의 존재를 가늠해 보았다. 그렇다면 '하루'의 길이와 정확한 절기 시작 시점을 알기 위해 시간을 측정하는 장치를 설치했을 가능성도 충분하다. 그래야만 통계가 가능하기 때문이다. 이러

으로 볼 때 원래 모습과는 전혀 다른 모습으로 변한 것을 볼 수 있다.

171) 내몽고 적봉시 오한기에 있는 성자산 산성 유적도 천문 관측 유적일 가능성이 있다. 이 유적은 하가점하층문화 유적으로 알려져 있지만, 홍산문화 유물로 보이는 질그릇 조각과 옥 자귀가 발견된 것으로 보아 홍산문화 시기부터 천문 관측에 활용된 유적일 가능성이 크다.
172) 현재 동산취 유적을 가보면 남북 방향이 제대로 구별이 되지 않는다. 그 이유는 원래 이 유적 둘레에는 나무들이 없었는데 유적을 정비하는 과정에서 둘레에 나무를 심어 놔서 방향을 구분할 수 없게 되었다. 그러므로 이 유적은 유적 둘레에 심어 놓은 나무들을 베어 내야 제대로 확인을 할 수 있다.

한 가설을 세우고 홍산문화 유적을 조사한 결과 우하량 제2지점 N2Z3호 유적이 이러한 용도 가능성이 높은 유적이 존재함을 확인했다.

우하량 유적 2지점에는 제단 유적이 별도로 존재한다. 이 유적은 3단의 타원형으로 만들어졌는데, 동남 방향이 5도, 서북 방향이 8도의 기울기를 가지고 있다. 이런 특징은 2지점 전체 유적의 특징을 볼 때 규율을 어기고 있다. 각각의 유적들은 반드시 평평하게 수평을 잡아서 축조를 하였는데, 이 유적만큼은 그렇지 않다는 것이다. 더구나 유구 안에서는 어떠한 제사 흔적도 보이지 않았다. 그럼에도 불구하고 이 유적이 제사 유적으로 불리게 된 이유는 그 지점 전체가 모두 무덤 유적이기 때문이고, 이 유적은 무덤의 중간 지점에 설치를 하였기 때문에 제사 유적이라 판단한 것이다. 그렇다면 제사 유적으로서 무엇인가를 표시했을 것이고 그 흔적도 남아 있을 텐데 전혀 그렇지 않다. 그러므로 이 유적을 제사 유적으로 보는 것은 타당하다고 볼 수는 없다. 필자는 이 유적을 시간을 만족하기 위한 유적이 아닌가 추정을 해본다. 그 이유는 다음과 같다. 이런 이야기는 필자의 추측일 뿐이다. 앞으로 연구가 더 필요한 부분이다.

N2Z3호 유적은 N2Z2호 동쪽에 위치한다. N2Z3호 서쪽 가장자리에는 N2Z2호 무덤에서 떨어져 나온 돌들이 묻혀 있었다. 동부와 동남부 적석 결구는 없으며 서북부 천장돌도 일부가 없어져 현재 남아 있는 부분은 전체 유적의 절반 정도이다. 현재 모습으로 보아 이 유적은 무덤이나 제단이 아니다.[173]

---

173) 학자들은 대부분 이 유적을 제단으로 보고 있다. 遼寧省文物考古硏究所,《牛河梁: 紅山文化遺址發掘報告書(1983-2003年度) 上編》, 遼寧省文物考古硏究所 編著, 文物出版社, 2012年.
그러나 이 유적이 제단이라는 근거는 이 유적을 중심으로 많은 무덤들이 있기 때문에 제단으로 보는 것이다. 물론 다른 것으로 사용을 하면서 제단으로 사용했을 수는 있

N2Z3호 시간 관측 추정 유적 전경(발굴 당시)

N2Z3호 시간 관측 추정 유적(정리 복원 전경)

다. 그러나 이를 전문적인 제단으로 사용했다고 보기는 어렵다. 그렇다면 이 유적의 용도는 무엇일까? 유구의 배치도를 보면 뭔가 계산을 했을 가능성이 매우 높다. 이는 아마도 이 지역에서 낮이나 밤에 시간의 흐름을 관측하지 않았을까 추측해 본다. 연구의 또다른 실마리를 찾아보고자 한다. 물론 시간 측정 유적에서 제사도 지냈을 가능성이 높다.

N2Z3호 유적 남북 기울기 모습

　이 구역은 N2Z1호, N2Z2호와는 다르게 전체 평면이 원형이며, 3단으로 구성된 피라미드 형식이다. 정상부에는 따로 단을 설치한 것으로 보인다. 유적이 자리한 곳은 남쪽이 북쪽보다 1.2m 정도 낮은 북고남저 지형이다. 전체적으로 유적 북쪽이 짧고, 남쪽이 길게 설계되어 있다.

　1, 2, 3단 각 단에 땅을 파고 각 돌(角石)을 세웠다. 각 돌은 원 안쪽으로 조금 기울어졌고 10cm 정도가 지면에 노출되어 있다. 돌은 모두 붉은 안산암이며 오각형 형태가 많으나 간혹 사각형 형태도 있다. 각 돌은 1, 2, 3단 모두 규격이 다르다. 1단 각 돌은 높이 35~40cm, 너비 10~12cm로 가장 크다.

　2단 각 돌은 높이 30cm, 너비 8~10cm이며, 3단 각 돌은 높이 25cm, 너비 6~8cm이다.

　1단은 지름이 22m이고, 각 돌은 서남쪽에 63개가 남아 있다. 이 가운데

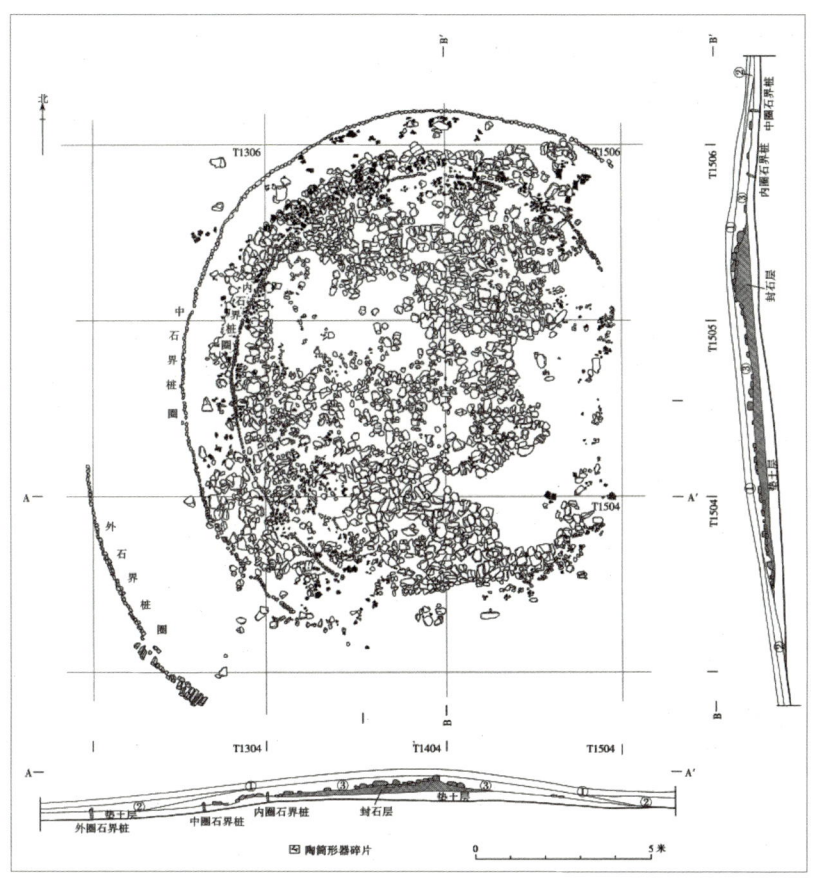

N2Z3호 유적 평면도[174)]

10개는 넘어져 있었다. 서남쪽 외에는 각 돌 남아 있지 않고 다른 방향으로 연이어진 흔적도 없어 처음부터 세우지 않았을 가능성도 있다.

  2단은 지름이 15.6m이며 3단과 3.15~3.4m 떨어져 있다. 현재 남아 있는 각돌은 263개이다. 지세가 북고남저이므로 북쪽에는 긴 각돌을, 남쪽에는 짧은 각돌을 세워 단 정상부와 수평을 맞추었다. 누워 있는 각돌이나 원 밖으로 비스듬히 기운 몇몇 각돌은 땅이 부드러워 주저앉은 듯하다.

N2Z3호 유적 2단 3단 단계 차이 모습[175]

　3단은 지름이 11m이며 2단과 1.8~2m 거리에 있는데 현재 남아 있는 각돌은 159개이다. 이 각돌들은 현재 원 바깥쪽으로 기울어져 있는데, 이는 아마도 정상부에 있던 구조물이 무너져 내리면서 충격을 주어 나타난 현상으로 보인다.

　3단 각돌 안의 돌들은 높이가 모두 다른데, 바깥쪽 돌들은 짧고 안쪽으로 갈수록 긴 돌을 깔아서 점차 높아진다. 이러한 배치는 정상부 중심을 관통하는 자오선을 기준으로 한 것으로 보인다. 전체 유적의 고도는 3단 남쪽이 가장 낮고 2단이 3단보다 0.4m 높으며, 1단은 2단보다 0.3m 높다. 북쪽은 2단보다 3단이 0.1m 높다.

---

174) 遼寧省文物研究所,《牛河梁: 紅山文化遺址發掘報告(1983-2003年) 上編》, 文物出版社, 2012年.

175) 遼寧省文物研究所,《牛河梁: 紅山文化遺址發掘報告(1983-2003年) 下編》, 文物出版

N2Z3호 유적 각돌 배치 모습

　정상부는 3단보다 약간 높은데, 현재 너비 0.6m, 높이 0.2m 정도 돌탑 자리가 남아 있다. 돌무지는 석영이 섞인 돌덩이가 주이며 응회암도 조금 섞여 있다. 돌의 규격은 일정하지 않지만, 동북쪽에 돌을 둥글게 쌓은 형태가 남아 있고 둥근 정도가 각 단과 비슷한 것으로 미루어 보아 이 돌탑은 원기둥 형태였을 것으로 추측된다.

　돌탑의 높이는 정확하게 알 수 없으나 이 돌탑이 무너진 잔해가 2단과 3단 사이까지 떨어져 내린 것을 보면 상당한 높이였을 듯한데, 3단의 지름이 11m, 지금 남아 있는 돌탑의 너비가 0.6m인 것을 감안한다면 4m 이상은 되었을 것으로 보인다.

　정상부에서는 투창이 있는 탑형 질그릇(塔型器) 조각이 발견되어 이 탑

社, 2012年.

N2Z3호 유적 정상부 탑 붕괴 흔적[176]

N2Z3호 유적 정상부 탑 자리 및 붕괴 흔적[177]

형기는 정상부 탑 위에 올려져 뾰족한 그림자를 만들어 시간 변화를 가리키는 역할을 하도록 한 것으로 보인다.

　3단 각 돌 근처에서는 바닥 없는 통형 질그릇들과 그 조각들이 발견되었다. 1단과 2단 각 돌 근처에서는 바닥 없는 통형 질그릇을 볼 수 없으므

---

176) 遼寧省文物研究所, 《牛河梁: 紅山文化遺址發掘報告(1983-2003年) 下編》, 文物出版社, 2012年.

177) 遼寧省文物研究所, 《牛河梁: 紅山文化遺址發掘報告(1983-2003年) 下編》, 文物出版社, 2012年.

N2Z3호 유적의 탑형기 깨진 조각[178]

탑형기 복원 모습

로 정상부에만 통형 질그릇을 박았다고 추측할 수 있다. 돌탑 부근에서 옥대롱 두 점도 발견되었다.

이 유적은 정원(正圓)에 가까운 타원형이고, 정확하게 3단으로 구성되

---

178) 遼寧省文物研究所, 《牛河梁: 紅山文化遺址發掘報告(1983-2003年) 下編》, 文物出版社, 2012年.

어 있다. 원 안에는 다른 건축물이 아무것도 없다. 이러한 특이한 구조물은 우하량 유적에서 유일한데 아마도 낮에 시간을 측정하는 건축물이 아니었을까 한다.

지금까지 살펴본 바와 같이 이미 홍산문화 시기에 밤에는 별자리와 달의 움직임을 관측하는 천문대와 낮에는 시간과 절기를 측정하는 시계가 있었을 가능성이 있다. 이는 당시 자연 현상을 관측하여 통계를 내고 일상생활에 활용했음을 시사한다. 따라서 홍산문화 시기에 이미 기록 수단과 정밀한 계산 능력이 있었을 가능성도 생각해볼 수 있다.

지금까지 홍산문화 유적들을 훑어보았다. 홍산문화는 분포 지역이 매우 넓고 지속된 시간이 길어 분기별 특징에 많은 차이가 있을 것으로 보고 있다. 현재 남아 있는 유적들을 근거로 분석해 본 결과 홍산문화 전기 유적과 중기 유적은 큰 차이가 없는 것으로 보인다. 그러나 후기에 들어서는 전기·중기와는 전혀 다른 문화 현상을 보이는데, 전기·중기와는 비교가 어려울 만큼 큰 발전이 있었다고 할 수 있다.

2. 유물

유적이 당시 문화의 큰 틀을 알려 준다면 유물은 당시 사람들의 소소한 일상을 알려 준다. 즉, 유적이 자연의 변화에 대한 인간의 적응 양상을 나타낸다면 유물은 사람들의 일상적인 생각을 드러낸다고 할 수 있다. 그러므로 당시 제작되었던 유물들을 근거로 하여 당시 생활과 사유체계의 일부를 추측해 볼 수 있다. 이에 출토된 유물들의 특징들을 분석해 보기로 한다. 출토된 유물은 질그릇, 석기, 옥기, 골기 등이 대표적이라 할 수 있다.

1) 질그릇

　질그릇은 액체와 낟알 등을 담아 두거나 먹거리를 조리할 때 꼭 필요한 생활 용기이다. 신석기시대에는 질그릇을 보편적으로 사용하기 시작했고, 사람들은 당시 지식을 총동원해 질그릇을 잘 만들려고 노력했다. 기물들 중 옥기, 석기, 골기 등은 시기를 넘어서도 계속 사용할 수 있다. 그러나 질그릇은 쉽게 깨지기 때문에 다시 만든 것이 보편적이다. 그러므로 고고학에서는 이 질그릇을 활용하여 시기를 구분하기도 한다. 홍산문화 시기도 예외가 아니다. 홍산문화 질그릇은 시기와 지역에 따라 차이가 있으므로 전기, 중기, 후기로 나누어 질그릇을 분석하고자 한다.

(1) 홍산문화 전기(前期) 질그릇

　홍산문화 전기 질그릇은 바탕흙으로 진흙을 쓴 것과 진흙과 모래를 섞어 쓴 것이 있다. 진흙질 질그릇은 겉면이 대부분 붉은색이지만, 드물게 회색 또는 흑회색도 있다. 반면 모래가 섞인 질그릇은 대부분 회갈색이며 간혹 붉은색도 있다. 바탕흙 차이 말고도 빚은 방법과 불에 구운 방법에서도 차이가 난다. 즉, 서로 다른 방법으로 용도가 다른 질그릇을 만든 것이다. 작은 질그릇들은 손으로 직접 빚는 손빚기법(手捏法)으로 만들기도 했지만, 대체로 서리기법(捲上法)과 테쌓기법(輪積法)으로 만들었다. 홍산문화 질그릇 종류는 통형 단지, 단지, 항아리, 호, 대접, 바리, 대야 등이다.

　전기 질그릇은 대부분 무늬가 없는 민무늬 질그릇이다. 그러나 일부 통형 단지는 之자 무늬가 많이 새겨져 있고, 기하학적 무늬도 많다. 바닥에는 점무늬가 촘촘히 새겨져 있는데, 아마도 미끄럼 방지를 위한 디자인으로 보인다. 홍산문화 전기 질그릇은 모래질 질그릇이 많다.

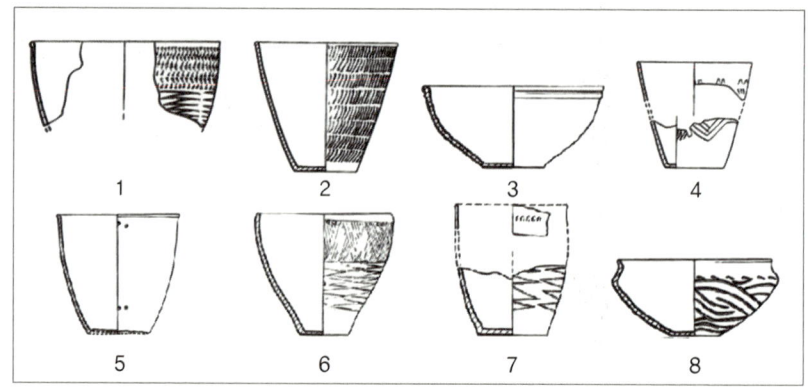

홍산문화 전기 질그릇(축적 부동)
1-6. 통형 단지, 7-8. 사발

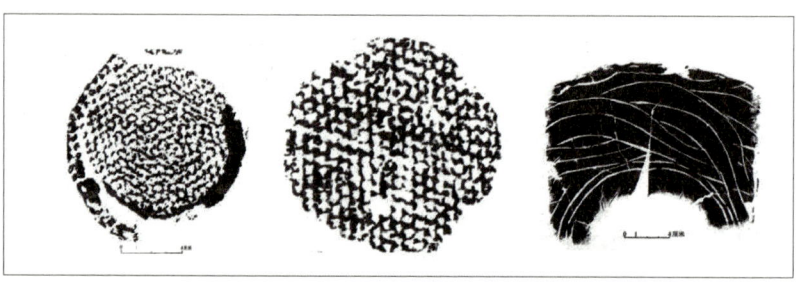

홍산문화 전기 질그릇 하부 문양[179]

홍산문화 전기 질그릇 도판

---

179) 內蒙古自治區文物考古硏究所 編著,《白音長汗: 新石器時代遺址發掘報告 上》, 科學出版社, 2004年

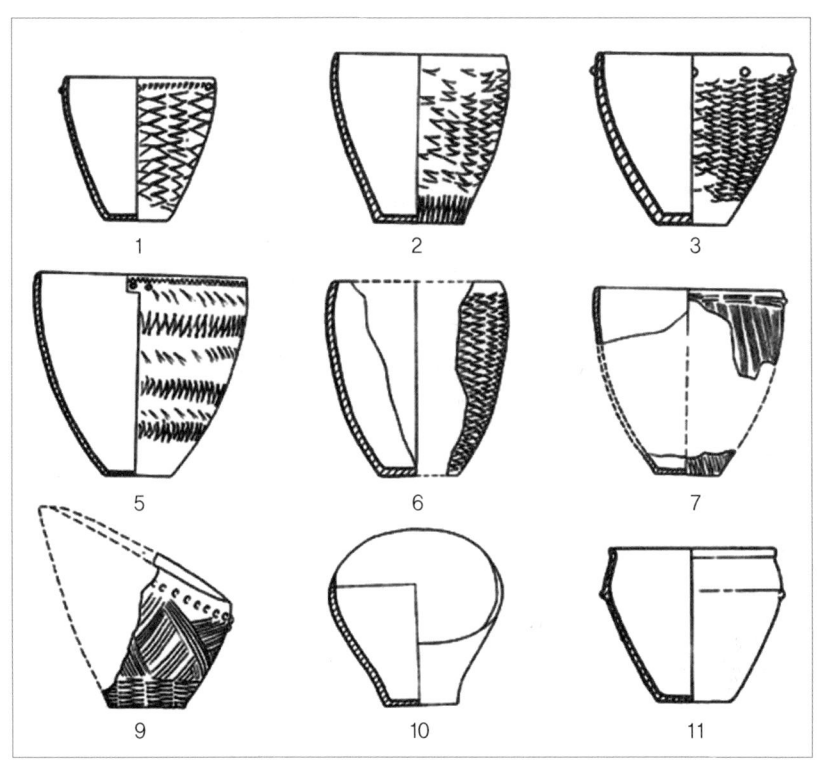

홍산문화 중기 질그릇
1, 2, 3-7. 통형 단지, 11. 단지, 9,10. 키형 단지

(2) 홍산문화 중기(中期) 질그릇

진흙으로 만든 질그릇 중 바리는 안팎을 모두 갈아서 매끄럽게 했다. 이와는 달리 주둥이가 작은 단지와 항아리는 바깥 면만 갈았고 색을 칠한 것도 있다. 진흙질 질그릇은 두께가 매우 얇지만 단단하다. 꼬불무늬 질그릇과 민무늬 질그릇도 소량 출토되었다.

채도는 홍산문화 문화 요소 중 가장 두드러진 특징 중 하나이며 홍산문화 중기부터 대부분 유적에서 발견된다. 채도는 바탕흙으로 진흙을 사용

곧은 통형기

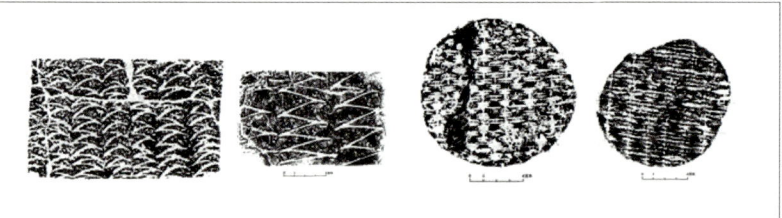

홍산문화 중기 질그릇 무늬

홍산문화 중기 채도 무늬[180)

162 홍산문화의 이해

했고, 질그릇 표면을 붉게 칠한 다음 그 위에 다시 검은 안료로 무늬를 그린 것이 가장 많다. 무늬는 마름모무늬, 갈고리무늬, 첩호문(疊弧紋) 등 대부분 기하학적 무늬이다. 이 밖에 많지는 않으나 빗금무늬, 세모무늬, 올챙이무늬, 소용돌이무늬, 비늘무늬 등 특정한 형태를 나타내는 무늬도 있다.

채색 무늬는 대부분 가로형 띠로 질그릇 표면을 둘렀다. 대접과 바리는 아가리 아래에 무늬를 그려 넣었고, 단지와 독에는 질그릇 겉면 윗부분에 평행선을 여러 줄 넣어 무늬를 만들었다. 무늬는 주로 그릇 표면에 그렸지만 간혹 그릇 안쪽에도 그린 것이 있는데, 그릇 안쪽에 그림이 있는 것들은 대부분 작은 질그릇이다.

무늬는 주로 한 무늬가 규칙적으로 반복되지만, 간혹 무늬 두 개를 조합한 경우도 있다. 색칠이 되지 않은 바탕과 색칠된 부분이 조합되어 한 무늬를 이루는 경우에는 바탕색과 무늬색이 강렬한 대비를 이루는데, 이러한 방식으로 다양한 조합 무늬를 구성했다. 또한, 형태가 같은 무늬를 크기를 달리하여 복합 효과를 내기도 했다. 이러한 홍산문화의 질그릇의 무늬 구성 방식은 주변 지역 문화에서는 볼 수 없는 독특한 특징이다.

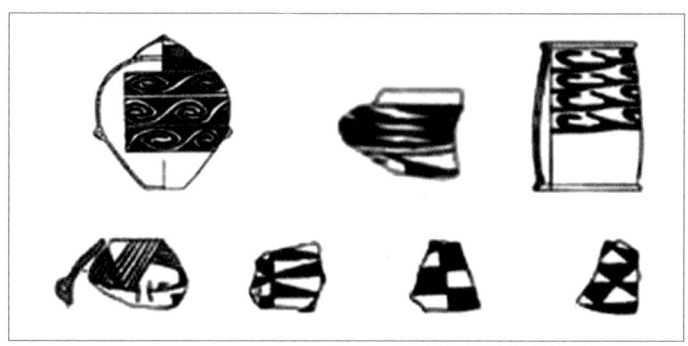

홍산문화 채도

---

180) 內蒙古自治區文物考古硏究所編著,《白音長汗: 新石器時代遺址發掘報告 上》, 科學出版社, 2004年

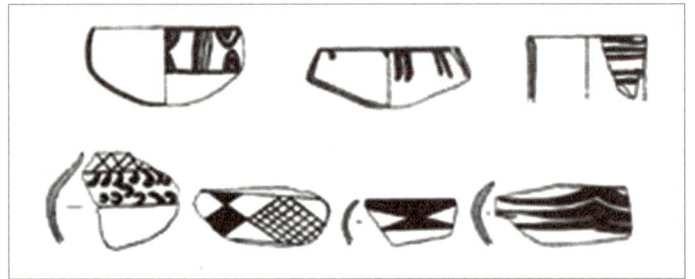

오방(午方) 유형 채도

소하연문화 채도

석령하유형 채도

대사공유형 채도

홍산문화 및 주변 문화 채도 비교[181]

　　홍산문화 채도의 기원은 아직 밝혀지지 않았다. 중국 학계에서는 색칠 기법이 앙소문화 또는 대문구문화와 관련 있다고 보지만, 그림 주제와 전체적인 디자인이 전혀 달라 앙소문화나 대문구문화에서 비롯되었다고 단정하기 어렵다.[182] 왕인상(王仁湘)은 홍산문화 채도를 요동반도 남단에서

---

181) 韓建業,《中國北方地區新石器時代文化硏究》, 文物出版社, 2003년
182) 황하 중류 유역 앙소문화가 요서 지역에 영향을 미쳐 홍산문화를 일으켰다고 보는 연

발견된 채도와 연결하여 홍산문화 채도가 앙소문화에서 비롯되었다고 보았지만,[183] 요동반도 남단에서 발견되는 채도는 두 문화와 관련하여 연대를 확인해 본 결과 홍산문화가 빠른 것을 알 수 있다. 그러므로 왕인상의 주장은 신빙성이 떨어진다고 봐야 할 것이다.

홍산문화 채도 기원과 관련하여 지금까지는 완성된 채도를 놓고 타 문화 채도와 공통점 및 차이점이 논의되었으며, 홍산문화 채도의 발전 과정은 고려되지 않았다. 여기서 우리는 홍산문화와 조보구문화의 관계를 염두에 두고 홍산문화 채도 발전 과정을 생각해 볼 필요가 있다. 조보구문화는 홍산문화와 같은 지역에서 홍산문화보다 조금 앞서 시작되었다가 일찍 와해되었다. 조보구문화는 좋은 자연 환경에서 시작되었으므로 질그릇 만드는 기술과 석기 만드는 기술이 매우 뛰어났다. 질그릇 만드는 기술은 전대 문화인 흥륭와문화와 비교하면 크게 발전한 것이다.

조보구문화 질그릇에는 각종 무늬가 새겨져 있다. 조보구문화 사람들은 흥륭와문화를 비롯한 동북 지역 문화에 보편적이던 통형 질그릇의 之자 무늬나 빗금무늬 등 직선을 활용하여 기하학적 무늬를 만들지 않았다. 대신 사실적인 모티프와 추상적인 모티프를 섞어 문양을 디자인했고, 명암을 대비시키는 기법을 사용하기 시작했다. 아직 안료를 만들지 못하여 채색보다는 무늬의 명암을 조절하는 방법을 활용한 것이다. 이러한 기법이 자리 잡은 위에 안료가 개발되면서 곧바로 채도로 발전했을 가능성을 추측해 볼 수 있다.

홍산문화 모래질 질그릇은 표면이 거칠어 안팎을 매끄럽게 갈아 냈다.

구자들은 대부분 이렇게 주장한다. 소병기와 장성덕이 대표적이다.
183) 王仁湘, 〈紅山文化彩陶簡論〉, 《紅山文化硏究: 2004年紅山文化國際學術硏討會論文集》, 赤峰學院紅山文化國際硏究中心 編, 文物出版社, 2006年.

모래질 질그릇은 대부분 원통형 단지(筒形罐)이며 종류가 다양하지 않다. 원통형 단지는 아가리가 각지고 어깨와 몸통이 곧게 이어진 형태이다. 덧띠를 붙인 것이 드물고 몸통에 가로 손잡이를 단 것이 많다. 무늬는 대부분 눌러 찍은 꼬불무늬이며 민무늬 질그릇이 드물다. 질그릇에 따라서는 도구를 써서 수직선을 평행하게 여러 줄 긋거나 빗금을 엇갈려 기하학적 무늬를 만든 것도 있다. 덧띠를 붙인 단지도 있어 두 가지 질그릇 유형이 제작 방식이 다르며 제작 첫 단계부터 차이가 있음을 알려 준다.

(3) 홍산문화 후기(後期) 질그릇

홍산문화 후기 유적 중 중요한 유적들은 대개 능원과 건평 일대에서 발견되었다. 홍산문화 후기 질그릇 역시 이 지역에서 주로 발견된다. 그러나 지역별로 질그릇들에 조금씩 차이가 나타난다. 홍산문화 후기에 들어서면 진흙질 질그릇이 두 종류로 나눌 수 있는데, 대부분 붉은색이며 수량이 많다. 동시에 검은 진흙질 질그릇과 회색 진흙질 질그릇이 나타난다. 무늬는 눌러 찍은 꼬불무늬가 가장 많고, 평행선무늬도 특징으로 나타난다.

채도 무늬의 새로운 조합은 평행한 넓은 가로줄무늬이고, 이 무늬를 변형한 가로줄무늬 또는 아가리 부분의 대칭적 삼각선무늬와 조합을 이룬 것도 있다. 또 나뭇잎형 둥근 점무늬도 있다. 상당수 질그릇에서 붉은 안료를 쓴 무늬와 두드려서 새긴 격자무늬 등 새로운 무늬를 볼 수 있다. 새로운 채도에는 뚜껑 있는 대접, 바라진 대접, 탑형 질그릇, 꼭지 있는 단지, 항아리, 사발, 바리형 그릇받침과 원통형 그릇받침이 있다. 이외에 검은 항아리, 대접, 제기, 굽다리 소반, 호, 세발술잔 등이 있다.

모래질 질그릇은 주로 회갈색이며 수량이 많지 않은데, 생활 용기로 추정된다. 모래질 질그릇은 거친 모래를 섞은 것과 고운 모래를 섞은 것 두

홍산문화 항아리(요녕성박물관)

종류이다. 다수가 표면이 흑색, 바탕흙은 회갈색이며, 표면에 가벼운 회색 반점이 있다. 붉은 질그릇에는 자홍색, 담홍색, 홍색 질그릇 등 세 종류가

홍산문화 바닥 없는 통형기(요녕성박물관)[184]

있다. 색 차이는 굽는 온도 차이와 가마 안 위치에 따른 것이다. 드물게 운모 또는 조개껍데기 가루가 섞인 질그릇도 있다. 이러한 질그릇 중 모래질 독과 원통형 단지는 음식을 끓이는 데 쓴 용기이다.

홍산문화 채도 항아리[185]

홍산문화 후기 채도삼족기(오한기박물관)

184) 遼寧省文物考古硏究所,《牛河梁: 紅山文化遺址發掘報告書(1983-2003年度) 下編》, 文物出版社, 2012年.

185) 敖漢旗博物館,《敖漢文物精華》, 內蒙古文化出版社, 2004年

적봉 홍산후 출토 질그릇[186)

적봉홍산후 출토 홍산문화 채도[187)

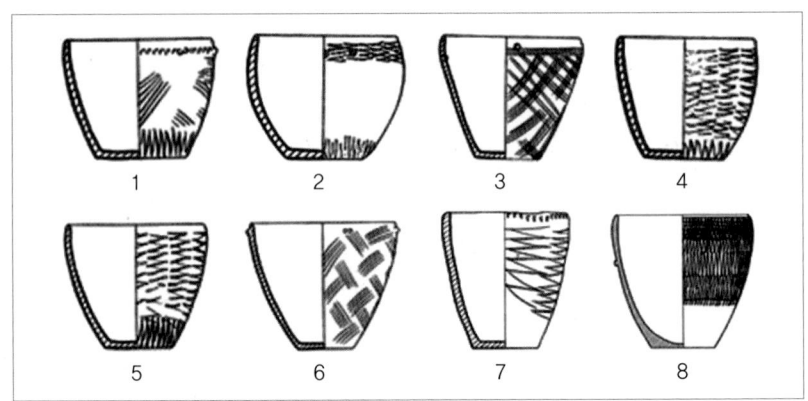

홍산문화 후기 질그릇(축적부동)
1-4. 단지, 5-8. 통형 단지

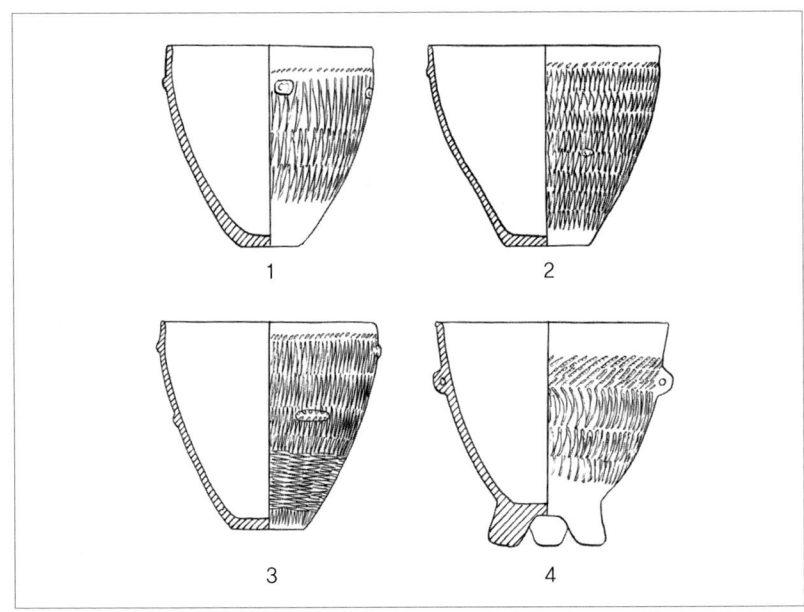

두력영자 유적 수습 질그릇
1-3. 통형단지 4. 삼족기

질그릇은 대개 서리기나 테 쌓기 등 감아 올리기 방식으로 만들어서 갈지 않은 질그릇 안벽에서 진흙 반죽을 감아 올린 흔적을 볼 수 있다. 홍산문화 질그릇을 만든 또 다른 방법은 질그릇 바닥과 몸체를 따로 만들어 붙이는 것이다.

무늬는 대부분 질그릇의 어깨와 몸통에 새겨 넣거나 그려 넣었으며, 무늬를 만든 방식은 덧띠 붙이기, 선 긋기, 누르기, 점 찍기, 채색 순으로 많이 나타난다. 무늬는 덧띠무늬, 가는 삿자리무늬, 세모무늬, 그물무늬, 빗살무늬, 손톱무늬, 찍은 점무늬, 짐승 그림, 원시 부호 등이다. 채도 무늬는 세모무늬와 직선무늬의 조합, 반원형과 평행선무늬의 조합 등 주로 도형과 선이 조합된 형태가 많아 다양한 기하학적 무늬를 시도했음을 알 수 있다. 원시 문자 부호와 꽃무늬가 조합된 것도 있다. 무늬는 한 무늬가 단독으로 도안을 이룬 경우도 있고, 무늬 조합 여러 세트가 한 도안을 구성한 경우도 있다.

채도는 붉은 바탕에 검은 안료를 칠한 것, 회색 바탕에 검은 안료를 칠한 것, 붉은 바탕에 또 다른 붉은 안료를 칠한 것 등 세 종류가 있다. 색을 칠한 후 구워서 물이 닿아도 색이 변하지 않는다. 바리, 제기형 질그릇 등은 안팎벽에 모두 색을 칠했다. 채도는 모래질 바탕흙을 썼는데, 이는 홍산문화 질그릇의 특징이다.

홍산문화 중기 대표적인 질그릇 중 한 가지는 바닥 없는 통형 질그릇이다. 통형 질그릇은 바닥이 없어 넣거나 담아 두는 형태가 아니라 '두른' 형태(無低筒形罐)이다. 기본적으로 원통형이며 길이와 몸통 크기는 다양하다. 표면에 그림이 그려진 것도 많고 민무늬 질그릇도 있다. 바닥 없는 통

---

186) 濱田耕作·水野淸一,〈赤峰紅山後: 熱河省赤峰紅山後先史遺跡〉,《東方考古學總刊》甲種 第6冊, 東亞考古學會.
187) 濱田耕作·水野淸一,〈赤峰紅山後: 熱河省赤峰紅山後先史遺跡〉,《東方考古學總刊》甲種 第6冊, 東亞考古學會.

형 질그릇은 동북아시아 신석기 문화에서는 유일하게 홍산문화에서만 발견되어[188] 이 질그릇의 기원과 용도에 많은 궁금증을 유발하고 있다.

통형 질그릇은 홍산문화 후기 제사 유적에서 많이 발견되며, 가장 많이 발견된 곳은 우하량이다. 우하량 유적에서는 무덤 둘레에 세운 기물로 활용된 듯하다. 부신 호두구, 오한기 사가자진 초모산 무덤에서도 똑같이 활용된 예를 볼 수 있다.[189] 이 통형 질그릇의 용도는 무엇일까? 왕혜덕(王惠德)은 통형 질그릇이 땅에 놓는 것이며, 밑바닥과 천장이 뚫려 있는 것으로 보아 땅과 하늘을 소통시키는 기구일 것이라는 의견을 제시했다.[190] 그러나 그러한 목적이라면 무덤을 둘레 돌림보다는 무덤 정상부나 무덤 안에 쓰는 것이 더 설득력이 있을 것이다. 통형 질그릇이 중심부에 있지 않고 무덤 정상부에 놓인 것도 다른 시설을 위한 것이라는 추측을 뒷받침한다.

여기서 글쓴이는 다음과 같은 가설을 제시해 보고자 한다.

홍산문화 시기에는 실용적이든 비실용적이든 매우 다양한 기물이 만들어졌다. 통형 질그릇은 그릇으로서는 실용성이 없어 극히 제한적인 용도로 쓰였을 것이다. 일단 통형 질그릇을 설치한 무덤이 일부 무덤이라는 점을 생각해야 한다. 즉, 통형 질그릇을 쓰는 무덤 양식이 유행한 시기가 있었거나 통형 질그릇을 사용할 수 있는 계층이 따로 구별되어 있었을 수 있다는 것이다. 한편 통형 질그릇이 양쪽이 뚫린 형태라는 점도 고려할 사항이다. 형태로 보면 땅과 하늘을 잇는 통로라는 해석도 가능하고, 북이나

---

188) 일본에서는 전방후원분 둘레에 통형 질그릇과 비슷한 하니와를 줄 지어 세웠다.

189) 오한기 사가자진 초모산에서 발굴된 통형 질그릇에는 '米'자형 부호가 새겨져 있다고 한다.

190) 王惠德, 〈紅山文化無底筒形器初步研究〉, 《紅山文化研究: 2004年紅山文化國際學術硏討會論文集》, 赤峰學院紅山文化國際硏究中心 編, 文物出版社, 2006年, 144쪽.

장고 등 타악기의 원형이라는 해석도 가능하다. 통형 질그릇의 용도와 의미는 앞으로 연구되어야 할 부분이다.

세 발 질그릇(三足器)도 홍산문화 질그릇에서 다루고 넘어가야 할 문화 요소이다. 요서 지역 유물 중 세 발 질그릇은 하가점하층문화의 대표 유물로 알려져 있지만, 홍산문화에도 세 발 질그릇이 있다. 원래 세 발 질그릇은 황하 중류 유역의 대표적 기물로 알려져 있다. 세 발 질그릇이 황하 유역에서 맨 처음 만들어진 때는 자산문화(磁山文化) 시기이다. 자산문화 세 발 질그릇은 후대 신석기 문화인 앙소문화를 이어 용산문화로 이어졌고, 다시 청동기시대 문화인 이리두문화 등으로 이어졌다. 이 때문에 세발솥(鼎) 또는 세 발 기물은 황하 유역의 전유물로 생각되어 왔다.

지금까지 중국 동북 요서 지역에서 세 발 기물이 맨 먼저 나타난 시기는 청동기시대인 하가점하층문화 시기로 알려져 왔다. 이 때문에 하가점하층문화가 황하 유역 문화의 영향을 받은 것으로 생각되었다. 그러나 요서 지역에서 세 발 기물은 신석기시대인 홍산문화 시기에 이미 만들어지기 시작하였고, 이런 전통이 하가점하층문화로 이어진 것이라는 견해가 제기되었다.[191] 홍산문화 후기 유적인 동산취, 우하량, 성자산 등지에서 세 발 기물이 발견되었기 때문이다. 이 유적들에서 발견된 세 발 기물은 작고 몸체와 다리가 일체형이며, 다리가 몸통에서 밖으로 바로 뻗어나간 형태이다.

또한, 이 세 발 기물은 원래 네 발 기물이었을 가능성이 있다. 동산취에서 네 발 기물이 발견된 것을 보면 원래는 네 발 기물과 세 발 기물이 동시에 만들어졌다가 후대에 세 발 기물로 통일된 듯하다.

따라서 홍산문화 세 발 기물과 황하 중류 유역 또는 산동 지역 세 발 기

---

191) 복기대,《요서지역청동기시대문화연구》, 백산자료원, 2001년

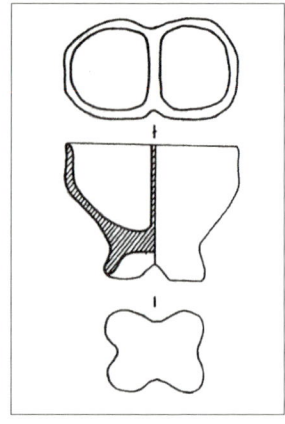

홍산문화 네 발 기물(동산취 출토)

홍산문화 삼족기(우하량 출토)

물을 비교해 볼 필요가 있다.

　사진에서 보듯이 황하 중류 유역의 앙소문화와 산동 배리강문화(裵李崗 文化)의 세 발 기물들은 형태적으로 안정되었지만, 홍산문화 시기 세 발 기물은 조악하다. 만약 대다수 중국 학자의 견해대로 세 발 기물이 황하 중류 유역으로부터 요서 지역으로 전파되었다면 홍산문화 후기인 기원전 3000년경에는 세련된 세 발 기물이 전파되어 홍산문화 세 발 기물도 세련 된 것들이 발견되었을 것이다. 그러나 홍산문화 세 발 기물을 보건대 요서 황하 지역과는 전혀 다르므로 세 발 기물은 자체적으로 발생했다고 보는

홍산문화 삼족기[192]

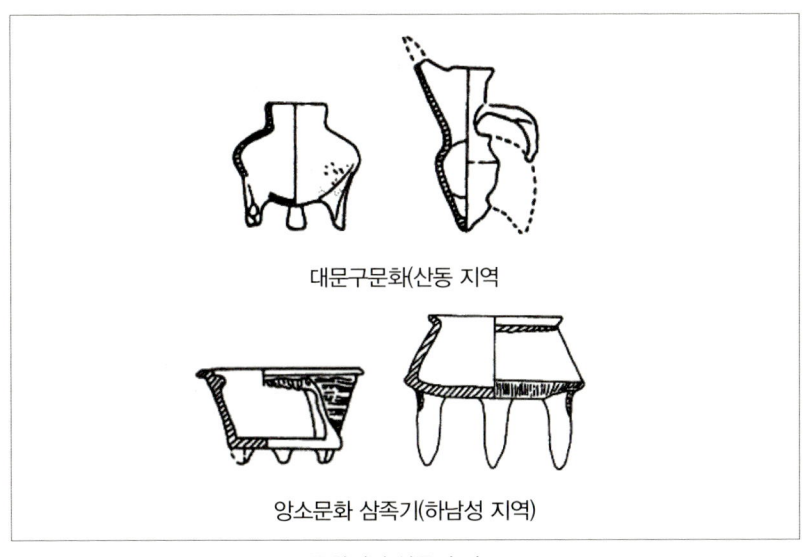

대문구문화(산동 지역)

앙소문화 삼족기(하남성 지역)

문화권별 삼족기 비교

것이 타당하다. 이러한 사실은 홍산문화 이후 요서 지역에서 전개된 세 발 기물 문화를 두 계통으로 살펴보아야 하는 근거가 된다.

앞에서 살펴보았듯이 홍산문화 질그릇은 시기별로 차이가 크다. 전기에는 모래질 질그릇이 많았다가 중기에 이르면 진흙질 질그릇이 증가하며 채도가 보편적으로 사용되기 시작했다. 이러한 경향은 후기에 들어 완전한 경질 질그릇들을 출현시켜 붉은 바탕 채도들이 유행하기 시작했다. 예기와 생활 용기는 엄격히 구별되었는데, 예기는 주로 채도이고 생활 용기는 민무늬 질그릇이다. 통형 단지는 전기부터 후기까지 단절 없이 이어졌다. 중기에 들어 '키' 모양 질그릇이 나타나는데, 이 형태의 질그릇은 요동 신락문화에서도 보인다. 이 그릇의 용도에 대해서는 아직 뚜렷한 형식은 없으나, 그 형태로 보아 곡식을 껍데기와 알맹이를 분류하는 기구이거나 부삽으로 활용했을 가능성이 높은 것으로 보인다.

채도는 홍산문화 중기부터 보편화되어 후기에는 매우 다양한 형태로 나타난다. 특히 붉은색과 검은색을 조화롭게 사용했는데, 색을 쓰는 수준이 매우 높아 아마도 예기로 사용된 듯하다. 몇 점 발견된 투창 질그릇은 용도가 아직 밝혀지지 않았다. 다만 이 질그릇들이 동산취 유적과 우하량 유적 등 대형 유적과 제사 유적에서 발견되는 것으로 미루어 보아 제기나 예기일 가능성이 있다. 한편 앞서 살펴본 대로 동산취 유적이 천문 관측소 기능을 겸했다면 천문 관측 또는 이와 유사한 활동에 쓰인 기물일 수도 있다. 소량 발견된 작은 네 발 질그릇과 세 발 질그릇도 요서 지역 문화 계통을 추적하는 데 중요한 단서가 될 것이다.

2) 석기(石器)

홍산문화 시기에는 뗀석기와 간석기, 세석기가 모두 많이 제작되었다.

---

192) 遼寧省文物研究所,《牛河梁: 紅山文化遺址發掘報告(1983-2003年) 下編》, 文物出版社, 2012年.

특히 간석기가 많고 종류도 다양하다. 농경 도구로는 보습·삽·도끼 등이 있고, 곡물 가공 도구로는 칼·갈판·갈돌·절구·절구공이, 도구 제작 도구로는 도끼·톱·끌·망치·자귀·팔면기(八面器) 등이 있다. 돌화살촉은 무기로 보인다. 각각의 특징을 간략히 살펴보면 다음과 같다.

보습은 뗀석기이며 막대형과 잎사귀형으로 나뉜다. 막대형은 약간 사다리꼴이며 넓은 면이 날이고 좁은 면이 손잡이이다. 크기는 길이 18cm, 너비 8cm, 두께 8cm 정도이다.

잎사귀형은 날 부분이 뾰족하고 몸체가 넓으며 손잡이 부분은 오목하게 조여 있다. 간석기이며, 길이 16.5cm, 너비 11.5cm, 두께 0.8cm이다.

삽은 전체적으로 보습보다 조금 크고 날이 넓다. 뗀석기와 간석기를 모두 사용했다.

조보구문화 돌 보습

도끼는 손잡이 끝부분이 수평이고 몸통은 매끄럽게 갈았으며, 날 부분은 둥글다. 크기는 길이 10cm, 너비 6cm 내외이다.

곡물 가공 도구 중 칼은 나뭇잎형과 사각형으로 구분된다. 모두 몸통을 매끄럽게 갈았는데, 몸통에 끈을 꿰는 구멍이 있다. 날은 마주날과 외날이

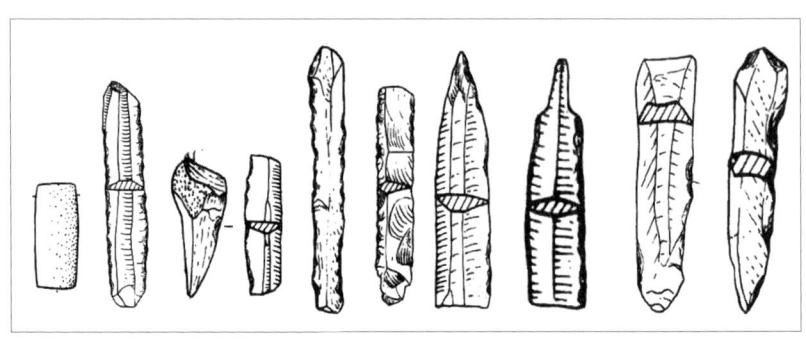

홍산문화 세석기(이도하량 출토)

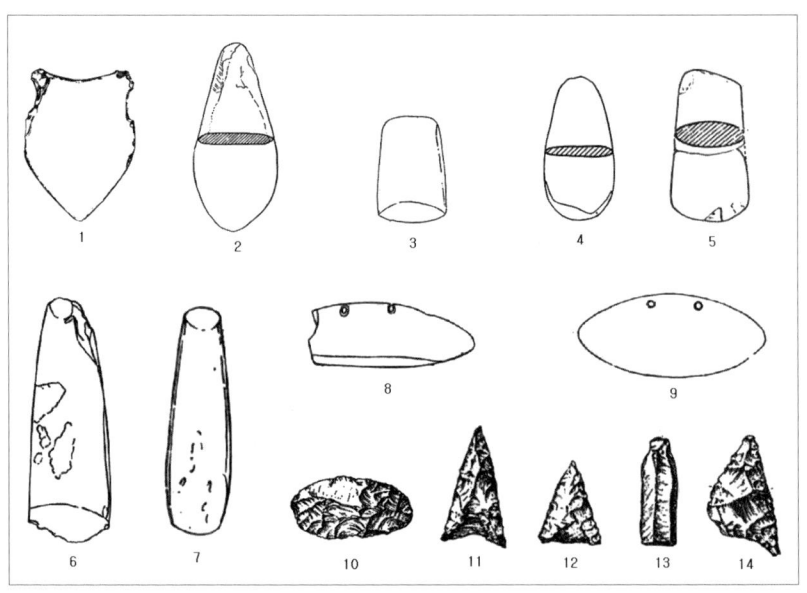

홍산문화의 각종 석기
1-2. 돌보습, 3.망치, 4-5. 자귀, 6-7.끌, 8-9. 반월형칼, 10-14.세석기

있다.

　갈판은 넓고 평평한 돌로, 갈면이 비교적 평평하다. 크기는 길이 40cm, 너비 24cm, 두께 6cm 정도이다. 갈돌은 긴 막대형, 삼각기둥형, 타원기둥형 등이 있다. 한 부분만 가는 면으로 사용한 것은 배부른 형태이고, 전체를 모두 가는 면으로 사용한 것은 중간이 둥글고 양 끝은 좁은 손잡이 형태이다. 두께는 일정하지 않지만 길이는 30cm 정도이다.

　절구는 원통형 돌 한가운데에 구멍을 판 것이다. 이도량산에서 발견된 것은 높이 11cm, 지름 5cm, 구멍 지름 3.2cm로, 전체적으로 작다. 절구공이는 손잡이 부분이 넓고 두툼하며 찧는 부분은 뾰족하다. 막대형 절구공이도 있다.

　도구 제작용 공구 중 자귀는 몸체가 사다리꼴이며 전체를 갈았다. 날은 외날이다. 손잡이 끝부분에 두드린 흔적이 있다. 크기는 길이 13cm, 너비 6cm 정도이다.

　끌은 자귀보다 작고 날은 외날과 마주날이 모두 있다. 크기는 길이 10cm, 너비 4cm 정도이다.

　망치는 특별한 형식이 없다. 돌을 둥그렇게 깎은 것도 망치로 사용되었다. 톱은 얇은 판자형 돌판 양옆을 갈아 날을 세웠는데, 날이 깊지 않아 가는 나무만 자를 수 있었을 듯하다. 팔면기는 원형 돌판 가운데 구멍을 뚫고 쐐기 모양 여덟 개를 만든 것이다.

　무기로는 돌화살촉이 있지만, 발견된 수량이 많지 않다. 슴베는 사면체 또는 삼면체이다. 촉을 날카롭게 갈았는데, 화살촉 양옆은 갈지 않고 쪼았다. 길이 5cm, 두께 0.5cm 내외이다.

　홍산문화 석기는 용도별로 세분되어 종류가 다양하다. 보습, 삽, 곡물을 수확하고 분쇄하는 도구 등 농경과 관련된 석기가 많이 발견되어 당시 경제 형태의 한 단면을 읽을 수 있다.[193] 홍산문화 석기들은 대부분 주거지나 주거 관련 장소에서 발견되었다.

여기서 한 가지 생각해 볼 것은 석기는 통상 농기구로 알려져 있다는 점이다. 그러나 실제로 써 보면 석기는 농기구로는 사용하기 불편하고 비효율적이다. 특히 돌삽과 돌보습은 무겁고 다루기가 쉽지 않아 위험하기도 하다. 이러한 사실을 고려한다면 과연 석기를 보편적인 농기구로 썼을지 의구심이 든다. 자귀와 도끼, 끌 등을 나무 자르는 데 사용했다는 견해는 타당성이 있지만 돌보습과 돌삽 등이 농기구라는 견해는 재고의 여지가 있다.

3) 골기(骨器)

청동기시대 등 금속기 문화가 본격적으로 번성하기 전에는 골기가 금속기 자리를 차지했던 것으로 보인다.[194] 골기는 주로 짐승 뼈로 만들었다. 사냥한 동물이나 가축 뼈를 재료로 사용했을 것이다. 골기는 주로 숫돌이나 일반 돌에 갈아서 만들며, 만들기가 매우 쉬워 어디에서든 쉽게 공구로 만들어 쓸 수 있다. 다만 쓰다가 부러지기 쉽고, 세월이 흐르면 썩기

---

193) 석기는 대부분 농사짓는 데 사용한 농기구라는 것이 정설이지만, 실제로 밭을 갈거나 웅덩이를 팔 때는 나무 도구가 훨씬 효율적이다. 사실 석기는 무겁고 사용자가 다칠 위험이 커서 비실용적이다. 대신 단단한 공구를 만들거나 나무 도구로 할 수 없는 작업에 쓸모가 있었을 것이다.

194) 골기는 연구자들의 관심을 끌지 못하지만 골기를 만들거나 써 보면 일상생활에서는 골기가 가장 만들기 쉽고 다양하게 쓰기 좋은 도구임을 알게 된다. 석기는 나무를 베거나 쪼개는 등 강한 재질을 다룰 때 쓰기 적당하다. 이러한 용도를 제외하면 골기는 채소를 자르거나 사냥한 고기를 해체하는 등 실생활에서 가장 실용적인 도구였다.

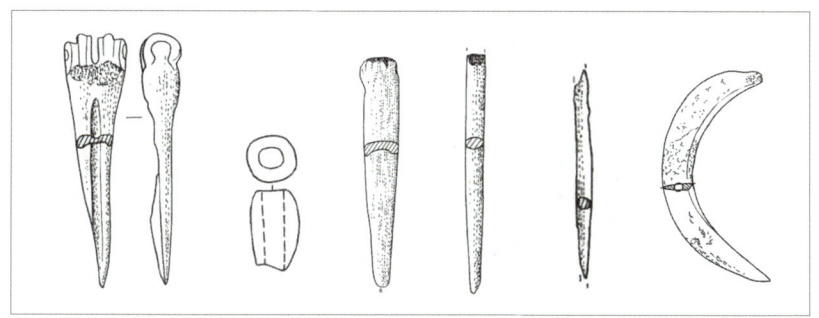

홍산문화 골기(용도를 특별히 분류하기가 어렵다.)

때문에 많이 발견되지는 않았다.[195]

　홍산문화 유물 중에는 골기도 많이 발견되었다. 골기는 특성상 매우 날카로운 기물을 만들 수 있어 바늘이나 의료 행위가 가능한 침 형태로 만들어진 것도 있다. 골기는 바늘로 가장 많이 활용된 듯하다. 바늘은 옷 만들기와 직접 관련되는데, 특히 바늘귀 크기를 보면 홍산문화 시기에 어느 정도 발이 고운 직물을 직조할 수 있었는지를 가늠할 수 있다. 뼈송곳이 여러 형태인 점으로 보아 짐승 가죽을 꿰맬 때는 주로 뼈송곳을 사용한 것으로 추측된다.

　뼈로 만든 칼도 여러 용도로 활용했을 것으로 보이는데, 고기를 썰거나 자를 때 뼈칼을 사용했을 가능성이 아주 크다. 이 밖에 뼈를 가공하여 장신구도 만들었다. 골기는 대개 주거지 또는 주거지와 관계 있는 곳에서 발견되므로 실생활에 직접 사용되었음을 알 수 있다.

---

195) 內蒙古自治區文物考古硏究所 編著,《白音長汗: 新石器時代遺址發掘報告 上》, 科學出版社, 2004年. 471쪽.

4) 옥기

옥기는 홍산문화 대표 유물로 인식되고 있다. 이는 다른 지역에서는 옥기들이 거의 보이지 않는 데 반해 홍산문화 지역에서는 매우 다양한 옥기들이 발견되고 있으며, 홍산문화 대부분의 무덤 부장품으로 옥기가 유일하기 때문이다.[196]

그 특징을 보면 홍산문화 옥기는 모티프가 매우 다양하고, 다양한 주제를 사실적으로 표현했다는 특징이 있다. 홍산문화 옥기에는 짐승과 곤충, 새와 거북 등이 직설적으로 표현되어 있다. 특히 무덤에서 출토된 옥기에는 짐승 형상이 많은데, 이 중 곰과 새 형상은 당시 종교와 무관하지 않을 것이다. 곰은 땅 위에서 가장 힘이 센 동물이고, 뱀장어는 물에서 가장 힘이 센 동물이며, 새는 아마도 하늘에서 가장 힘이 센 맹금류를 표현했을 수 있다. 또한, 새는 하늘의 뜻을 인간 세상에 전달하고 인간의 뜻을 하늘에 전달하는 매개자로 여겨졌을 가능성이 크다.

홍산문화 옥기들을 살펴보면 다음과 같은 특징이 나타난다.

홍산문화 옥기는 사람 모습, 짐승 모습, 물고기 모습, 벌레 모습, 새 모습 등으로 형태가 매우 다양하다. 더욱이 옥은 당시 최고로 귀한 물질이었다. 이 귀한 물질에 형상을 새길 때에는 당시 홍산문화 사회에서 매우 중요한 의미를 갖는 모티프들을 선택했을 것이다. 이 옥기들은 다양한 치레거리로 무덤에 부장되었는데, 껴묻거리로 사용되었을 때는 그만큼 기물마다 하나하나 의미를 담았다고 생각할 수 있으므로 홍산문화의 특징을 파악하

---

196) 홍산문화에 큰 관심이 집중된 이유 중 한 가지는 바로 옥기에 있다. 여타 고고 문화에도 옥기가 많이 있지만, 홍산문화 옥기가 큰 주목을 받은 것은 짐승 머리를 조각한 C자형 옥기가 중국 최초로 용을 표현한 '옥룡'으로 알려진 데 따른 것이다. 이러한 인식은 홍산문화 연구에서 비판 없이 이어지고 있다.

는 단서가 된다.

옥기로 제작된 모티프들이 무엇을 상징하는가에 관해서는 많은 토론이 있었다. 토템을 상징하거나 태양 또는 하늘과 소통하는 매개체, 아니면 물과 관련 있는 상징을 표현했다는 견해가 제시되었다. 홍산문화 옥기에 표현된 다양한 형상은 그 상징적 의미를 해석하고자 하는 연구자들에게 많은 해석의 여지를 제공하고 있다. 홍산문화 옥기는 내용 면에서 양저문화보다 훨씬 더 풍부하며, 이러한 관점에서 보면 당시 동아시아에서 옥기 문화가 가장 발달한 곳은 홍산문화 지역이라고 할 수 있다.

(1) 옥기 종류

옥기를 실생활에서 사용했는가에 관해서는 학자들의 의견이 엇갈린다. 옥기를 치레거리로 사용했다면 실용 기물이 되고, 단지 모방한 조형물이라고 한다면 상징물이 되기 때문이다. 옥기를 형태에 따라 구분하면 공구, 장식품, 상징물 등으로 나눌 수 있다.

① 공구

도끼, 끌, 방추자, 송곳 등이 있다. 크기는 대개 10cm 이하이고 날 부분은 날카롭게 깎여 있다. 발견된 숫자는 많지만, 실제로 사용한 기물은 아닌 듯하다.

② 장식품

옥벽, 옥팔찌, 옥구슬, 모자 장식, 사구통형 옥기 등이다. 방형 옥기는 사각형 옥판에 사람 얼굴, 새 모습, 도철문 원형 등 많은 것을 새겨 넣은 플라크이다.

옥도끼[197]   　　　　인장형 옥기[198]

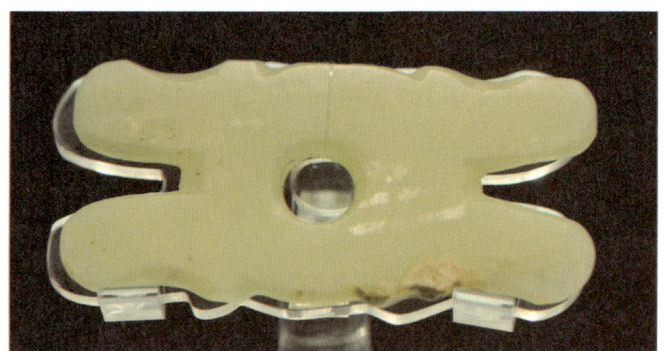

각종 구운형 옥기[199]

---

197) 遼寧省考古硏究所主編,《遼寧省文物考古硏究所藏文物精華》, 科學出版社, 2012年.
198) 遼寧省考古硏究所主編,《遼寧省文物考古硏究所藏文物精華》, 科學出版社, 2012年.
199) 遼寧省考古硏究所主編,《遼寧省文物考古硏究所藏文物精華》, 科學出版社, 2012年.

구운형(句雲形) 옥기(적봉 박물관 소장)[200]

---

200) 遼寧省考古硏究所主編,《遼寧省文物考古硏究所藏文物精華》, 科學出版社, 2012年.

도깨비형 옥기(파림우기 박물관 소장)

사구 통형기

　벽(璧)은 둥근 원판, 사각형 또는 타원형이고 가운데 큰 구멍이 뚫려 있으며, 구멍 지름은 벽 전체 지름의 절반 정도이다. 구멍 외연은 매우 곱게 갈아 매끄럽다.

느리개형 옥기

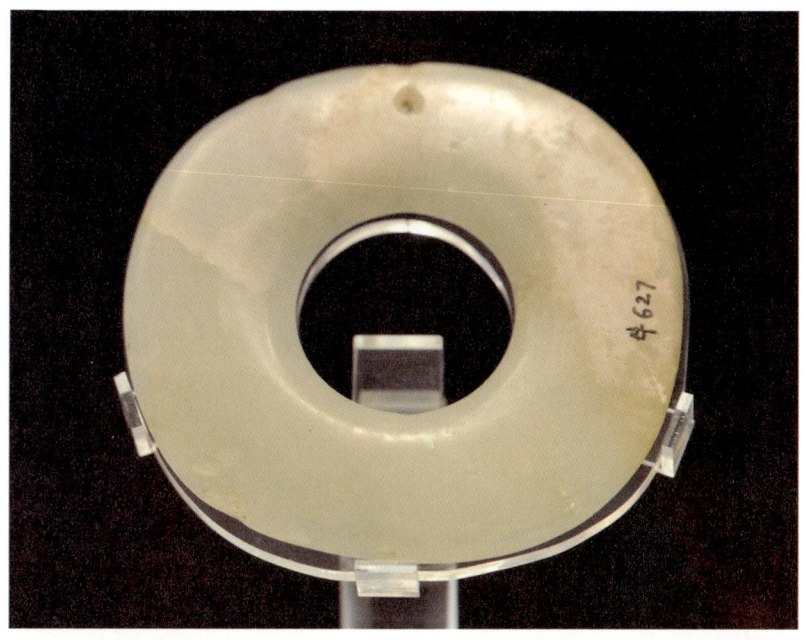

둥근 옥기(요령성 박물관 소장)

방형 옥기[201]

극히 일부를 제외하면 테두리 부분에 구멍이 두 개 또는 세 개 뚫려 있다. 벽은 구멍 수에 따라 쌍련벽(雙連璧)과 삼련벽(三連璧)으로 구분된다. 쌍련벽은 전체적으로 삼각형에 가까워 구멍 크기가 같지 않으므로 큰 구멍과 작은 구멍으로 구분된다. 쌍련벽은 외연에 작은 구멍이 없다. 가면

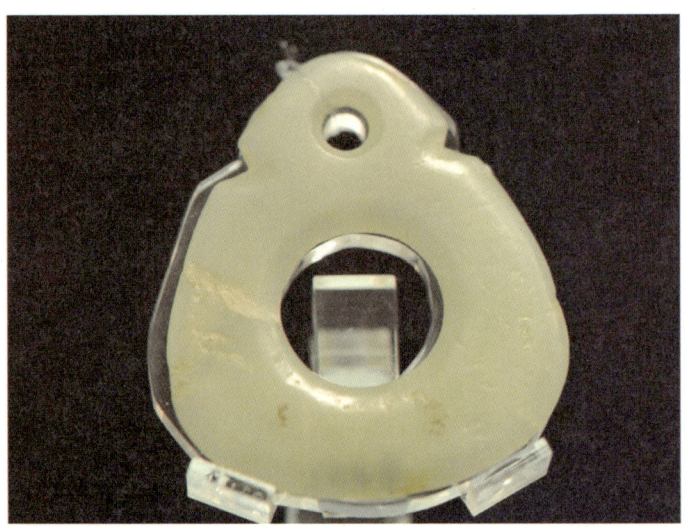

이연주옥 장식(요령성 박물관 소장)

201) 遼寧省考古硏究所主編,《遼寧省文物考古硏究所藏文物精華》, 科學出版社, 2012年.

형태의 옥벽도 있는데, 좌우대칭이며 외연에 작은 구멍이 있다. 삼련벽은 전체 모습이 사각형에 가깝다. 기물에 따라 약간씩 차이는 있으나 구멍은 일률적으로 세 개이다. 외연에 작은 구멍이 없다.

삼연주옥 장식[202)]

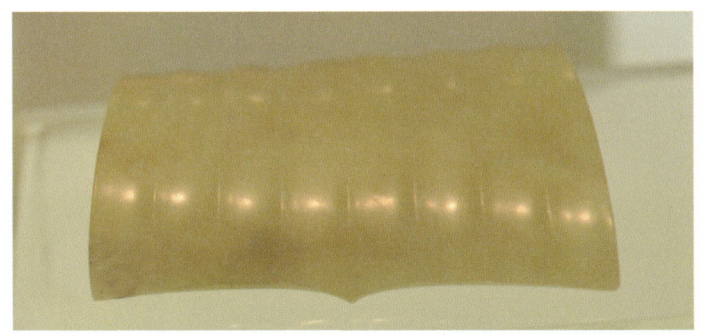

덮씌우개형 옥판(요령성 박물관 소장)

가락지형 옥기(요령성 박물관 소장)

고리형 옥기(요령성 문물고고 소장)

---

202) 遼寧省考古硏究所主編,《遼寧省文物考古硏究所藏文物精華》, 科學出版社, 2012年.

팔찌형 옥기[203]

결(玦)은 둥근 고리 형태의 중간을 잘라 틈새를 만든 것이다. 고리의 두께와 지름은 일정하지 않다. 피장자의 귀 근처에서 출토되어 귀고리로 추측되었다.

추(墜)는 달아매거나 줄을 꿰어 매다는 데 사용한다. 평면 형태는 원형과 반원형이며, 구슬과 비슷하게 생겼다. 크기가 작고 매우 얇은 판 형태도 있다.

고리는 많이 발견되지 않았다. 끝부분이 굽은 바늘처럼 휜 형태이며, 손잡이 부분으로 보이는 곳에 작은 구멍이 뚫려 있다.

팔찌와 발찌의 기본 형태는 둥근 고리형이다. 단면은 삼각형, 마름모, 원형에 가까운 것으로 구분된다. 고리가 매우 얇고 지름도 약간씩 다르며, 매우 곱게 갈았다. 팔, 어깨, 발, 가슴 등에서 출토되어 팔찌 또는 발찌로 추정되었다.

③ 짐승 모양 상징물

예기의 모양은 일반인들에게 알려진 용 모양 이외에 매미, 거북이, 새 모양 등 여러 가지가 있다. 새 모양이 가장 많으며, 형태도 다양하다. 기하

---

203) 遼寧省考古硏究所主編,《遼寧省文物考古硏究所藏文物精華》, 科學出版社, 2012年.

학적으로 표현된 새까지 포함하면 홍산문화 옥기 가운데 절반 가까이가 새이다. 이것은 당시 새가 매우 중요하게 여겨졌다는 것을 알려 준다. 새 모양 중 추상화된 새 모양은 후대 문화인 하가점하층문화 채회도(彩繪陶)에 많이 나타난다. 이 사실은 문화 계승 관계를 파악할 때 신중하게 고려해야 할 점이다.

새의 중요성을 보여 주는 큰 증거 중 하나는 우하량 무덤에서 발견된 봉황상이다. 이 봉황상은 피장자가 베고 있었다. 홍산문화 옥기에 새를 표현한 것이 많은데, 새에 대한 관심은 무엇을 의미하는가? 흥륭와문화 시기에도 옥기는 꽤 발견되었지만 새를 형상화한 것은 많지 않다. 요서 지역 신석기시대 문화에서 새는 홍산문화 직전 문화인 조보구문화 질그릇에서 나타나기 시작한다. 그러므로 홍산문화의 새 형상은 조보구문화에서 계승한 것으로 보아야 한다.

새 형상은 새 실물을 본뜬 것과 새를 추상적으로 표현한 것 두 가지로 구분된다. 실제 새의 모습을 본뜬 것은 날개를 펼친 것과 날개를 접은 것

봉황형 옥기(요령성 문물고고 소장)

부엉이형 옥기(요령성 박물관 소장)

거북이형 옥기(요령성 문물고고 소장)   각종 옥기(上: 메뚜기, 中: 거북이, 下: 남자 성기)[204]

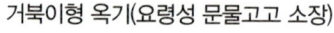

204) 遼寧省考古硏究所主編,《遼寧省文物考古硏究所藏文物精華》, 科學出版社, 2012年.

이 있다. 최근에 발견된 새 모습은 둥우리를 튼 형태이며, 이 역시 매우 사실적으로 표현되었다. 새를 추상적으로 표현한 것은 직사각형 옥판을 갈아 새의 모습을 형상화한 것이다. 구체적으로 짐승 모양을 표현한 것 외에 홍산문화 옥기는 무엇인가를 상징한 듯한 형상이 많다. 상징 대상이 무엇인지는 아직 파악되지 않았지만, 큰 틀에서 보면 C자형 옥기와 방형 옥기로 나눌 수 있다.

중국 학계에서는 이 C자형 옥기를 '옥룡'으로 통칭한다. 이 명칭은 손수도와 곽대순이 용이 홍산문화에서 기원했다고 주장하고, 용의 개념과 형상 발전을 단계적으로 설명한 과정에서 붙인 것이다. 그러나 중국 학계의 설명은 논리적으로 재검토할 필요가 있다.

C자형 옥기에는 몇 가지 종류가 있다. 기본형은 둥글게 C자로 말린 머리와 꼬리 사이에 옥결처럼 틈이 있지만, 완전히 잘리지 않아 안쪽 구멍 외연은 붙어 있다. 기본적으로 원형에 가까우며 머리 부분에 눈, 코, 입, 귀를 새겼다. 머리 부분에 새겨진 형태에 따라 갈고리형, 새머리형, 돼지머리형, 곰머리형 등으로 나눌 수 있다.

 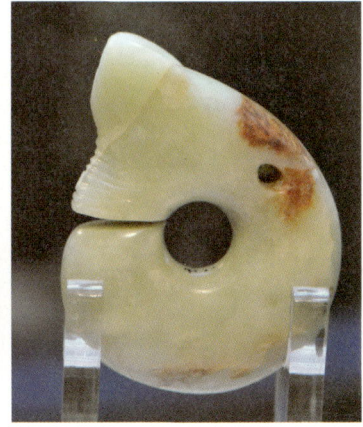

'C'자형 옥기(요령성 박물관 소장)

갈고리형은 머리와 꼬리 사이의 틈이 확연하다. 완전한 C자형을 이루는 것은 머리 부분에 갈기가 있고 몸통 부분에 구멍이 뚫려 있으며, 뱀장어와 유사하다.

새머리형은 머리와 꼬리 사이 틈이 좁다. 머리 부분에는 새 부리 모양과 눈을 크게 새겼고, 머리에 가까운 몸통 부분에 구멍을 뚫었다.

돼지머리형은 머리와 꼬리의 틈이 좁아 언뜻 보면 붙은 것처럼 보인다. 머리 부분에 눈, 코, 입이 뚜렷이 새겨져 있고, 양 귀도 또렷하게 조각되어 있다.

관머리형은 머리와 꼬리 부분의 틈이 좁거나 붙어 있다. 머리는 삼각형이며 눈에 포인트를 두었다. 몸통에 구멍이 뚫려 있다.

이상에서 살펴본 C자형 옥기들에는 두 가지 큰 특징이 있다. 기본 형태는 영문 C자를 좌우로 뒤집어 놓은 형태이고 공통적으로 등과 허리 부분에 구멍이 뚫려 있다. 형상은 머리 부분의 모양으로 구분할 수 있다. C자형 옥기는 땅, 물, 하늘에 사는 동물을 모두 표현하여 땅, 물, 하늘의 상징과 관련이 있음을 알 수 있다.

가면형 옥기, 안이 뚫린 통형 옥기, 양 끝에 짐승 머리를 조각한 옥기 등

짐승 머리형 옥기(요령성 박물관 소장)

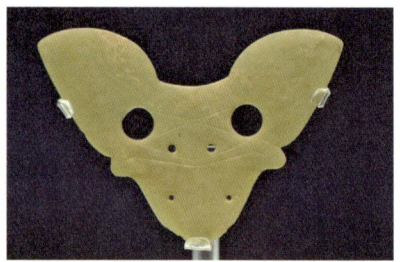

짐승 머리형 옥기[205]

205) 遼寧省考古硏究所主編,《遼寧省文物考古硏究所藏文物精華》, 科學出版社, 2012年.

형태와 종류가 다른 옥기들도 있다.

 홍산문화 옥기는 사실적 표현 기법으로 조각한 것과 추상적 표현 기법으로 조각한 것이 공존한다. 짐승 형상을 예로 들면 짐승의 사실적 모습을 표현한 것과 추상화한 짐승을 표현한 것이 모두 발견되어 표현 양식을 유연하게 활용했음을 알 수 있다. 또한, 홍산문화 방형 옥기는 거의 완벽한 대칭 기법을 사용하여 이러한 표현 기법이 홍산문화 미술 양식의 한 가지였음을 보여 준다. 최근 옥을 조각하여 만든 인물상이 무덤에서 출토되어 홍산문화를 해석하는 데 새로운 단서를 제공하고 있다.

 지금까지 정식 조사된 홍산문화 옥기는 300여 점에 이르는데, 이 옥기들의 쓰임새를 분석해 보면 공구류보다는 의례용이 많음을 알 수 있다.[206]

(2) 옥기의 기원과 옥 원석 산지

 홍산문화 옥기 전통은 홍산문화 시기에 시작된 것이 아니다. 요서 지역에서 옥기가 맨 처음 나타난 시기는 흥륭와문화 시기이다. 옥기 제작은 흥륭와문화 시기에 이르러 재질 선택부터 가공 방법에 이르기까지 모든 면에서 급격히 발전했다. 흥륭와문화 시기에 개발된 이 옥기 제작 방법이 홍산문화로 이어졌다. 그리고 홍산문화의 옥기 제작 전통은 뒤이은 소하연문화와 초기 청동기시대 문화인 하가점하층문화로 이어졌다. 이러한 계승성을 고려하면 요서 지역에서 옥기 전통은 초기 신석기시대부터 단절 없이 이어졌다고 보아야 하며, 이 지역 문화의 가장 중요한 전통 중 하나가 되었다고 할 수 있다. 소하서문화 시기에 작은 옥돌을 가공하여 간단한 장

---

206) 지금까지 정식 조사되어 수습된 홍산 옥기는 공식적으로 중국 외부에서 전시된 적이 없다.

흥륭와문화 출토 옥결[207)]

사해유적 출토 옥결[208)]

홍산문화 출토 옥결[209)]

식품을 만드는 것으로부터 시작된 요서 지역 옥기문화는 홍산문화 시기에 이르러 전성기를 이루었다.

홍산문화 시기에 옥기는 단순한 장식품부터 각종 짐승 모습과 추상적인 이미지에 이르기까지 자유자재로 제작할 수 있는 수준에 이르렀다. 옥기 제작에 관한 관심은 홍산문화 사람들이 많은 것을 변화시키는 충분한 기반이 되었다.

그런데 여기서 한 가지 매우 중요한 사실이 있다. 옥기 문화가 번창한 이 지역에서는 질 좋은 옥이 나지 않는다는 점을 짚고 넘어가야 한다.

---

207) 遼寧省考古硏究所主編,《遼寧省文物考古硏究所藏文物精華》, 科學出版社, 2012年.

208) 國家文物局, 中華人民共和國科學技術部, 遼寧省人民政府 編,《遼河尋根 文明溯源》, 文物出版社, 2011

209) 遼寧省考古硏究所主編,《遼寧省文物考古硏究所藏文物精華》, 科學出版社, 2012年.

옥기 재료인 옥 원석은 어디에서 왔을까? 홍산문화 옥기에 사용된 원석 산지에 관해서는 여러 설이 있으며, 교역을 통해 원석을 수입했다고 보고 있다. 그동안 홍산문화 옥은 요령성 수암(岫岩)에서 수입했다는 것이 주류 학설이었는데, 최근 북경대학교 지질학과에서 홍산 옥기와 수암 일대 옥을 비교 조사하여 홍산 옥기의 옥 원석이 수암산임을 확인했다.[210)]

이와는 달리 요령성 관전(寬甸) 지방 옥을 사용했다는 주장도 제기되었다.[211)] 이처럼 요령성 동부에서 옥 원석을 가져다 썼다는 학설이 대세인데, 최근 곽대순이 바이칼호 주변에서 가져왔다는 새로운 견해를 제기했다. 곽대순은 홍산문화 옥기 색조가 바이칼호 부근에서 나는 옥과 비슷하고 홍산문화 분포 범위가 그간 알려져 온 것보다 북쪽으로 더 확장되고 있다는 사실을 들어 바이칼호 부근에서 옥 원석을 가져왔을 것이라고 추론했다.[212)]

곽대순의 견해는 지금까지 알려진 홍산문화 옥기의 원산지에 새로운 지역이 포함될 수도 있음을 말해 주는 동시에 홍산문화와 북방 지역 문화 관계에 대해서도 새로운 견해를 제시한 것으로 볼 수 있다.[213)]

지금까지 제기된 견해들을 종합하여 홍산문화 옥기를 분석한 결과는

---

210) 王時麒 等,《中國岫岩玉》, 科學出版社, 2007年.

211) 聞廠,〈中國古玉硏究的新進展〉,《中國寶玉石》1991年 4期.

212) 郭大順,《紅山文化》, 文物出版社, 2005年. 137쪽.

213) 곽대순의 주장은 꼼꼼한 검토가 필요하다. 그 이유는 바이칼 지역과 홍산문화 지역의 거리를 고려해 봐야 하기 때문이다. 그리고 바이칼 지역과 홍산문화 지역에 사이에 문화 양상도 고려해 봐야 하는 측면도 있다. 이런 여러 문제를 고려해 볼 때 곽대순의 견해는 다시 검토할 필요가 있다. 등총의 주장도 이와 비슷하다. 필자의 견해로는 동의하기 어렵다. 그 이유는 홍산문화 지역과 바이칼 지역은 너무 멀리 떨어져 있고, 지금까지는 그 중간에 이와 관련한 유적들이 발견되지 않고 있기 때문이다.
참조: 복기대,《몽골 동부지역의 고대문화를 찾아서》, 주류성, 2016년.
　　　복기대 · 송호정,《동북아시아 묘제연구》, 주류성, 2016년.

홍산문화 옥기에 사용된 옥에는 수암계와 바이칼계가 모두 존재한다는 것이다. 수암옥은 황록색이고, 바이칼호 옥은 백색과 백록색 계통으로 투명도가 높다는 것이 분류 근거로 활용되었다.

또 다른 연구에 따르면 홍산문화 사람들은 옥 산지에 따라 다른 옥기를 만들었는데, 수암옥으로는 주로 짐승 모양 옥기나 추상적인 장식품을 만들었고, 바이칼호 옥으로는 주로 기하학적 장식품을 만들었다고 한다. 바이칼호 옥으로 만든 옥기는 길림성과 흑룡강 유역 옥기와 유사하다는 연구 결과도 발표되었는데,[214] 이는 홍산문화 옥기를 연구하는 데 매우 새로운 견해인 것만은 분명하다.[215]

이 견해들의 공통점은 홍산 옥기의 원재료가 외지에서 들어왔다는 것이다.[216] 그렇다면 옥 원석은 어떤 형태로 수입되었을까? 생산지에서 반제품 형태로 들여왔다는 견해도 있고, 옥석인지 확인하고 가져왔다는 견

---

214) 鄧聰·劉國祥, 〈牛河梁遺址出土玉器技術初探〉, 《牛河梁: 紅山文化遺址發掘報告書(1983-2003年) 中編》, 遼寧省文物考古硏究所 編著, 文物出版社, 2012年; 員雪梅·李國彪·蔡克勒·趙朝洪·莫多聞·朱達, 〈牛河梁紅山文化遺址石料硏究〉, 《牛河梁: 紅山文化遺址發掘報告書(1983-2003年) 中編》, 遼寧省文物考古硏究所 編著, 文物出版社, 2012年.

215) 흑룡강 유역 또는 길림성 출토 옥기와 유사한 특징이 보인다고 해서 곧바로 바이칼호와 결부시키는 것은 문제가 있다고 본다.

216) 많은 학자가 홍산문화 옥기 원석은 외부에서 들여왔다는 견해를 그대로 수용하는데, 글쓴이가 1997년 적봉 지역을 답사했을 때 어느 민가에서 연푸른빛 옥 원석과 붉은색 돌을 주워다 집안에 전시해 놓은 것을 보았다. 집주인이 집 근처에 그런 돌이 많다고 하여 확인해 본 결과 옥석의 잔 부스러기가 많이 있었다. 이로 미루어 보면 홍산문화 분포 지역에서도 옥이 산출되었을 가능성이 있다. 다만 옥이 점점 귀해져서 수암이나 바이칼호 일대에서 새로운 옥 산지를 찾은 것이 아닌가 한다. 직접 그 지역에 가서 옥 원석을 가져왔는지, 중계를 거쳤는지는 연구가 필요하지만, 글쓴이 생각에 옥은 중계지를 거친 교역품이었던 듯하다. 직접 왕래했다면 상대 지역에서 유사한 기물이 많이 발견되어야 하는데, 그렇지 않는 것은 중계지가 있었을 가능성을 시사한다.

해도 있다.217) 반제품으로 들여왔다는 견해가 제기된 것은 옥 원석으로 보이는 것들이 대부분 깨져 있거나 반제품으로 남은 것이 많기 때문이다. 글쓴이는 원석 확인 후에 들여온 것으로 추정한다. 만약 반제품으로 들여왔다면 수암 일대 옥기들 중에서 홍산문화 옥기와 유사한 것들이 발견되어야 하는데 실제로는 전혀 그렇지 않기 때문이다. 더욱이 옥은 조약돌 속에 들어 있기 때문에 깨뜨려 보지 않고는 옥이 들어 있는지 쉽게 알 수가 없다. 따라서 일부를 깨뜨려서 확인한 다음 가져왔을 것으로 본다.218)

(3) 옥기 가공

홍산문화 옥기 가공 기술은 정밀함의 정도가 오늘날 정밀기계를 사용한 것 이상이라고 한다. 이러한 옥기 제작 기술에는 당시 과학 기술과 경험이 집대성되었다고 추측할 수 있다. 홍산문화 사람들은 정원(正圓) 및 오각형 작도법과 완벽한 대칭을 구현하는 방법을 알고 있었다. 대칭 구조를 갖는 옥기가 많고 질그릇 형태가 한쪽으로 쏠리거나 이지러지지 않은 것 등이 증거가 된다. 대칭 구조를 구현하기 위해서는 먼저 설계도를 작성하고 설계도

홍산문화 오각형 그릇 뚜껑219)

홍산문화 오각형 도판220)

---

217) 鄧聰·劉國祥,〈牛河梁遺址出土玉器技術初探〉,《牛河梁: 紅山文化遺址發掘報告書 (1983-2003年) 中編》, 遼寧省文物考古硏究所 編著, 文物出版社, 2012年, 532쪽.

218) 글쓴이는 객좌현 동산취 유적에서 반으로 깨졌거나 한쪽이 깨진 돌을 많이 보았다. 깨진 돌은 결마다 질이 달랐다. 홍산문화 장인들도 이런 식으로 돌을 깨뜨려 옥이 들었는지 확인했을 듯하다.

홍산문화 별도끼[221)]

홍산문화 옥봉황상[222)]

제작된 옥기들은 대부분 비율이 맞는다.

에 따라 제작했을 것이다.

　옥기를 만드는 과정은 몇 단계로 나뉜다. 간단한 단품을 제작하는 과정은 원석을 갈고 광을 내는 작업으로 마무리되지만, 옥을 세밀하게 조각하는 경우에는 좀 더 복잡한 단계를 거치며 여러 가지 제작 기술이 조합된다. 이러한 제작 과정은 다음 표를 보면 확연히 알 수 있다.

---

219) 遼寧省文物硏究所, 《牛河梁: 紅山文化遺址發掘報告(1983-2003年) 下編》, 文物出版社, 2012年.

220) 遼寧省文物硏究所, 《牛河梁: 紅山文化遺址發掘報告(1983-2003年) 下編》, 文物出版社, 2012年.

221) 國家文物局, 中華人民共和國科學技術部, 遼寧省人民政府 編, 《遼河尋根 文明溯源》, 文物出版社, 2011年.

222) 遼寧省考古研究所主編, 《遼寧省文物考古研究所藏文物精華》, 科學出版社, 2012年.

I		II		
단품(옥 재료 분리 불가)		조립품(옥 재료 분리 가능)		
Ia	Ib	IIa	IIb	IIc
주요기술: 숫돌연마·광택 강자갈 옥재료 ↓ 소재 ↓ 옥기1 ↓	주요기술: 모래줄절단·톱날절단·숫돌연마·관뚫기·광택 강자갈 옥재료 주요소재 / 이차소재 ↓ ↓ 옥기2 옥기3	주요기술: 톱날절단·숫돌연마·광택 강자갈 옥재료 ↓ 편상소재 IIa-1, IIa-2 ↓ 옥기4 / 주요소재 / 이차소재 ↓ ↓ 옥기5 옥기6	주요기술: 모래줄절단·숫돌연마·광택 강자갈 옥재료 ↓ 휘어진소재 주요소재 / 이차소재 ↓ ↓ 옥기7 옥기8	주요기술: 톱날절단·숫돌연마·광택 강자갈 옥재료 ↓ 선형소재 ↓ 옥기8 기타
옥인 거북이 껍질	사구통형관 테두리(箍) 결(玦)모양용	대나무 마디모양 구슬(?)	굽은 구름양 옥기 추	옥환(环) 벽(璧) 쌍련벽(双联璧) 짐승얼굴 장식구 빗 무늬 도끼무늬	구슬꿰미(?)	팔 장식구	(?)	몽둥이 모양 옥기 매미 모양 옥기(?)

홍산문화 옥기 제작 공정[223]

---

[223] 遼寧省文物研究所, 《牛河梁: 紅山文化遺址發掘報告(1983-2003年) 中編》, 文物出版社, 2012年.

홍산문화 옥기에는 전 시대인 흥륭와문화나 조보구문화 옥기에서 보기 어려운 고난도 기술들이 사용되었는데, 이것은 아마도 금속 성분을 활용할 줄 알았기 때문에 가능했을 듯하다. 옥을 자르고 섬세하게 가공하는 과정에는 거친 모래를 붙인 끈을 실톱처럼 사용했을 것으로 추측된다. 질긴 재질로 된 끈에 접착제를 발라 모래에 넣어서 흔들면 쇳가루가 붙는다. 쇳가루를 묻힌 끈을 실톱이나 줄처럼 써서 옥을 쓸면 웬만한 옥은 모두 잘린다. 이러한 기술은 석기 만드는 기술을 응용한 것일 가능성이 있다. 이처럼 홍산문화 시기에는 전통 기술을 옥기 제작에 응용하여 옥기가 그 전대에 비해 놀라운 발전을 하게 된 듯하다.

반랍산 옥기

기원전 40~30세기경 동아시아에서 옥문화가 가장 발달한 지역은 홍산문화 지역과 장강 하류 유역의 양저문화 지역이다. 일부 황하 상류 유역과 중류 유역에서도 옥기가 발견되었지만 발견된 양이 아주 미미하고, 그 양식이 외부에서 온 것으로 보이는 것들이 대부분으로 이 지역에서 제작한 옥기가 아닐 가능성이 있다.

비슷한 시기에 옥 문화가 발달한 홍산문화 지역과 양저문화 지역, 황하 중류 유역의 옥기 특징을 비교해 보자.

양저문화 옥기는 사실적이거나 구체적이기보다는 추상성과 상징성이 강하다. 줄무늬와 동심원 무늬가 가장 많다. 짐승 모습을 새기는 경우에도 몸통에 여러 가지 무늬를 새기는 경우가 많다. 옥기 크기도 홍산문화 옥기보다 크다. 황하 중류 유역 옥기에는 앙소문화 옥기가 있지만 발견 사례가 매우 적다. 앙소문화 옥기는 생물의 형태보다는 원반 형태처럼 기하학적이거나 인공적으로 디자인된 형태를 보인다.

5) 사람상

홍산문화 유물에는 다른 문화 유물에 비해 눈에 띄게 사람 관련 유물이 많다. 사람상은 흙으로 만든 것부터 돌로 만든 것, 옥으로 만든 것, 도기 형태로 만든 것 등 매우 다양하다. 홍산문화에서 유독 사람상을 많이 만든 이유는 의미 있는 탐구 주제이므로 먼저 지금까지 발견된 사람상을 종류별, 출토지별로 분석해 보기로 하자.

맨 처음 발견된 홍산문화 사람상은 1982년 동산취 유적 발굴 과정에서 발견된 임부상과 나부상 등 여성 소조상이다. 이때부터 홍산문화 사람상이 주목을 받게 되었다. 더욱이 1980년대 후반에 우하량 유적에서 사람상 몇 구가 발견되었는데, 그중 하나는 눈에 구슬을 박았다. 이 사람상으로

적봉 박물관 소장

인해 홍산문화와 우하량 유적은 일약 세계적인 유명세를 탔다. 그 후로도 사람상은 꾸준히 발견되었다. 최근 오한기 흥륭구 유적에서 발견된 도인상(陶人像)은 홍산문화 연구에 다시금 활력을 불어넣었다.

홍산문화 사람상은 여러 형태이며, 재질도 흙, 돌, 옥 등으로 매우 다양하지만 대부분 흙으로 만

우하량 5지점 나부상[224)]

들었다. 사람상이 발견된 장소도 모두 달라 제사 유적과 무덤, 집자리 안에서도 발견된다.

우하량 1지점 여신묘 출토 '여신상'[225)]

우하량 3지점 얼굴상[226)]

---

224) 遼寧省考古硏究所主編,《遼寧省文物考古硏究所藏文物精華》, 科學出版社, 2012年.
225) 遼寧省考古硏究所主編,《遼寧省文物考古硏究所藏文物精華》, 科學出版社, 2012年.
226) 遼寧省考古硏究所主編,《遼寧省文物考古硏究所藏文物精華》, 科學出版社, 2012年.

초모산 석인 정면

사람 얼굴 새김상(오한기 박물관 소장)

동산취 나부상[227]

우하량 16지점 4호 무덤 옥인상[228]

---

227) 遼寧省考古研究所主編,《遼寧省文物考古研究所藏文物精華》, 科學出版社, 2012年.
228) 遼寧省考古研究所主編,《遼寧省文物考古研究所藏文物精華》, 科學出版社, 2012年.

도인상(오한기 박물관 소장)　　　　　부부상 (오한기 박물관 소장)

무릎 꿇은 석인상(옹우특기 출토)

제사 유적 중 우하량 1호 유적인 여신묘에서는 각기 비율이 다른 신체 일부가 여러 개 출토되었다. 여신묘 유적에서 발견된 것은 모두 소조상이다. 이 조각들을 보면 크기가 다른 소조상이 여럿이었을 것이다. 소조상은 실제 사람보다 큰 것도 있고 작은 것도 있어 크기가 매우 다양하다. 이 중 가장 유명한 소조상은 '여신상'이다 여신상은 얼굴이 둥글고 광대뼈가 나왔다. 눈은 움푹 들어갔고 코는 주먹코이다. 입술이 두툼하고 바라졌다. 푸른 구슬을 박아 눈알을 표현했다.[229] 원래 얼굴을 붉게 칠했으나 지금은 거의 다 벗겨졌다. 머리에는 관을 쓴 흔적이 있다.

동산취 유적에서도 여성 소조상 두 구가 발견되었는데, 무덤에서 한 구, 건물 터(아마도 제단 터)에서 한 구가 발견되었다. 이 중 하나는 임신한 여성을 표현한 소조상이다.

적봉 오한기 초모산 유적에서 발견된 석인상은 매우 이채롭다. 이 석인상은 조각 정밀도에서 현대 조각과 큰 차이가 없다고 한다. 특히 얼굴 표정은 보는 각도에 따라 다른 느낌을 자아내는데, 정면에서 보면 살짝 머금은 미소가 매우 예술적이다. 어떤 공구로 조각했는지는 아직 분명히 밝혀지지 않았으나 당시 조각 기술이 매우 뛰어난 것은 분명하다.

우하량 N16 M4에서는 옥인상이 발견되었다. 이 옥인상은 피장자의 허리 부분에서 발견되었다. 외관으로는 남녀 성별 구분이 쉽지 않다. 크기는 길이 18.50cm, 두께 2.34cm, 머리 너비 4.42cm, 몸통 너비 4.40cm, 발 너비 2.88cm이다. 이마와 머리가 명확히 구분되어 있고 이목구비가 뚜렷하다. 전체 비례를 볼 때 머리가 크고 가슴과 배 부분은 짧으며 다리가 길다. 상체와 하체로 나눈다면 상체가 하체에 비하여 크다. 눈을 감고 있으며 눈

---

229) 이 소조상은 눈알로 구슬을 박은 것 때문에 '여신상'이라는 이름이 붙었다.

매가 길다. 어깨가 좁고 가슴 가운데가 솟아오른 반면 배는 작게 표현되었다. 하체는 골을 파서 가랑이를 표현한 정도로 간략히 처리했다.

훙륭구 도인상은 특이하게 주거지에서 발견되었다. 붉은 진흙질 소조상으로, 결가부좌 자세를 한 좌상이다. 얼굴은 눈을 크게 뜨고 입을 벌려 말을 하거나 소리를 내고 있는 모습이다. 머리에 관을 썼고, 피부가 늘어진 것으로 보아 나이가 많은 사람을 모델로 한 듯하다. 이 도인상은 전체 높이 55cm, 머리 높이 22cm, 밑바닥 반지름 21cm, 허리둘레 65cm이다. 머리에 관을 썼는데, 관 아래위 가장자리에는 모자 장식이 한 바퀴 둘려 있다. 정수리 앞쪽으로 상투를 틀어 올렸다. 눈구멍이 깊고 두 눈을 동그랗게 뜬 모습이다. 눈알은 따로 빚어서 눈자위에 박아 넣었다. 눈썹 부위에 검은 안료를 발라 눈썹을 표현한 듯하다. 긴 콧마루는 곧고 넓으며 광대뼈가 높다. 입을 O자형으로 벌려 양 볼이 오목하게 파였는데, 말하고 있는 모양새다. 오른쪽 귀 일부가 손상되었으나 반원형 두 귀에 모두 구멍이 뚫려 있어 원래는 귀에 장식을 했을 가능성이 있다. 몸통은 앞으로 살짝 기울었다. 등은 약간 둥글게 굽었고 어깨가 평평한데 불거진 쇄골을 표현했다. 젖꼭지와 배꼽에 구멍을 뚫었다. 두 팔은 부서져 구체적인 모습을 알 수 없지만, 다리는 앉은 자세에서 양 다리를 구부려 발바닥이 거의 마주 닿은 모습이다.

이 인물상은 머리와 얼굴에 중점을 두었다. 얼굴을 광택 나게 갈고 머리에는 관 장식(冠飾)을 드러내 관 꼭대기 한가운데 구멍을 뚫었는데, 머릿속이 비어 있다. 이 정수리 구멍과 더불어 몸체 일곱 구멍은 실제처럼 모두 구멍을 뚫어 놓아 사실감이 있다.

최근 조양 반랍산에서도 훙륭구 도인상과 유사한 도인상이 발견되었는데, 이 상 역시 훙륭구 도인상과 유사할 것으로 본다.

최근 조양 반랍산 유적에서도 사람상이 발견되었는데, 이 상은 일반적으로 보이는 몽골리안이 아니었다. 서역인의 얼굴 모습인데 매우 특이한 예에 속한다. 이 인물상을 근거로 볼 때 홍산문화 시기 다른 지방과 인적 교류가 있었던 것으로 보인다. 이런 근거는 홍산문화가 무너지면서 일어나는 소하연문화와 관련이 있을 것으로 본다. 소하연문화의 특징에서 서쪽 문화 요소들이 많이 보이는 양상이 이해가 되는 것으로 볼 수 있다.

반랍산 유적 출토 소조상(사람의 상체 모습으로 추정됨)

우하량 대형 무덤과 제사 유적은 홍산문화 사람들의 내세관을 반영하는 것으로 볼 수 있는데, 홍산문화 유적에서 발견된 인물상들은 당시 사람들이 현세와 내세를 분명히 구별했을 가능성을 시사한다. 더욱이 천문 관측 전문가가 활동했다면 그들은 더더욱 종교와 깊이 관련되었을 것이다. 고대 사회에서 보편적으로 볼 수 있듯이 그들은 신 또는 신성한 짐승들을 숭배하고 이들과 소통하며 사람과 신 사이에서 전달자로 기능했을 것이다. 이 신성한 존재들은 인간과 가장 소통하기 쉬운 친숙한 모습, 즉 인간의 모습으로 현현했다고 믿어졌을 듯하다. 사람과 신이 같은 모습일 것이라는 생각은 고조선 건국기에도 보인다. 즉 하늘에서 내려온 사람들이 땅에 나라를 세웠다는 것은 고대인들이 신과 사람이 동일한 모습이라고 인식했음을 보여 준다.[230]

이러한 관점에서 보자면 홍산문화 사람들이 인물상을 만든 것은 종교

---

230) 구약성서에도 태초에 하나님이 자신의 모습을 본떠 최초의 사람인 아담을 창조했다고 한다.

적 측면에서 해석해야 한다. 즉, 신과 사람이 같다는 신인일체(神人一體) 관념이 있었고, 이 때문에 큰 무덤이나 제사 유적에 사람상을 껴묻은 것이다. 이러한 사실은 당시에도 선민사상이 존재했음을 시사한다. 우하량 여신묘에는 서로 다른 사람상에서 떨어져 나온 조각들이 발견되었지만 사람상이 몇 개나 되는지는 확인할 수 없다.[231]

특이한 점은 사람상이 공통적으로 모두 모자를 쓰고 있다는 점이다. 우하량 16지점 4호 무덤에서 발견된 옥인상은 옥으로 된 모자는 쓰지 않았지만, 머리에 남아 있는 흔적들을 보면 적어도 세 가지 가죽으로 만든 가죽 모자를 썼다. 이 옥인상은 뒷목덜미에 구멍이 있어 끈을 꿸 수 있도록 되어 있는데, 피장자의 허리춤에서 발견된 것으로 보아 끈을 꿰어 허리까지 늘어뜨렸거나 허리에 달았을 것이다. 옥인상의 크기와 뒷목덜미 구멍을 보면 이 옥기는 휴대용으로 제작된 것이 분명하다.

6) 홍산문화와 청동기 유물

최근 동아시아 고고학의 새로운 연구 과제 중 한 가지는 북방 지역 청동기시대가 언제 시작되었는가 하는 것이다. 비교적 근래까지 요서 지역 청동기시대는 하가점하층문화부터 시작되었다는 것이 공통적인 견해였다. 그러나 최근 홍산문화 후기 유적인 적봉 오한기 서태 유적과 우하량 유적에서 각각 한 점씩 청동 유물이 발견되면서 북방 청동기시대 기원이 새로운 문제로 부각되었다. 이와 더불어 거푸집으로 추정되는 유물도 발

---

231) 중국 학계는 1983년 여신묘를 처음 발견한 이래로 1983, 1984, 1985년 세 차례 시굴했다. 그러나 1985년 남실(南室)만 전면 발굴하고, 나머지 지역은 발굴을 중단했다. 본실(本室)을 완전 발굴한다면 어떤 상황이 전개될지 예측하기 어렵다.

견되었다. 이 유물들을 근거로 현재 요서 지역이 홍산문화 후기에 이미 청동기시대에 진입했다는 견해도 제기되고 있다. 이러한 견해에 대한 학자들의 의견은 조금씩 차이는 있지만 긍정적으로 검토해 볼 만한 사안이라고 생각한다.

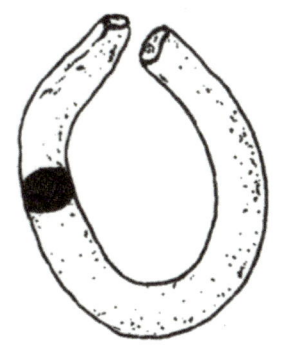

우하량 4호묘 출토 구리 귀고리 [233]

물론 청동기시대 개념을 청동기를 사용했다는 사실과 청동기를 제작했다는 사실 중 어느 쪽을 기준으로 하여 정의할 것인지도 해결할 문제로 남아 있다.[232] 그러나 청동기시대 시작을 청동기 제조가 가능한 시점으로 본다면 홍산문화 유적에서 발견된 청동 유물들을 긍정적으로 검토해야 한다고 생각한다.

우하량과 서태 유적에서 발견된 청동 유물 두 점의 내용은 대략 다음과 같다. 우하량 2지점 4호 돌무지무덤 1호에서 거푸집과 작은 구리 고리가 출토되었다. 전산자(前山子) 유적 정상부 퇴적층에서는 거푸집 조각이 대량으로 발견되었다.[234] 1987년 내몽고 오한기 서태 유적 홍산문화 집자리 퇴적층에서도 직사각형 질그릇 거푸집 합범 두 점이 발견되었는데, 길이는 각각 3.6cm, 2.5cm이다. 이 거푸집들은 지금까지 중국 경내에서 발견된 것 중 가장 오래된 거푸집이다.[235] 간단하지만 청동기를 주조한 거

---

232) 글쓴이는 청동기시대 시작은 청동기를 제작한 시기부터라고 본다.
233) 遼寧省文物研究所,《牛河梁: 紅山文化遺址發掘報告(1983-2003年) 上編》, 文物出版社, 2012年.
234) 郭大順,〈赤峰地區早期冶銅考古隨想〉,《內蒙古文物考古論集 第一集》, 內蒙古文物考古研究所 編, 中國大百科全書出版社, 1994年.
235) 昭國田 主編,〈西台遺址〉,《敖漢文物精華》, 內蒙古文化出版社, 2004年.

푸집이 발견된 것은 분명한 사실이고, 전산자 유적과 서태 유적에서 출토된 청동 유물들이 홍산문화 시기 유물로 확인된다면 요서 지역뿐만 아니라 동아시아 청동기시대 또는 금속기 사용 시작 연대는 재고되어야 한다.

그러나 이 두 증거의 발견 과정에서 살펴보아야 할 점이 있다. 우하량 유적과 전산자 유적에서 출토된 거푸집 조각들은 무덤 정상부에서 발견되었는데, 이는 후대에 누군가가 가져다 놓은 것일 수도 있기 때문이다. 또한, 서태 유적에서 발견된 거푸집은 홍산문화 집자리 퇴적층에서 발견된 것이지만, 홍산문화 집자리가 언제 메워졌는가 하는 문제가 고려되어야 한다. 특히 서태 유적은 정확한 발굴 보고서가 나오지 않아 더더욱 확인이 필요하다. 단, 서태 유적을 발굴한 양호(楊虎)는 홍산문화 집자리가 홍산문화 시기에 메워졌다고 확신하여 주저 없이 이 거푸집을 홍산문화 유물로 추정한 듯하다. 이러한 정황을 고려할 때 홍산문화 시기에 청동기 또는 금속기가 사용되었는지에 관해서는 좀 더 신중한 접근이 필요하다고 본다.

지금까지 다양한 홍산문화 유물을 분석해 보았다. 홍산문화 유물 중 가장 많이 발견된 것은 질그릇이다. 질그릇은 실생활에 필요한 모든 종류가 발견되었다고 해도 과언이 아니다. 그 다음으로 많이 발견된 것은 옥기이며, 석기, 골기, 청동기 등은 많이 발견되지 않았다. 그러나 본 글에서 분석한 유물들이 전체 홍산문화를 대표한다고 볼 수는 없다. 홍산문화 유적이 매우 많이 확인된 것은 사실이지만, 발굴된 유적들은 시기적으로나 지역적으로 매우 제한되어 있고, 더욱이 무덤에 편중되어 발견된 유물도 종류와 내용이 매우 제한적이기 때문이다.

지금까지 연구된 홍산문화 유적과 유물은 대체로 홍산문화 후기 것들이다. 이 시기에 요서 지역에 강수량이 점차 증가하여 자연환경이 살기 좋게 변하면서 유물 내용도 풍부해졌다고 볼 수 있다. 식물군에 교목류가 늘어나 고온의 열을 얻을 수 있게 되자 질그릇 제작 등 많은 신기술이 발전한 것으로 보인다. 특히 금속 추출과 정련은 고온의 불 기술과 관련되므로 금속 가공 기술도 더불어 발전했다고 추측할 수 있는데, 발굴된 청동기 수량이 미미하여 홍산문화 시기에 야금술이 어느 수준까지 발전했는지는 좀 더 연구가 필요하다.

IV장. 홍산문화의 기원과 관련 문화들과의 관계

1. 홍산문화의 기원

어느 문화든 고유한 특징이 이론으로 정립되어야만 독자적인 문화로 정의된다. 그리고 한 문화의 고유한 특징을 이론으로 정립하려면 그 문화의 기원을 명확히 밝히는 작업이 선행되어야 한다. 홍산문화도 마찬가지이다. 홍산문화의 기원은 어느 지역의 어떤 문화일까? 앞에서 살펴보았듯이 홍산문화는 다양한 특징을 나타낸다. 중국 학계에서는 이러한 다양성을 근거로 홍산문화의 기원을 찾고자 하는 노력이 계속되었는데, 이 가운데 몇몇 학자의 주장을 살펴보기로 한다.

양호는 홍산문화가 흥륭와문화에서 기원했다고 보았다.236) 양호의 견해는 문화

양호(사진의 중간)

---

236) 楊虎, 〈關于紅山文化的幾個問題〉, 《慶祝蘇秉琦考古學五十五年論文集》, 文物出版社, 1989年.

분포 지역, 지층 관계, 질그릇 만드는 방법과 농경을 했으리라는 점에 근거한다. 최근 장성덕의 주장도 큰 틀에서는 양호237)의 견해와 비슷한데, 구체적인 부분에서는 홍산문화를 황하 중류 유역 문화와 연결하고 있다. 이러한 견해들은 대부분 가장 중요한 부분을 놓치고 있다. 그것은 홍산문화의 특징이 통형관과 옥기, 그리고 석재를 사용한 무덤들이라는 것이다. 그렇기 때문에 이런 요소들이 있는 문화에서 그 연관성을 찾아야 하는 것이다. 이런 연관성은 중원지역보다는 홍산문화 분포지역에서 찾아보는 것이 오히려 합리적이라 볼 수 있다. 그러므로 이 지역에서 홍산문화보다 앞선 시기의 문화들이 어떤 맥락으로 이어졌는지 알아볼 필요가 있다. 다소 장황하더라도 흥륭와문화와 조보구문화에 대한 개요를 알아보기로 한다.

1) 흥륭와문화(興隆窪文化)

흥륭와문화는 지금까지 발견된 동북아시아에서 확인된 문화 중 가장 이른 문화이자 문화 요소가 다양하게 확인된 문화이다. 그러므로 이 문화에서에 대해서는 구체적으로 이해를 할 필요가 있다.

흥륭와문화(興隆窪文化)는 기원전 6,200년부터 기원전 5,200년경까지 1,000여 년간 지속되었던 초기 신석기 문화로 그 분포 범위는 중국 요녕성 서부와 내몽고자치구 동남부에 걸쳐 있다.

흥륭와문화는 소하서문화와 마찬가지로 요서 지역의 초기 신석기시대 문화로서, 요서 지역 이외에 주변 지역의 선사시대 문화 형성에도 중요한 영향을 끼쳤다. 흥륭와문화는 초기에 사해(査海) 유적과 흥륭와 유적 등이

---

237) 楊虎, 「關于紅山文化的幾個問題」, 『慶祝蘇秉琦考古學五十五年論文集』, 文物出版社, 1989年, 225쪽.

흥륭와유적 표시도

발견되었을 때 각각 '사해문화', '흥륭와문화' 등으로 따로 명명되었다가, 연구 과정에서 두 유적 간 상호 유사성이 제기되어 '사해·흥륭와문화'로 불리기도 하였다. 하지만 최근 중국 학자들은 '흥륭와문화'로 통일된 명칭을 사용하고 있다. 흥륭와문화 유적의 발굴 과정을 살펴보면 다음과 같다.

흥륭와문화라는 명칭은 흥륭와 유적에서 가져온 것으로 흥륭와문화가 처음 발견된 것은 1982년이다. 그해 가을과 겨울에 걸쳐 오한기문화국과 중국 사회과학원 고고연구소 내몽고공작대는 흥륭와촌 일대를 지표 조사하였고, 1983년부터 1986년까지 4차례, 1992년과 1993년에 2차례 발굴하여, 총 6차례의 발굴을 진행하였다. 총 발굴된 면적은 20,000m^2이며, 연대 측정 결과 상한 연대는 B.C. 6,200년이었다. 유적의 둘레에는 타원형의 환호(環濠)가 있는 것이 특징이다. 1985년에 발표된 제1차 발굴 간보에서는 연대 측정과 유물 양상 등을 바탕으로 흥륭와문화가 당시 요서 지역에서 발견된 가장 이른 시기의 신석기시대 문화라고 보았다. 또 B.C. 6,000년의 연대를 가진 주거지들이 정연하게 구획된 취락을 형성하고 있고, 취락의 주변에는 환호가 둘러져 있는 등 당시까지 발견된 문화 양상과는 다르다는 것이 강조되었다. 그 결과 정식으로 '흥륭와문화'로 명명되었다.

1982년 5월에는 요녕성 부신시(阜新市)에서 진행된 지표 조사로 사해 유적이 발견되었다. 조사 과정에서 발견된 석기와 질그릇, 그리고 취락과 무덤군을 갖춘 유적은 매우 특징적이었다. 조사자들은 이러한 문화 양상을 이전까지 발견된 적이 없는 새로운 고고학 문화로 생각하였다. 그해 가을 전 성(省)에서 이루어진 지표 조사를 보고하는 회의에서 사해 유적의 성질, 시대 및 문화 명명 등의 문제에 대한 토론이 진행되었다. 이후 손수도(孫守道) 등은 토론된 내용을 바탕으로 1983년 초에 재조사를 하였고, 이 유적이 B.C. 6,000~B.C. 5,000년의 연대를 가진 취락 유적이라는 의견을 제시하였다. 1985년 9월 소병기(苏秉琦)는 사해 유적의 출토 유물 등을 살펴본 후 흥륭와·사해문화가 홍산문화의 원류 중 하나라고 설명하였다. 이에 근거하여 흥륭와문화는 선홍산문화라는 관점이 생기게 되었다. 1994년에는 1987년, 1988년, 1990년 세 차례의 발굴 자료를 모은 간보(簡報)가 발간되었다. 2012년에는 이전의 발굴 자료와 연구를 바탕으로 정식 보고서가 발간되었다.

백음장한 유적은 1988년, 1989년, 1991년에 세 차례의 발굴이 이루어졌다. 3년 동안 발굴된 백음장한 유적의 총 면적은 7264.3m^2이다. 흥륭와문화 유구(遺構)뿐만 아니라 소하서문화, 조보구문화(趙寶溝文化), 홍산문화, 소하연문화(小河沿文化) 등 여러 문화의 유구들이 발견되었다. 그러나 대부분은 흥륭와문화의 유구들이었고, 취락을 두르는 환호 역시 흥륭와문화의 유구였다.

이미 발굴된 흥륭와문화 유적으로는 내몽고 오한기 흥륭와 유적, 임서 백음장한 유적, 극십극등기(克什克騰旗) 남태자 유적, 요령성 부신 사해 유적, 금구산(金龜山) 유적, 분와요(盆瓦窯) 유적, 동채(東寨) 유적, 서채(西寨) 유적, 오한기 흥륭구(興隆溝) 유적 제1지점, 상택(上宅) 유적 등이 있다. 하지만 발굴 후 간보나 보고서가 발간된 곳은 흥륭와, 사해, 백음장한, 남태자, 동채, 서채 유적 등인데, 보편적으로 흥륭와문화의 유적이라고 인식되는 곳은 흥륭와, 사해, 백음장한, 남태자 유적 등이다.

■ 분포 범위

흥륭와문화의 분포 범위는 북쪽으로 서랍목륜하를 넘어 내몽고 동남부인 적봉시까지, 남쪽으로는 연산산맥을 넘어 하북성 동북 지역까지 포함한다. 동으로는 의무려산, 서로는 대흥안령 산맥까지이다. 망우하(牤牛河) 상류는 흥륭와문화의 주요 분포지인데, 문화의 이름이 된 흥륭와 유적 또한 망우하 상류 지역에 위치하고 있다.

흥륭와문화의 주요 유적이라고 알려진 흥륭와 유적, 사해 유적, 남태자 유적, 백음장한 유적 등은 모두 서랍목륜하, 노합하, 교래하 그리고 대릉하 유역에 분포한다. 이처럼 흥륭와문화의 분포 범위는 비교적 크기 때문에 각 지역에서 보이는 유물과 유구의 문화 양상은 일정한 차이를 보이기도 한다. 특히 서랍목륜하를 기점으로 이북과 이남 지역의 유적들 사이에는 명확한 차이가 있다. 우선 서랍목륜하 이남 지역에 위치한 교래하 상류의 흥륭와 유적 그리고 대릉하 상류의 사해 유적은 서로 멀지 않은 곳에 위치하기 때문에 문화 양상에 공통점이 많다. 한편 서랍목륜하 상류의 북부 지역에 위치하고 있는 백음장한과 남태자 유적의 문화 양상 또한 기본적으로 일치한다. 그러나 서랍목륜하 이남 지역(흥륭와 유적, 사해 유적)과 이북

흥륭와문화 분포도

지역(백음장한 유적, 남태자 유적)의 유적들 사이에는 큰 차이가 존재한다.

현재 적봉 지역 내에서 발견된 흥륭와문화 유적은 107곳인데, 위의 유적들 외의 100여 곳은 지표 조사만 된 상태이며, 제대로 된 보고서나 목록이 나오지 않은 상황이다. 적봉 지역 이외에도 내몽고 동남부, 요령성 서부, 하북성 동북부에서 흥륭와문화 유적들이 지표 조사되었는데, 소하서문화 유적들과 마찬가지로 목록이 정리되지 않아 자세한 양상을 파악하기 어렵다.

■ 연대

현재 발표된 흥륭와문화의 절대 연대는 14건이다(흥륭구 유적 제외). 모두 탄소 연대 측정법으로 측정되었다. 연대 측정 결과를 종합해 보면 흥륭와문화의 연대 범위는 B.C. 6,200~B.C. 5,200년이다.

■ 흥륭와문화의 요소들

• 취락

흥륭와문화에서 가장 먼저 눈에 띄는 특징은 큰 원형 환호(環濠)를 두른 취락이라고 할 수 있는데, 흥륭와 유적, 사해 유적, 백음장한 유적에서

흥륭와 취락 유적 전경

사해 유적 평면도

환호 취락이 발견된다. 흥륭와·사해 유적에는 하나의 환호가 하나의 취락을 두른 형태이며, 백음장한 유적의 환호는 모두 2개가 있는데, 2개의 취락을 각각의 구역으로 구분한다. 흥륭와 취락 유적에는 160여 기, 사해 취락 유적에서는 55기, 백음장한 취락 유적에서는 56기의 주거지가 발견되었다.

네 곳의 흥륭와문화 취락 유적의 주거지 배치는 모두 가지런하게 열을 지어 분포한다. 이는 흥륭와문화 취락지만의 특징적인 형태라고 할 수 있다. 이곳과 황하유역에서 발견된 앙소문화 초기의 '취심분포(聚心分布)' 형식과는 매우 다른 것이다.

• 무덤

흥륭와문화의 무덤은 주거지에 비해 많이 발견되지 않았다. 흥륭와 유적, 사해 유적, 백음장한 유적에서 무덤 유구들이 발견되었으며, 남태자 유적에서는 발견되지 않았다. 흥륭와 유적에서는 30여 기, 사해 유적에서는 16기, 백음장한 유적에서는 17기의 무덤이 발견되었다.

흥륭와문화의 무덤 양식은 서랍목륜하를 기점으로 그 이남 지역과 이

북 지역이 크게 차이가 나는데, 이남 지역의 흥륭와 유적, 사해 유적은 수혈토광묘(竪穴土壙墓)가 주로 발견되며, 이북 지역의 백음장한 유적에서는 돌을 사용한 무덤이 주로 발견된다. 두 지역 무덤의 형태를 세분하면 주거지 안 토광묘(거실묘)와 주거지 밖 토광묘, 석관묘, 적석토광묘의 네 가지로 나뉜다.

이 문화의 무덤에서 최초의 순장된 돼지가 발견되었다. 또한 옥기가 부장된것도 확인이 되었다.

■ 유물
• 질그릇

흥륭와문화 질그릇은 대부분이 협사질그릇(夾沙土器)인데, 그중에서도 바탕흙의 질에 따라 크게 두 가지로 구분된다. 첫 번째는 조립질(粗粒質)의 모래질토이다. 이 토질을 이용하여 만든 통형관은 기벽이 두껍고 무겁다. 기본적으로 홍갈색과 황갈색을 띠며 시기가 뒤로 가면서 회흑색을 띠는 것이 자주 나타난다. 바탕흙 내에 금색 운모 입자를 함유하고 있기도 하다. 두 번째는 세립질(細粒質)의 모래질토이다. 질그릇 표면은 회색, 회흑색을 띤다. 기벽은 조립질에 비해 단단하다. 기형으로는 통형관, 발(鉢), 배(杯) 등이 있고, 중소형 관도 있다. 흥륭와문화에서 세립질의 진흙질 질그릇은 아직 보이지 않지만, 마연을 하여 표면이 매끄럽고 광이 나는 질그릇들이 있는 것이 특징이다.

흥륭와문화에서 보이는 질그릇 기종은 대부분 통형관이다. 대다수의 통형관이 윤적법(輪積法)이나 권상법(卷上法)을 사용하여 제작되었으며, 저부(底部)는 따로 만들어서 연결시켰다. 발류(鉢類)의 수량은 적지만 통형관에 비해 정교하게 제작되었다. 기종이 많지 않은 것에 비해 질그릇에 새

흥륭와문화 질그릇

긴 문양은 다양하고 세밀하다. 통형관의 문양은 시기가 뒤로 갈수록 더욱 발전하는데, 이른 시기에는 문양을 새기지 않거나 질그릇 일부에 새기는 형태를 띠다가 늦은 시기에는 문양을 질그릇 전체에 새기는 양상으로 변화한다. 시문 방법으로는 압획(壓劃), 압인(壓印), 착인(戳印) 등이 있다. 질그릇에 새긴 문양은 대체로 2종류 이상의 문양 대(帶)로 구성되는데, 일반적으로 구연 아래에 새기고, 복부나 하단부에도 새긴다. 중간에 여러 형식의 부가퇴문도 보이며, 동체부의 주체 문양도 시기에 따라 지자문(之字

文), 와점문(窩點文), 능형문(菱形文), 인자문(人字文), 평행사선문, 교차문, 망상문(网狀文) 등이 있다. 통형관의 형태는 높이가 높은 것에서 낮은 것으로, 구연부가 얇은 방순(方盾) 혹은 원순(圓盾)에서 두터운 이중구연으로 변한다.

• 옥기

흥륭와문화의 옥기는 동아시아에서 발견된 가장 이른 시기의 것이다. 옥기는 흥륭와 유적, 사해 유적, 백음장한 유적 등에서 발견되었다. 옥기 제작에 쓰인 옥의 색은 담녹색, 황록색, 유백색 혹은 옅은 백색이다. 발견된 옥기는 옥결이 가장 많다. 옥결은 귀걸이 장식이라고 추정되는데, 무덤에서 출토된 옥결의 구체적 출토 위치가 피장자의 양쪽 귀 혹은 두개골 주변이었기 때문에 그 용도를 귀걸이로 추정한 것이다.

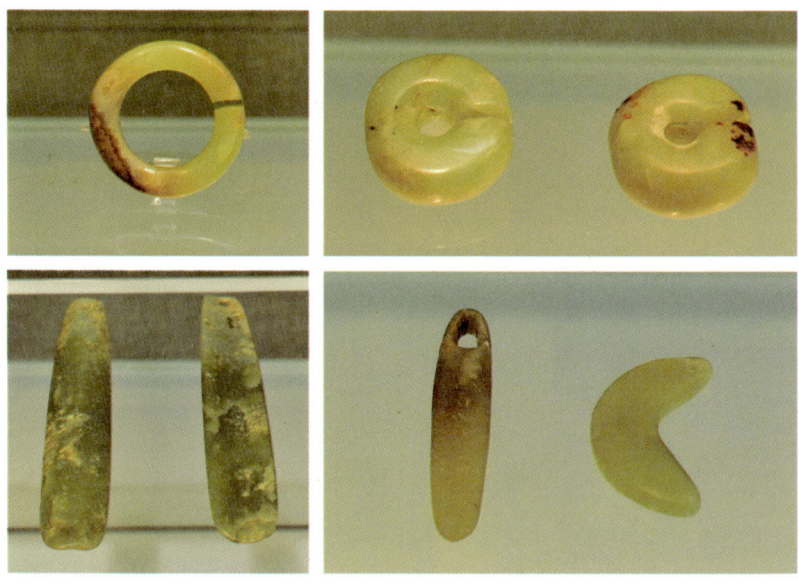

흥륭와문화 옥기

석조인상(흥륭와문화, 적봉시 임서구
서문유지 출토-적봉박물관소장)

선각석인상(흥륭와문화 유적 채집
-오한기박물관소장)

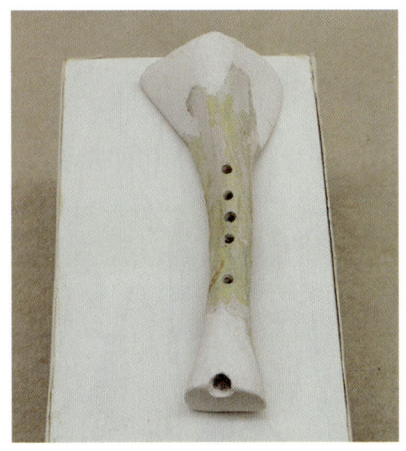
골적(흥륭와유지 출토-오한기박물관 소장)

    그리고 이 문화에서는 석인상과 새긴 사람상이 발견되었다. 이런 유물들을 볼 때 당시 사람들은 일반 생활에서 벗어나는 예술의 경지에 이른 표현을 하고 있는 것을 볼 수 있다. 뿐만 아니라 뿔로 만든 피리가 발견되었는데 이로 보아 그리는 것, 새기는 것, 그리고 음정으로 그들의 의사를 전달하는 수준의 문화로 볼 수 있다.

그러나 흥륭와문화에서 직접 홍산문화로 이어졌다고 볼 수는 없다. 두 문화 사이에는 조보구문화가 있으므로 이러한 주장들에 선뜻 동의하기가 어렵다. 조보구문화는 분포 지역이 홍산문화 분포 지역과 거의 일치하며, 연대는 홍산문화보다 앞서므로 조보구문화를 배제하고 흥륭와문화와 홍산문화를 곧바로 연결하는 데는 무리가 있다고 생각하기 때문이다. 그러므로 홍산문화와 조보구문화의 관계가 정립되지 않으면 양호와 장성덕의 주장은 성립하지 않는다.

2) 조보구문화

먼저 조보구문화에 대하여 간단하게 정리해 보면 다음과 같다.

조보구문화는 1975년 내몽고 내만기(奈曼旗) 조근포랭(鳥根包冷) 유적을 조사할 때 갈고리형 기하학적 무늬가 있는 질그릇 조각들이 확인되면서 처음 발견되었다. 당시 학자들은 이 질그릇 조각들에 별다른 관심을 기울이지 않았다. 그 후 내만기에서 남쪽으로 멀리 떨어진 하북성에서 조근포랭 유적에서 발견된 유물과 비슷한 기물이 확인되었다. 이어 1982년 중국 동북 지역 고고학계를 총지휘하던 소병기가 내몽고 오한기 소산(小山)과 조보구(趙寶溝)에서 같은 계통 무늬가 있는 갈색 질그릇을 발견했다. 소병기는 이 유물이 오한기에서 발견된 홍산문화 유물이나 당시 동시에 조사된 흥륭와문화 유물들과 달라 별도 유형으로 구분하고 '조보구 유형'이라는 이름을 붙였다.[238] 그 후 유진상(劉晉祥)이 이 문화 유형을 '조보

---

238) 蘇秉琦, 〈遼西古文化古城古國: 試論當前考古工作的重点和大課題〉, 《文物》 1986年 第8期.

조보구 유적 전경

조보구문화 분포도

중국 고고학계는 1970년대부터 중국 동북 지역에 큰 관심을 갖기 시작했다. 당시 중국 고고학계에 영향력이 컸던 소병기의 지휘하에 홍산문화가 주목을 받게 되었고, 조보구문화와 흥륭와문화도 새롭게 조명을 받으며 연구되었다.

구문화'라고 이름 지었다.239)

학자들이 주목한 조보구문화 질그릇의 특징은 다음과 같다.

바탕흙은 모래가 섞인 것이 많고 진흙은 많지 않다. 질그릇 표면색은 짙은 남색, 황갈색, 회갈색, 적갈색 순으로 많이 나타나며, 일부에서 드물게 검은 질그릇이 발견되었다. 검은 질그릇들은 바리와 사발 등 작은 질그릇이다. 질그릇을 구운 온도는 그리 높지 않고 열이 고루 전달되지 않아 질그릇 표면색이 균일하지 않다. 질그릇 표면을 대강 갈았으며 일반적으로

통형관   통형관

굽다리 접시   통형 단지

조보구문화 질그릇

---

239) 劉晉祥, 〈趙寶溝文化初論〉, 《慶祝蘇秉琦考古學五十五年論文集》, 文物出版社, 1989年.

준 　　　　　　　　　 준

준 　　　　　　　　 오리형 잔

조보구문화 각화 질그릇

조보구문화 석기

안벽이 바깥벽보다 매끄럽다.

또한, 민무늬 질그릇이 드물고, 대부분 질그릇 아가리부터 바닥까지 전체에 무늬를 새겼다. 무늬는 대부분 한 질그릇에 한 무늬를 새겨 넣었다.

한 질그릇에 무늬를 두 종류 새긴 것도 있는데, 이 경우에는 주된 무늬와 부속 무늬가 있다. 부속 무늬는 필요에 따라 흰색 안료를 썼다. 질그릇에 사용된 대표적인 무늬는 눌러 찍은 기하학적 무늬, 고리무늬, 찍은 무늬와 짐승 모양 무늬이다. 이 가운데 기하학적 무늬가 가장 많고 변이도 많다. 눌러 찍은 기하학적 무늬는 선을 교차시키는 방식이며, 몇몇은 빗금무늬이다.240)

조보구문화 질그릇 연대는 기원전 5000~4700년이다. 홍륭와문화 후기에 조보구문화 특징을 나타내는 기물들이 등장하는 것을 보면 조보구문화는 홍륭와문화를 곧바로 이어 나타난 문화일 가능성이 매우 크다.

조보구문화 석기들도 홍륭와문화 후기 석기들과 공통점이 있다. 홍륭와문화 전기 석기는 돌이 마름질된 상태에서 그대로 사용되었지만, 홍륭와문화 후기에 이르면 석기를 전체적으로 매끈하게 갈아서 만들었는데, 이러한 특징이 조보구문화 석기와 유사하다. 질그릇과 석기를 볼 때 홍륭와문화와 조보구문화는 서로 계승성이 있다고 보아야 한다.

또한, 조보구문화 유물의 특징들이 홍산문화 유물에 많이 보인다. 두 문화 유물을 비교해 보면 유사한 점이 매우 많다. 석기 중 돌삽은 조보구문화 돌삽과 홍산문화 돌삽이 구분하기 어려울 만큼 유사하다. 질그릇은 양 문화에서 준(尊) 비슷한 질그릇이 발견되었다. 내몽고 적봉시 오한기 조보구241), 소산242), 요령성 조양 소동산(小東山) 유적243) 등 조보구문화 유

---

240) 遼寧省文物考古硏究所 編,〈朝陽小東山新石器至漢代遺址發掘報告〉,《遼寧省道路建設考古報告集》, 遼寧民族出版社, 2003年.
241) 中國社會科學院考古硏究所 編,《敖漢趙寶溝: 新石器時代聚落》, 中國大百科全書出版社, 1997年.
242) 中國社會科學院考古硏究所,〈內蒙古敖漢小山遺址〉,《考古》1987年 第6期.
243) 遼寧省文物考古硏究所 編,〈朝陽小東山新石器至漢代遺址發掘報告〉,《遼寧省道路建設

적과 적봉시 오한기 서태,[244] 삼도만,[245] 서수천(西水泉),[246] 요령성 객좌 동산취와 부신 호두구[247] 등 홍산문화 유적에서 발견된 질그릇은 준과 형태가 매우 유사하다.

더욱이 조보구문화와 홍산문화는 병행 발전한 시기가 있는 것으로 보이는데, 이 부분은 뒤에서 다시 말하도록 하겠다. 홍산문화 기원에 관해 양호와 장성덕은 큰 틀에서 비슷한 주장을 하고 있는데, 장성덕이 좀 더 구체적으로 문화 발전 과정까지 설명했으므로 여기서 장성덕의 주장을 살펴보도록 하자.[248] 장성덕은 홍산문화 분기를 규정하여 홍산문화 양상을 좀 더 구체적으로 설명하고자 했다.

1) 제1기(B.P.6700~6500년 전 흥륭와 유적)

흥륭와유적 F133이 대표적이며, 연대는 지금으로부터 6700~6500년 전이다.[249] 근거는 흥륭와문화 '乙'형 그릇이 대표적이다. 이 시기에 무덤 역

考古報告集》, 遼寧民族出版社, 2003年.
244) 楊虎, 〈關于紅山文化的幾個問題〉, 《慶祝蘇秉琦考古學五十五年論文集》, 文物出版社, 1989年, 218쪽, 그림 11.
245) 遼寧省博物館·昭烏達盟·敖漢旗博物館, 〈遼寧敖漢旗小河沿三種原始文化的發現〉, 《文物》 1977年 第12期, 그림 2의 5, 그림 3.
246) 中國社會科學院考古研究所內蒙古工作隊, 〈赤峰西水泉紅山文化遺址〉, 《考古學報》 1982年 第2期. 그림 7의 9. 그림 9의 6.
247) 方殿春·劉葆華, 〈遼寧阜新胡頭溝紅山文化玉器墓的發現〉, 《文物》 1984年 第6期, 그림 6.
248) 張星德, 《紅山文化研究》, 中國社會科學出版社, 2005年.
249) 장성덕은 흥륭와 유적 제1기 1단을 홍산문화 유적층으로 보았다. 근거는 이 유적에서 최초로 홍산문화 기물과 유사한 유물이 보이기 시작한다는 것인데, 이 견해는 이미 양호가 제기한 바 있다.

시 판석묘가 시작되고 있는 것을 볼 수 있다.

2) 제2기(B.P.6500-5500년 전)

(1) 제2기 1단(B.P.6500-6000년 전)

백음장한 유적 BF47, BF56, BH1이 대표적이다. 석기는 '亞'자형 돌삽이 많다.

이 시기 질그릇에는 굵은 모래가 많이 섞인 검은색 계통 갈색 질그릇이 많다. 그 다음으로는 황갈색 질그릇이 많으며, 많지는 않지만 흑갈색과 홍갈색 진흙질 질그릇도 있다. 질그릇 종류는 통형 단지(筒形罐)가 주를 이루며, 작은 사발, 접시, 대접 등이 있다. 무늬는 之자 무늬와 기하학적 무늬가 많고, 빗금무늬도 있다. 질그릇 바닥에는 편직무늬가 있다.

질그릇의 기본 형태는 조보구문화와 비슷하지만 다른 점이 나타나기 시작한다. 질그릇이 매우 얇아지고 검은 질그릇들이 나타난다. 기하학적 무늬가 상대적으로 감소하며, 빗금무늬와 질그릇 바닥의 편직무늬가 새롭게 나타난다. 이같이 변화된 요소들은 명백히 홍산문화 요소이다. 제2기에 나타나는 '갑'형과 '을'형[250]을 비교하면 '을형'이 연대가 조금 늦어 지금으로부터 6500~6000년 전이며, 후강(後崗) 1기 문화와 연대가 같다.

楊虎, 〈關于紅山文化的幾個問題〉, 《慶祝蘇秉琦考古學五十五年論文集》, 文物出版社, 1989年, 217쪽 그림 1.

250) 중국 학계에서는 문화 원형을 '갑형', 원형과 다른 형은 '을형'으로 구분하기도 한다. 을형은 원형 문화와 그것을 계승한 후대 문화의 기원을 설명하는 과정에서 편의상 도입하는 개념이다.

(2) 제2기 2단(B.P 6000-5500년 전)

적봉 서수천 유형과 같은 시기이다. 홍산문화 중기에 속한다. 질그릇은 여전히 모래질 질그릇이 많고 진흙질 질그릇이 적다. 질그릇 표면에 고운 진흙을 한 겹 발랐다. 통형 단지는 아가리가 커지고 바닥이 좁아져 그릇 외벽이 사선으로 줄어든다. 之자 무늬는 대부분 세로로 줄을 이룬다. 무늬는 눌러 찍기로 새겼다. 띠 몇 개가 한 조를 이룬 형태가 많으나, 특별한 규칙은 보이지 않는다. 아가리 부분에는 손톱으로 눌러 찍은 대칭적 꼭지 무늬들이 있다.

집 안 아궁이는 표주박형이며 비교적 깊다. 오한기 삼도만 유적이 여기에 속한다. 연대는 지금으로부터 6000~5500년 전으로, 묘저구문화(廟底溝文化) 단계이다.

3) 제3기(B.P.5500-5000년 전)

이 시기 질그릇은 모래질 질그릇에 진흙을 덧바르지 않았다. 동시에 질그릇 표면을 깨끗이 다듬지 않아 매우 거칠고 무늬가 없다. 드물게 무늬를 그린 후 다시 다듬은 것도 있다. 아가리에 가는 가장자리 장식(花邊)으로 진흙 끈을 두른 흔적이 있거나 배에 꽃 모양 꼭지를 만든 것도 있다. 어깨와 아가리가 꺾인 단지가 많다(BT380②:2, AH53:32). 다리가 4개 또는 3개 달린 솥도 있다. 이러한 종류의 유물은 후기 유적인 우하량과 동산취 유적에서는 나타나지 않는다.

BT380 2층에서 수습된 질그릇은 민무늬 질그릇이 90퍼센트, 之자 무늬 질그릇이 0.35퍼센트, 꼭지무늬 질그릇이 5.19퍼센트를 차지한다. 동시에 진흙질 질그릇이 두드러지게 증가한다. 이러한 특징들로 보아 이 유적은 우하량보다 시기가 늦다. 요령성 부신 호두구 묘지와 객좌 동산취 유적이 여기에 속한다. 연대는 지금으로부터 5500~5000년 전이다. 황하 중류 유역 문화는 앙소문화 반파(半坡) 시기이다.

　우하량 유적 초기에 발견된 검은 평행선 무늬는 삼도만 유적의 채도 도안과 상통한다. 질그릇 형태 역시 곧은 아가리에 꺾인 배 모양이 비슷하다. 따라서 삼도만 유적과 우하량 유적은 시기가 같다고 볼 수 있다. 우하량 후기 유적의 겹세모무늬, 아가리에 새긴 무늬, 가는 동심원 무늬는 동산취 유적 채도와 비슷하고, 호두구 묘지 유물과도 유사하다. 우하량 유적, 동산취 유적, 호두구 유적에서 발견된 외벽 경사가 급한 통형 단지는 모두 형식이 같다. 또한, 돌판으로 만든 호두구 묘지 유적의 돌널과 돌덩이로 돌널을 만들고 돌판을 깐 우하량 제3기 유적의 방식은 기본적으로 같은 형식이다. 이러한 특징들을 볼 때 호두구, 동산취, 우하량 후기 유적은 시기가 거의 같다고 할 수 있다.

　앞에서 언급했듯이 장성덕은 홍산문화의 기원이 조보구문화가 아니라 흥륭와문화이며, 전형적인 홍산문화는 후강1기문화와 관련 있다고 보았다.

　필자도 기본적으로 홍산문화는 흥륭와문화와 관련이 있다고 본다. 그런데 그의 주된 주장인 후강1기 문화와 관련 있다는 것에 대하여는 다시 검토해 봐야 한다고 생각한다. 장성덕의 견해는 몇 가지 유물이 비슷하다고 하여 문화 전체가 비슷하다는 결론으로 몰아간 경향이 있다. 그는 질그릇 몇 점의 형태와 무늬를 증거로 들어 후강1기문화와 홍산문화를 연결함으로써 홍산문화가 황하 중류 유역 문화 영향을 받았다고 설명했다. 이러한 장성덕의 논리 전개는 지역 간 문화 교류 가능성을 전혀 고려하지 않은 것이다. 그의 논리는 예컨대 "중국에 한국 A 브랜드를 단 휴대폰이 매우 많

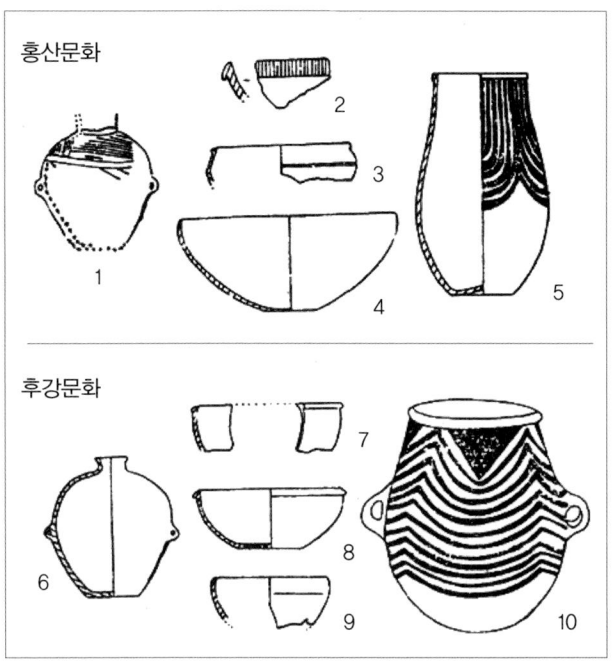

장성덕의 홍산문화와 후강문화 채도 비교도
1, 6, 10-양귀단지. 2, 3, 7, 9-채도편. 4, 8-사발. 5-병형 단지

다. 이것은 중국이 한국의 영향권에 있거나 중국 문화가 한국 문화를 토대로 하여 그 위에서 발전했음을 보여 주는 증거이다"라는 말로 바꿔 볼 수 있다. 그러나 그의 논리는 이처럼 각 문화 주체 사이에 일어난 문화 교류 현상을 전혀 고려하지 않은 것이다.

사실상 전체 홍산문화 유물 중 후강1기문화나 앙소문화와의 친연성을 고려할 만한 유물은 채도 정도이다. 그러나 채도 역시 홍산문화와 두 문화 간에 다른 점이 많다. 질그릇에 그림을 그리는 기술은 복잡한 기술이 아니다. 더욱이 홍산문화와 동시대 황하 중류 유역 문화에서는 화려하고 정교한 옥기, 피라미드 형식의 대형 돌무지 건축물, 제단 같은 많은 문화 요소가 전혀 나타나지 않는다. 이 많은 다른 점을 무시하고 굳이 채도만 증거로 들어 홍산문화와 황하 중류 유역 문화를 연결한다는 것은 억지스러운 일이다.251) 그렇다면 홍산문화의 기원은 어디일까 하는 문제가 남아 있다. 앞에서 홍산문화의 특징을 정리해 봤는데, 그 특징은 통형관, 채도 각종 옥기, 돌판 무덤, 피라미드형 무덤, 제단 등이며, 이런 기물들과 비교를 해봐야 한다.

홍산문화가 요서 지역에서 자체적으로 발생하여 발전한 문화라는 점을 몇 가지 고고학적 발견을 통해 알아보자.

첫 번째는 통형 질그릇이다. 요서 지역에서 통형 질그릇은 이미 소하서문화에서부터 시작되었다. 이 질그릇은 바로 흥륭와문화로 이어지고, 부하문화, 조보구문화, 홍산문화 등으로 계속 이어졌다. 그러다 홍산문화 후기부터 점점 사그라져 소하연문화 시기에 들어서는 거의 자취를 감추었다. 요서 지역을 포함한 동북 지역에서 오랫동안 계승된 이 질그릇은 기본 형태에 큰 변화를 거치지 않았으나 무늬는 문화 시기별로 변화를 겪었다. 따라서 이 질그릇 유형은 당지에서 시작되어 전승된 것으로 볼 수 있다.

두 번째는 옥기이다. 옥기 역시 소하서문화 시기에 시작하여 조보구문화, 홍산문화로 이어졌다. 이 기물 역시 당지에서 기원하여 계승된 것으로 보아야 한다.

세 번째는 돌을 사용한 무덤 양식이다. 홍산문화 후기에 돌을 사용한 대형 무덤들은 이 지역에서만 발견되는 고유한 문화 요소이므로 앙소문화 계통에서 유래했다고 말할 수 없다.

네 번째로 채도이다. 채도는 홍산문화 시기에 발전하여 소하연문화 시

---

251) 장성덕은 홍산문화 최고 권위자인 곽대순의 제자이며, 곽대순은 소병기의 제자이다. 홍산문화 연구자 계보는 소병기, 곽대순, 장성덕으로 이어진다.

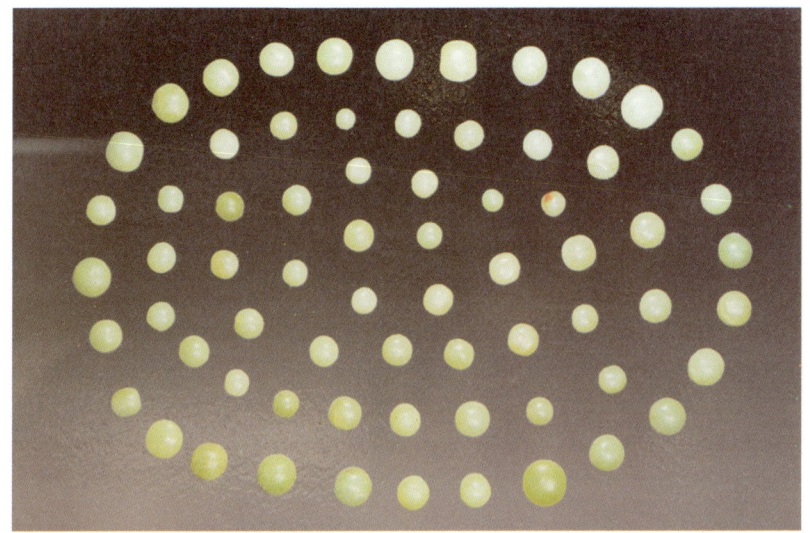

옥단추(적봉시 파림우기 박물관 소장)[252]

기에는 홍산문화 시기보다 더 다양한 색상을 사용한 채도가 나타난다. 그 뒤로 이어진 하가점하층문화에서는 더더욱 다양한 색상과 추상적인 무늬까지 활용하여 질그릇을 만들었다.

그런데 앙소문화 계통 문화에서는 이러한 채도 발전 순서가 보이지 않는다.

이것은 무엇을 말하는 것일까? 두 가지 가능성을 생각할 수 있다. 하나는 장성덕 말대로 홍산문화 지역에 앙소문화 요소가 단발적 형태로 전해졌을 가능성이다. 다른 하나는 반대로 홍산문화 지역에서 색을 사용하는 방식이 앙소문화 지역으로 전해졌는데, 홍산문화가 와해되면서 이러한 문화 교류가 중단되었을 가능성이다. 현재로서는 정답을 제시할 수는 없지만 가능성을 열어 놓고 연구를 진행할 필요가 있다.

---

252) 國家文物局, 中華人民共和國科學技術部, 遼寧省人民政府 編,《遼河尋根 文明溯源》, 文物出版社, 2011

위에서 본 바와 같이 홍산문화와 앙소문화는 큰 차이가 있다. 그렇다면 홍산문화의 기원 문제는 다시 검토해 봐야 하는 것이다. 글쓴이는 양호와 장성덕의 주장과는 다르게 요서 지역 신석기 문화는 '소하서문화[253] → 흥륭와문화 → $\frac{조보구문화}{홍산문화}$ → 홍산문화 → 소하연문화' 순으로 이어진 것이 맞다고 본다. 양호와 장성덕이 놓친 매우 중요한 사실 하나를 짚어 보자.

먼저, 세 문화의 연대를 확인해 보자. 지금까지 알려진 바로는 흥륭와문화는 지금으로부터 약 8000년 전에 시작되어 지금으로부터 약 7000년 전에 와해되었다. 그 뒤를 이어 조보구문화가 지금으로부터 약 7000년 전에 시작되었다가 겨우 300년 만인 지금으로부터 6700년 전에 와해되었다. 그리고 홍산문화가 조보구문화 뒤를 이어 발전했다고 알려져 있다. 편년된 연대를 보면 이 세 문화는 서로 이어진 것이 명백하다.

그런데 홍산문화와 그 바로 앞 시기 문화인 조보구문화가 공존한 문화로 인식되는 것은 무엇 때문일까? 두 문화는 공통적으로 질그릇에 무늬가 많다는 특징이 있지만, 무늬가 약간 달라 서로 다른 문화로 구별되어 왔다. 일반적으로 질그릇에 그림을 그리려면 연질이 아닌 경질 질그릇이어야 한다. 대부분의 경질 질그릇은 태토가 매우 곱다. 그림을 그려 넣거나

253)

소하서문화 분포도

날카로운 도구로 긁어 무늬를 새길 때 부서지거나 깨지면 안 되기 때문이다. 경질 질그릇이 되려면 고열 가마에서 구워야 하며, 고온의 불을 얻을 수 있는 교목을 땔감으로 써야 한다. 교목류는 강수량이 많은 환경에서만 자란다. 따라서 경질 질그릇이 가능하려면 교목류 숲이 형성될 수 있는 기후여야 한다는 말이 된다.

고기후 복원 연구에 따르면 조보구문화 초기에는 그 앞 시기인 흥륭와문화 시기보다 강수량이 많아져 교목류가 잘 자랄 수 있는 기후였다. 흥륭와문화가 조보구문화로 바뀐 시기는 지역적으로 조금씩 차이가 있었던 것으로 보인다. 산과 물이 많은 지역에서 변화가 빨랐고 그렇지 않은 기후에서는 변화가 더디게 일어나고 있었던 것이다. 지역적으로 변화가 빨랐던 지역은 내몽고 적봉시 오한기 동부 지역과 요령성 서부 지역은 변화가 빨랐던 것이다. 그러나 적봉시 서부 지역인 옹우특기 지방은 아직 큰 변화가 일어나지 않은 지역이었다. 왜냐하면 전자의 요령성 서부 지역과 옹우특기 지역의 기후는 전혀 다른데, 전자는 비교적 강수량이 많은 지역이고, 후자는 강수량이 적은 지역이다. 이 과정에서 기후가 갑자기 도로 건조 기후로 돌아가자 식물상도 바뀌고 사람들의 생활 방식과 경제 형태도 다시 건조 기후에 맞춰 바뀌었다. 즉 조보구문화의 기술 수준이 다시 흥륭와문화 수준으로 떨어진 것이다. 그러나 짧은 변화 과정에서 습득한 지식들은 제대로 활용되지는 못했지만, 폐기되지 않고 보존되어 계속 이어졌다. 급진적인 기후 변화를 겪지 않은 지역 사람들이 전 시대의 생활 방식과 새롭게 개발한 생활 방식을 모두 보유하게 된 것이다. 이러한 가능성을 토대로 추론하면 흥륭와문화에서 점진적인 변화를 거친 사람들이 조보구문화의 새로운 기술을 받아들여 보존하면서 홍산문화를 일으키게 된 것이 아닌가 한다. 결론적으로, 조보구문화가 홍산문화로 이행한 '조보구홍산문화' 병

부하문화 분포도

존기의 문화 변동은 급작스런 기후 변화에 사람들이 적응해 간 과정을 대변하는 것으로 볼 수 있다.[254]

글쓴이는 홍산문화와 조보구문화는 모두 그 시원을 흥륭와문화에 두며 조보구문화가 홍산문화 발전에 가장 직접적으로 큰 영향을 주었다고 생각한다.

---

254) 글쓴이는 화석 연료가 활용되기 전 문화 현상은 기후의 절대적인 지배를 받는다고 생각한다. 이러한 논리에 따라 본인의 박사학위 논문에서 요서 지역 청동기시대 문화 변동의 가장 큰 요인은 기후라는 이론을 제시했다. 복기대, 《요서지역 청동기시대 문화 연구》, 백산자료원, 2002년.

2. 홍산문화 지역 유형

한 문화를 각 지역 유형으로 나누는 것은 해당 문화 분포 범위 안에서 각 지역적 특징을 찾아내기 위해서이다. 홍산문화도 분포 지역이 매우 넓어 지역적으로 크게 구별되는 특징을 보인다. 홍산문화 분포 지역은 노로아호산맥을 경계로 초원지대와 농경지대로 나뉘며, 노로아호산맥 동쪽은 농경 지대이고, 서쪽은 유목과 농경이 혼합된 지대이다. 경제 형태가 다름에 따라 노로아호산맥 동서 지역은 다른 문화 양상을 나타낸다.

홍산문화 지역 유형에 관해서는 많은 학자가 학설을 제기하고 있다. 맨 먼저 구체적으로 문화 분구를 제시한 학자는 양호(楊虎)이다.255) 양호는 홍산문화 유형을 흥륭와 F133 유형, 서수천 유형, 동산취 유형 등 세 가지로 구분했는데,256) 그 개략적 내용을 살펴보면 다음과 같다.

1) 흥륭와 유형

흥륭와 F133 유형의 질그릇은 모래가 섞인 바탕흙으로 만든 통형 단지가 대표적이다. 통형 단지는 비교적 크고 아가리 지름이 바닥 지름보다 매우 커서 질그릇 외벽이 안으로 급하게 경사진 역사다리꼴 형태이며, 배는 살짝 표주박형이다. 통형 단지와 같은 바탕흙을 쓴 대접과 종지도 발견되었는데 아가리가 바라졌다. 간혹 바탕흙이 진흙질인 질그릇들도 출토되

---

255) 楊虎, 〈關于紅山文化的幾個問題〉, 《慶祝蘇秉琦考古學五十五年論文集》, 文物出版社, 1989年.

256) 楊虎, 〈關于紅山文化的幾個問題〉, 《慶祝蘇秉琦考古學五十五年論文集》, 文物出版社, 1989年, 216쪽.

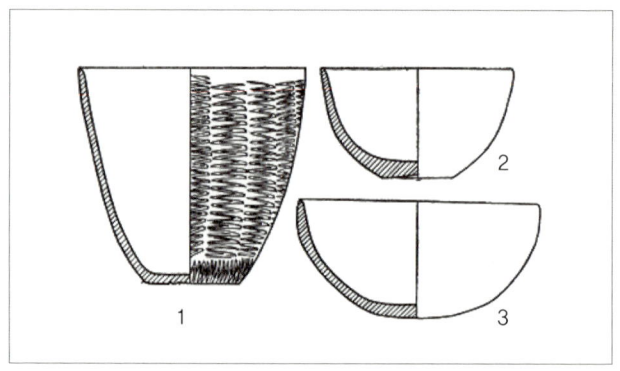

홍산문화 흥륭와 유형 질그릇
1. 통형관, 2. 주발, 3. 사발

다. 진흙질 질그릇 겉면에는 '之'자 무늬와 그물무늬가 많고, 바닥에는 삿자리무늬가 있다. 이 질그릇들은 흥륭와문화 후기부터 홍산문화 중기 이전, 즉 홍산문화 전기 것들이다.

2) 서수천 유형

서수천 유형 질그릇은 통형 단지, 아가리가 오무라진 보시기, 목 짧은 단지, 긴 단지, 대접, 보시기, 준 등 종류가 매우 많다. 바탕흙으로 진흙을 쓴 것이 많으며, 질그릇은 표면을 갈아서 광택이 난다. 붉은 질그릇이 많고 그 다음으로 회색 질그릇이 많다. 검은 질그릇도 소량 발견되었고 모래질 질그릇도 많이 발견되었는데, 대부분 회갈색이며 붉은 질그릇은 매우 적다. 질그릇 두께가 얇고 고온에서 잘 견디는 것은 질그릇을 구운 온도가 매우 높았기 때문이다.

그릇 무늬는 '之'자 무늬가 가장 많고 빗금무늬도 많다. 서수천 유형에서부터 채도가 나타나기 시작한다. 채도는 대부분 아가리에서 몸통까지

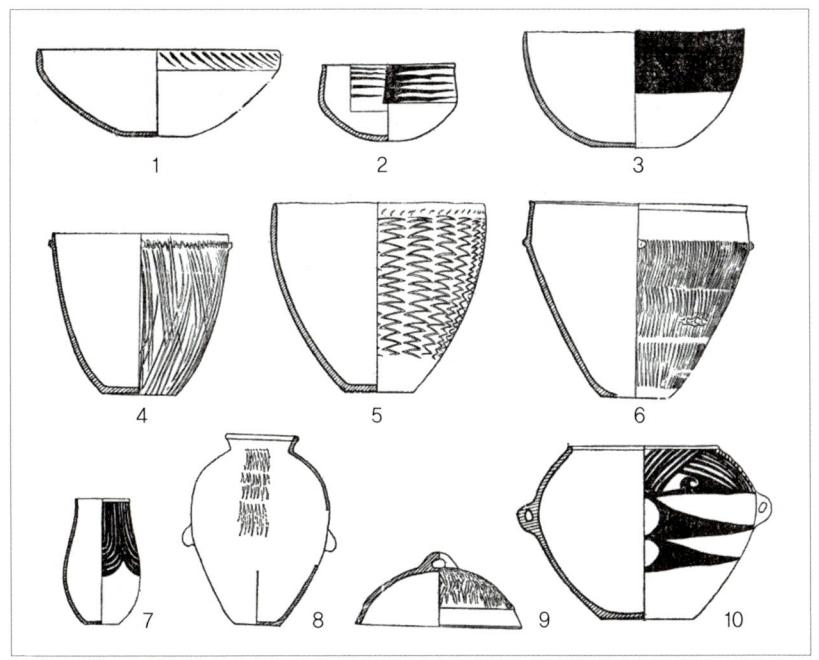

서수천 유형 질그릇[257]
1-3. 사발, 4-6. 통형 단지, 7,8. 병형 단지, 9. 단지 뚜껑, 10. 양귀 단지

그림을 그렸는데, 무늬는 대부분 검은 안료를 썼다. 무늬는 여러 가지이며 세모무늬, 가로줄무늬, 기하학적 무늬가 가장 많다. 채도는 반드시 표면 전체를 먼저 붉게 칠한 다음 무늬를 그렸다.

석기는 많이 발견되지 않았고 옥기도 매우 적은 수가 발견되었다. 무덤은 대부분 돌넛널무덤이며 대형 돌칸무덤은 발견되지 않았다. 서수천 유형에 속하는 홍산문화 유적은 적봉시 서수천, 홍산후, 지주산, 삼도만 유적 등이다.

---

257) 楊虎, 〈關于紅山文化的幾個問題〉《祝蘇秉琦考古五十五年論文集》, 文物出版社, 1989年.

3) 동산취 유형

동산취 유형에서는 붉은 진흙질 질그릇이 많아지며, 모래 섞인 회갈색 질그릇도 많이 출토되었다. 검은 질그릇과 회색 질그릇도 소량 발견되었다. 무늬는 눌러 찍은 '之'자 무늬가 가장 많다. 채도가 매우 많이 발견되었다. 질그릇 종류는 대야, 병, 단지, 항아리, 독, 통형 단지, 굽다리접시, 굽다리접시형 덮개 등이다. 채도는 먼저 질그릇 겉면에 붉은 칠을 한 다음 그 위에 다양한 무늬를 그렸는데, 무늬는 대부분 기하학적 무늬이다. 동산취 유형에서는 대형 돌무지무덤과 옥기가 많이 발견되었다. 가족들의 집단 주거지를 나타내는 환호도 발견되었다. 특이하게 전문적으로 제사를 지낸 유적과 천문 관측 시설로 보이는 유적이 확인되었다. 이 유형에 속하는 대표적인 유적은 동산취, 우하량, 성자산, 호두구 유적이다.

지금까지 살펴본 내용은 양호가 구분한 홍산문화 각 지방 유형들의 특징이다. 곽대순은 홍산문화를 '홍산후 유형'과 '성자산 유형' 두 유형으로 구분했다. 홍산후 유형과 성자산 유형은 각각 양호가 구분한 서수천 유형과 동산취 유형에 대응한다. 곽대순은 홍산후 유형이 성자산 유형보다 이르며, 홍산후 유형의 중심지는 노합하 유역 또는 적봉이고, 성자산 유형의 중심지는 대릉하 유역 또는 조양이라고 했다. 홍산후 유형과 성자산 유형의 특징은 각각 양호가 구분한 서수천 유형 및 동산취 유형과 비슷하다.

먼저, 각 유형을 연대순으로 나열하면 다음과 같다. 세 유형 중 연대가 가장 이른 유형은 흥륭와 F133 유형이다. 서수천 유형과 동산취 유형의 연대는 내몽고 오한기 흥륭와 유적과 비교하여 확인할 수 있는데, 서수천 유형이 동산취 유형보다 이르다. 연대 측정 결과 서수천 유형은 지금으로부터 6500~5500년 전, 동산취 유형은 지금으로부터 5500~5000년 전이

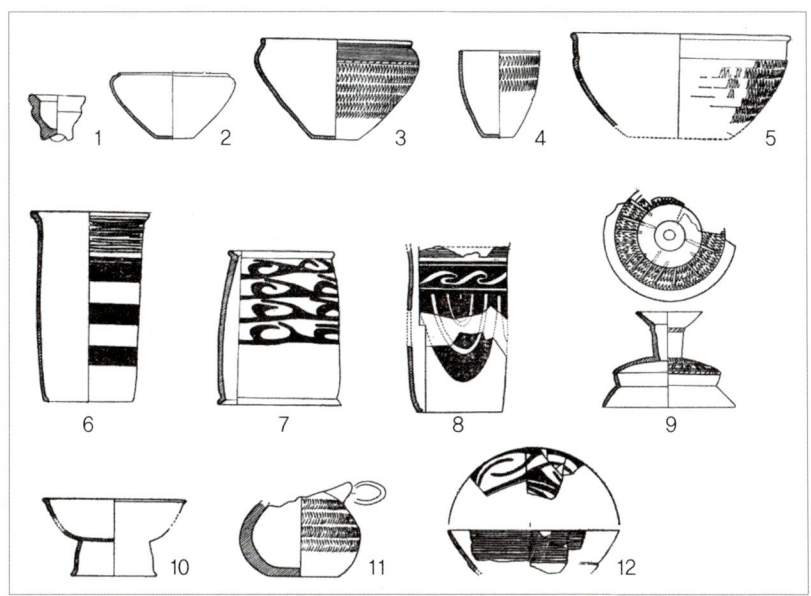

동산취 유형 질그릇[258)
1. 세발토기, 2,3,5 사발, 4. 통형 단지, 6-8. 바닥 없는 통형 단지,
9,10. 굽다리접시, 11. 단지, 12. 동이

다. 이 결과에 따르면 홍산문화는 지금으로부터 6500~5000년 전에 존속하여 1500여 년의 발전 과정을 거쳤다. 지역적으로 보면 홍산문화 분포지역 서부가 이르고 동부가 늦다.

글쓴이도 양호와 곽대순의 유형 구분에 기본적으로 동의하지만 몇 가지 주의할 문제점을 지적하고자 한다.

첫째, 홍산문화 전기 유적이 많이 분포하는 지역은 내몽고 적봉시 서부이다. 백음장한 유적을 대표로 하며, 출토 유물들이 흥륭와 F133 출토 유

---

258) 楊虎, 〈關于紅山文化的幾個問題〉《祝蘇秉琦考古五十五年論文集》, 文物出版社, 1989年.

물과 비슷하고, 홍산문화 채도와 비슷한 채도가 일부 나타난다.[259] 그렇다면 백음장한 유적에서 출토된 유물은 일단 홍산문화 전기 유물로 분류할 수 있을 것이다. 그런데 혹시 백음장한 유적이 홍산문화 전기 유적이 아닌 다른 문화 유적일 가능성은 없을까? 앞서 언급했듯이 조보구문화와 홍산문화는 일부 기물을 제외하면 유물에 큰 차이가 없고, 홍산문화 전기에 다른 지역에는 조보구문화가 넓게 분포하고 있었다는 점을 주목할 필요가 있다. 그렇다면 전기 홍산문화는 현재 우리가 홍산문화 분포 범위로 간주하고 있는 지역에 다 분포하지 않았을 가능성이 있다.

글쓴이의 견해로는 백음장한 유적은 홍산문화 원시형으로 분류하는 것이 타당할 듯하다. 따라서 이 시기 백음장한 유적은 더 상세한 내용이 구명될 때까지 잠정적으로 홍산문화 '백음장한 유형'으로 분류하고자 한다. 백음장한 유형은 백음장한 3기층을 대표로 한다. 이 유형의 분포 범위는 아직 구체적으로 밝혀지지 않았지만, 흥륭와 유적에서 발견된 것으로 보아 이미 넓은 지역에 분포하기 시작한 것으로 보인다. 무엇보다도 중요한 것은 홍산문화 시기의 대표적 무덤 양식인 석판 무덤의 존재가 분명하게 나타나는 것이다.

둘째, 노합하 유역과 그 이북에서도 앙소문화나 곽대순이 분류한 동산취 유형 유물들이 발견된다는 사실을 고려해야 한다. 홍산후 유적에서 발견된 뚜껑 있는 채도 대접, 서랍목륜하 이북 파림우기 나일사태(那日斯台) 유적에서 발견된 거친 비늘무늬와 평행한 가는 줄무늬 등이 그 예이다. 동

---

259) 채도는 백음장한 제4기 M23에서 발견된 것인 듯한데, 이때는 이미 서수천 유형이 유행하는 시기였다.
　內蒙古自治區文物考古硏究所 編著, 《白音長汗: 新石器時代遺址發掘報告》, 科學出版社, 2004年, 394쪽 그림 319.

산취 유형 시기에는 옥기가 대량 출토되었는데, 노합하 유역과 서랍목륜하 이북 지구에서 계속 옥기가 발견되고, 나일사태 유적에서도 옥기가 무더기로 출토되었다. 최근에는 대릉하 상류와 노합하 지류인 양백하(楊伯河) 전양(前陽)에서도 동산취 유형에 속하는 돌무지무덤이 지속적으로 발견되었다. 이는 홍산문화 동산취 유형이 분포 범위가 광대하고 많은 지역에서 적석무덤과 제단 등이 공존했음을 나타낸다. 반대로 대릉하 상류 오한기 흥륭와와 서태 유적 및 조양 건평현 노합하 유역 오포산, 반권자거, 전산자 등지에서는 서수천 유형의 유물이 발견되었다. 즉, 서수천 유형 시기와 동산취 유형 시기는 분포 지역이 겹친다. 그렇다면 서수천 유형과 동산취 유형은 내용상 같다고 할 수 있다. 그렇다면 두 유형을 통합하여 한 유형으로 봐야하는 것이다.

셋째, 지금까지 노합하 유역과 대릉하 상류 유역에서 발견된 동산취 유형 유적과 유물은 주로 일상 주거지와 생활 도구이다. 그러나 대릉하 중류 유적은 제단과 무덤 등 제사 유적이며, 출토된 유물도 제사에 사용된 통형 질그릇, 탑형 질그릇, 제기를 거꾸로 한 뚜껑, 채색된 투창 대형 질그릇 및 꽃잎형 넓은 다리 잔 등이다. 일상생활용 질그릇과 석기는 드물다. 그런가 하면 노합하 유역 돌무지무덤은 대릉하 유역과 같고 지표에서 많은 통형 질그릇이 채집되었다.

데이터를 종합하면 노합하와 대릉하 유역의 시기가 같은 유적에서는 같은 유물이 출토되었다. 그러나 시기가 다른 유적에서는 현저히 다른 기물들이 출토되었다. 즉, 큰 틀에서 보면 노합하 유역과 대릉하 유역 두 지구에서는 같은 계통 기물이 지속되었지만, 시간이 흐르면서 각기 지역 특색이 강한 기물이 만들어졌다고 결론지을 수 있다.

위에서 분석한 것을 정리해 보면 글쓴이는 양호의 분류와 곽대순의 분류에 모두 동의하지만, 전체적인 문화 구조를 볼 때 두 사람 모두 한 지역 문화 양상에 치우친 것은 잘못이라고 생각한다. 두 사람의 치우친 견해는 양호와 곽대순이 노로아호산맥 일대 홍산문화를 주 연구 대상으로 삼은 데 따른 것이다. 앞에서 분석한 바에 따르면 백음장한 유형은 전기 유형이고, 서수천 유형은 홍산문화 중기 유형이며, 동산취 유형은 홍산문화 후기 유형으로 차이가 있다. 따라서 유형보다는 전기, 중기, 후기로 나누어 홍산문화 특징을 설명하는 것이 더 합리적이다.

그리고 홍산문화 분구에 빠뜨린 지역이 있다. 요서 지역 중 요령성 동부 지역이다. 이 지역에 해당하는 금주, 의현, 부신 등지에서도 홍산문화 유적이 많이 발견되었다. 그러나 아직까지 자세한 발굴 보고서가 나오지 않아 이 지역 문화 양상은 아직 언급하기 어려운 상황이다. 다음으로 새롭게 구분한 유국상의 분구를 분석해 보자.

4) 유국상의 유형 구분

(1) 위가와포 유형(魏家窩鋪類型)

이 유형의 주요 분포지는 노합하 상류 및 그 지류인 영금하, 방하(蚌河)와 난하(灤河) 상류 지구이다. 이 지역에서 가장 이른 시기에 발견된 유적은 홍산후 유적이나 발굴 면적이 작고 그 문화의 특성이 분명하지 않다. 그러나 위가와포 유적은 지금까지 발견된 전체 홍산문화 유적 중 가장 큰 취락 유적으로 문화 자료가 풍부하여 이 문화의 사회 조직을 연구하는 데 중요한 가치가 있다. 그러므로 하나의 유형으로 구분한다. 대표적인 유적은 다음과 같다.

위가와포, 홍산후, 합랍해구(哈拉海溝), 양권자양저(羊圈子梁底), 소산촌

(小山村), 사릉산(四棱山), 삼도만자(三道灣子), 서수천(西水泉), 지주산(蜘蛛山), 상기방영자(上機房營子), 강가만(康家灣), 쌍수천(雙水泉), 대산전(大山前), 소부하남(小府河南), 건평(建平)의 전산자(轉山子), 조초로(鳥楚路), 오포산(敖包山), 포고로(包古魯) 유적 등이다.

이 유형의 특징은 전체 홍산문화 권역의 서남부 지역에 위치한다는 것이다. 이 지역은 이른바 중원문화권과 가까운 지역으로 중원문화의 영향을 받는 지역이다. 대표적으로 '후강1기문화'(後岡1期文化)인 세발솥이 대표적으로 볼 수 있다. 전체적으로 볼 때 홍산문화 초기지역으로 볼 수 있다.

(2) 우하량(牛河梁)-흥륭구(興隆溝) 유형

이 유형의 주요 분포 지역은 교래하(教來河) 상류, 맹극하(孟克河), 대릉하(大凌河) 및 로호산하(老虎山河), 망우하(牤牛河), 소릉하(小凌河) 유역이다.

이 유형에 속하는 유적은 다음과 같다. 우하량, 동산취(東山嘴), 전가구(田家溝), 사과둔(沙鍋屯), 소동산(小東山), 북우석하(北牛夕河), 초모산(草帽山), 소고립토(小古立吐), 두력영자(杜力營子), 서태(西台), 흥륭구(興隆溝), 흥륭와(興隆洼), 호두구(胡頭溝) 등의 유적이다.

이 유형의 특징은 홍산문화 전시기의 유적들이 분포하고 있다. 그러므로 홍산문화의 형성과 발전 과정들을 모두 파악할 수 있는 곳이다. 특히 많이 발견된 것은 제사 관련 유적이 많다는 것이다.

(3) 합민망합(哈民忙哈) 유형

이 유형의 주요 분포 지역은 서요하 하류, 신개하(新開河), 조이길목륜하(鳥爾吉木倫河) 하류, 적림하(적林河) 상류 및 요하하류인 수수하(秀水

河), 유하(柳河) 유역 등이다.

여기에 포한되는 유적은 사간조로태(査干朝魯台), 오력영자(敖力營子)의 남타자(南坨子), 마가자산(馬架子山), 유가점후강(劉家店後岡), 수리와보사장(修李窩堡砂場), 이가북타자(李家北坨子), 신애력(新艾力), 서고인망합(西固仁茫哈), 백채영자(白菜營子), 오은투(敖恩套), 합민망합(哈民忙哈), 소포자(小泡子), 거차영자 등 유적이다.

이 유형의 가장 큰 특징은 질그릇의 무늬가 마점문(麻点紋)이고 진흙질의 회색그릇이 많다는 것이다. 그리고 세석기의 제작 기술이 뛰어나다는 특징이 있다.

(4) 나사대 유형(那斯臺類型)

이 유형의 주요한 분포지역은 서랍목륜하 상류지역과 그 지류인 오이길목윤하(烏爾吉木淪河) 상류지역이다. 이 지역에서 정식으로 발굴되어 조사된 유적은 이도량(二道梁), 이도와보(二道窩鋪), 장방천(杖房川), 남태자(南台子), 유수림(柳樹林) 등인데 모두 중,소형 유적지에 속한다. 그중 나사대 유적은 이 지역에서 대형 유적에 속한다. 이 유적은 아직 발굴은 되지 않았지만 홍산문화의 구운형 옥기를 비롯하여 C자형 옥기와 같은 표준적인 옥기들이 80여 점 수습되었다. 이 옥기의 가공 수준은 당대 최고로 볼 수 있다. 뿐만 아니라 두 점의 석인상은 이 유적이 조상들에게 제사를 지내던 성격을 가진 유적으로 설명이 가능하다. 그러므로 별도로 나사대 유형이라고 이름을 붙인다. 이 범위에 속하는 유적은 백음장한(白音長汗), 정구자(井溝子), 만두산(饅頭山), 대와보(大窩鋪), 해금산(海金山) 등 25곳의 유적이 이곳에 속한다.

이 유적은 시대적으로 홍산문화의 중,후기에 속한다. 질그릇은 Z자 무

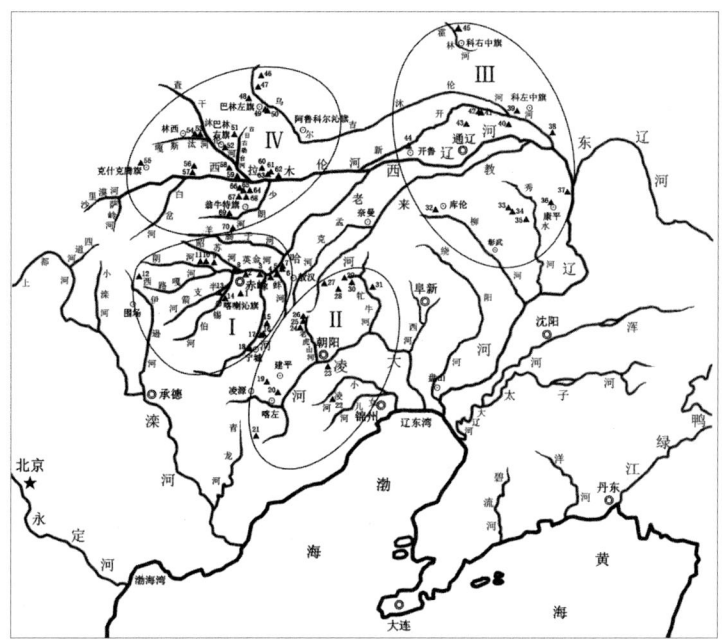

유국상의 홍산문화 유형 구분도

늬의 그릇들이 발달하였다. 이 유적에서는 바닥이 없는 통형관들이 발견되었다는 것이다. 이 유물들은 아마도 제사와 관련이 있을 것으로 추정된다. 앞서 말한 바와 같이 많은 옥기들이 발견되었는데 남대자 유적에서 발견된 귀걸이형 옥기는 흥륭와문화의 귀걸이와 매우 비슷한 것을 알 수 있다. 그리고 또 다른 하나의 특징은 C자형 옥기는 이 유형지구에서만 발견된다는 것이다. 이 유형의 특징 중에 하나가 홍산문화의 돌무지무덤이나 돌널무덤의 기원지로 볼 수 있다. 그 근거는 흥륭와문화 중,후기, 백음장한 2기 등이 여기에 속하기 때문이다.

유국상의 분구를 보면 홍산문화 분포지를 매우 넓게 잡았다. 특히 합민망합 유형은 홍산문화로 귀속을 시켜야 하는지 의문이 든다. 앞으로 더 세세한 검토가 필요한 분구로 볼 수 있다.

3. 홍산문화 시기별 특징

　양호와 곽대순이 설명한 홍산문화 지방 유형 특징은 내용상 홍산문화 시기별 특징과 같다. 그런데 이들은 질그릇을 주된 근거로 유형을 구분하면서 질그릇들이 왜 변천했는지는 구체적으로 밝히지 않았다. 민무늬 질그릇과 채도, 특히 경질 채도의 관계는 분명한 설명이 필요하다.

　앞서 글쓴이는 질그릇 변화의 기본 조건으로 당시 요서 지역의 기후 변화를 언급했다. 홍산문화가 지속된 1500여 년 동안 홍산문화 분포 지역에서 기후가 어떻게 변화했는지를 이해할 필요가 있다. 고기후 분석 결과 기원전 4500년 무렵 후반기 약 500년은 비교적 좋은 기후였고, 기원전 4500여 년 이전은 건조한 기후대가 지속되었다.[260] 그렇다면 조보구문화가 갑작스러운 기후 변화로 급격한 변동을 겪으며 와해되고, 좋지 않은 자연환경에서 홍산문화가 시작된 것이다.

　아마도 홍산문화는 숲과 농지가 반사막화하고 초원으로 변한 시점에서 시작된 듯하다. 이 때문에 홍산문화 전기에는 문화 발전이 어려운 상태였고, 점차 시간이 지나면서 간헐적인 기후 변화가 일어나 그에 따른 문화 내용도 들쭉날쭉한 양상을 나타낸 것으로 생각된다. 다만, 대규모 기후 변화가 일어났더라도 수자원이 확보된 지역에서는 느리지만 꾸준한 발전을 보였을 것이다. 이로 인해 전기 홍산문화는 비교적 넓은 지역에서 시작되었지만, 특별한 중심지가 나타나지 않는 것으로 보인다. 그리고 일부 사람들은 나무가 있는 산지로 이동하여 문화 명맥을 유지한 듯하다.

　이러한 자연환경은 지금으로부터 5500여 년 전 무렵부터 강수량이 증

---

260) 靳桂云, 〈燕山南北長城地帶中全新世氣候環境的演化及影响〉, 《考古學報》 2004年 第4期.

가하면서 점차 좋아져 연평균 강수량이 500mm를 넘는 평온한 기후가 계속되었다. 이때부터 홍산문화가 급격히 발전하기 시작한 것으로 보인다. 각 지역 홍산문화 사람들은 바뀐 환경에 적응하면서 그간 쌓아 온 지식과 경험을 살려 지역적 분구를 한 것으로 보인다. 홍산문화 후기에 들어 노로아호산맥 산기슭에 인구가 집중된 것으로 추측되므로 홍산문화 지역 분구에서 가장 중요한 기준은 농경지와 땔감 공급이었을 가능성이 크다.[261] 홍산문화 문화 변동 양상을 볼 때 후반기 500여 년을 전기나 중기와 같이 홍산문화로 분류하는 것이 타당한지 고민이 필요하다. 왜냐하면 전기, 중기, 후기로 나누었을 때 이 후반기의 문화 양상은 전기, 중기와는 너무 다르기 때문이다.

4. 홍산문화 중심지

지금으로부터 약 6500년 전에 시작된 홍산문화는 5500년 전 무렵부터 황금기를 맞이했다. 이러한 사실은 대형 유적지들이 나타나는 것을 통해 알 수 있다. 지금까지 수천 곳이 넘는 홍산문화 유적이 발견되었고, 그중에 몇몇 유적이 발굴 조사되었다. 조사된 유적 중에는 적어도 홍산문화 후기에는 가족을 최소 단위로 하는 씨족사회를 형성했음을 시사하는 서태 유적, 귀족층의 묘역과 제사 유적으로 추정되는 우하량·성자산·초모산 유적, 제사와 천문 관측을 겸한 유적으로 추정되는 동산취 유적 등이 있다.

---

261) 식량과 땔감은 생필품이며, 추운 지역에서는 식량보다 땔감 확보가 더 시급한 문제가 되기도 한다. 현재 몽골 초원지대에서는 한 사람당 가축 몇 마리면 한겨울을 날 수 있지만, 난방이 해결되지 않으면 생존할 수 없으므로 연료 확보가 가장 중대한 일이다.

이 유적들은 우하량 유적을 중심으로 직선거리 200km 안에 집중적으로 분포한다. 이러한 유적 분포도와 밀집도는 홍산문화 사회가 후기에는 대단위 군집체를 형성했음을 알려 준다. 주요 유적들이 우하량을 중심으로 200km 안쪽에 모여 있다는 사실은 홍산문화 후기에는 이 지역이 홍산문화 중심지였음을 알려 준다. 이는 다시 적봉시 옹우특기에서 발전하기 시작한 홍산문화가 점차 중심축을 동쪽으로 옮겨 갔음을 시사한다. 이 과정에서 식량과 땔감이 풍족한 대릉하 상류 지역으로 홍산문화 중심지가 옮겨져 동산취, 우하량, 서태, 초모산 유적 등을 형성한 것으로 보인다. 이 지역 유적에서 사람상이 많이 발견되고, 제사 유적과 천문 관측 유적이 발굴된 것을 그 방증 자료로 들 수 있다.

이것은 홍산문화의 생산력 발전, 마을 간 긴밀한 연계, 분포 범위 확장 등을 보여 주며, 이에 따른 제사 활동이 계속 확대되면서 사회 구조도 점차 복잡해졌음을 설명해 준다. 홍산문화 후기에 대규모 제사 유적 등장은 이 시기에 홍산문화 사회에 극렬한 변화가 발생했고, 제사 활동과 규모도 대규모화했음을 추측하게 한다. 제사 활동 증가와 규모 확대는 제의(祭儀) 중심지 건설로 이어졌다. 대표적인 제의 중심지로 알려져 온 우하량의 제단과 무덤은 광대한 유적군을 이룬다.

최근 조사에서 대형 홍산문화 돌무지무덤 5기가 이 구역에서 새롭게 발견되었다.[262] 이 모든 것은 우하량이 홍산문화 후기에 가장 번성한 중심 지역이었음을 설명해 주는 것이다. 더욱이 우하량 2지구 3호 돌무지 유적은 시간을 측정한 건축으로 추정되며, 우하량 유적에서 멀지 않은 동산취 유적은 해가 진 다음, 천문 현상을 관찰한 유적으로 추정된다. 이 두 곳에

---

262) 李冰, "牛河梁遺址保護區內惊爆重大考古發現," 燕都晨報 2008年 4月 30日.

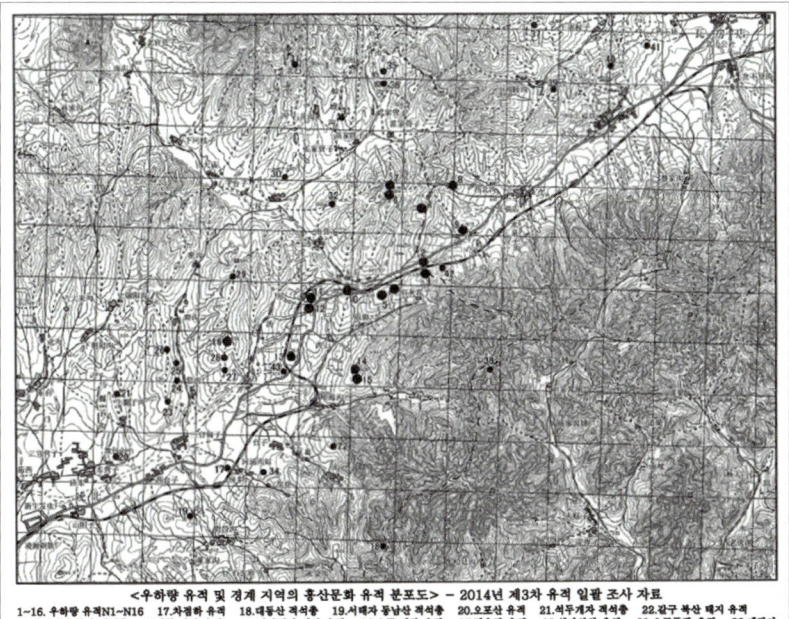

우하량 유적 무덤 분포도(지도)

우하량 유적 무덤 분포도[263)

IV장. 홍산문화의 기원과 관련 문화들과의 관계 255

서 쌓인 천문 지식은 제의 중심인 우하량 유적에서 집대성하여 보유했을 가능성이 있다. 그렇다면 당시 우하량이 모든 권력의 중심지였을 가능성이 매우 크다.

5. 홍산문화와 동시대 주변 문화들의 관계

문화는 단독으로 존재하는 경우가 거의 없다. 인근 다른 문화와 공존하며 교류, 공생한다. 글쓴이 생각에 서로 구분되는 문화가 형성되는 데는 크게 두 가지 원인이 있다. 한 가지는 기후이고, 다른 한 가지는 종교이다. 이 두 가지 큰 조건에 따라 사람들이 모여 고유한 문화를 이루는 것이다. 그러나 서로 다른 문화권에 소속된 사회들은 교류를 해야 부족한 부분을 채울 수 있다. 예를 들면, 유목 사회는 곡물을 구하기 어렵고, 농경 사회는 모피를 구하기 어렵다. 따라서 양 사회는 농산물과 털가죽을 교역하여 각자의 부족한 생필품을 조달한다. 홍산문화 사회도 다른 문화권과 교류한 흔적이 많이 보인다. 홍산문화는 주로 서쪽 및 남쪽 문화권과 교류했다. 북쪽 및 동쪽 문화권과 교류가 많았다는 견해도 제시되었지만, 아직 구체적인 흔적이 보이지 않는다.

홍산문화에 대한 관심이 커지면서 이 문화와 다른 지역 문화를 연결하는 연구 결과가 계속 발표되고 있다. 중국 학계에서는 홍산문화를 앙소문화와 함께 중화문명의 양대 축으로 정의하고, 홍산문화와 앙소문화를 연결하려고 노력 중이다. 이러한 움직임은 과거 홍산문화 요소가 황하 중류

---

263) 朝阳市文化局, 辽宁省文物考古研究所编,《牛河梁遗址》, 學苑出版社, 2004

유역으로 전파되었다는 논리에서264) 최근에는 거꾸로 황하 중류 유역 문화가 홍산문화권으로 전파되었다는 학설로 대체되고 있다.265) 장성덕의 주장이 대표적인데, 장성덕의 주장은 최근 중국 학계에서 점점 힘을 얻고 있다. 한국학계에서는 한창균과 복기대 등 몇몇 연구자가 홍산문화가 한민족 문화와 관련 있다는 정도의 의견을 내놓았다. 이러한 주장들은 각기 나름대로 근거에 입각한 견해들이므로 이를 비교 분석해 보고자 한다.

홍산문화는 동서남북에 모두 인접한 문화권이 존재했다. 이 중 홍산문화와 가장 밀접한 관계였을 가능성이 있는 문화는 동쪽의 신락문화(新樂文化), 서쪽의 해생불랑문화(海生不浪文化), 북쪽의 묘자구문화(廟子溝文化), 남쪽의 진강영(鎭江營) 1기 문화이다.

1) 홍산문화와 신락문화의 관계

홍산문화 시기 이 문화의 동쪽 분포 한계는 현재 중국 요녕성 금주시 의무려산 산록을 경계로 한다. 이 산을 경계로 현재 동쪽을 요동, 서쪽을 요서로 구분한다. 홍산문화 당시 의무려산 동쪽은 어떤 문화가 있었고 그 문화의 특징은 어떠한가 하는 것이 의문이다. 먼저 결론적으로 말하면 이 지역은 신락하층문화(新樂下層文化)가 발전하였다. 이 문화 지역의 자연환경은 물길로 요하, 태자하, 혼하 등 크고 작은 물길이 사시사철 이어지고 있다. 이런 물길이 발전하는 것은 장백산맥 줄기와 천산에서 발원하기 때문이다. 뿐만 아니라 산지지형의 발전에 따른 해발고도의 완만한 차이로

---

264) 蘇秉琦, 〈我的幾點補充意見: 筆談東山嘴遺址〉, 《文物》1984年 第11期; 蘇秉琦, 〈遼西古文化古城古國: 試論當前考古工的作重点和大課題〉, 《文物》1986年 第8期.
265) 張星德, 《紅山文化硏究》, 中國社會科學出版社, 2005年, 68쪽.

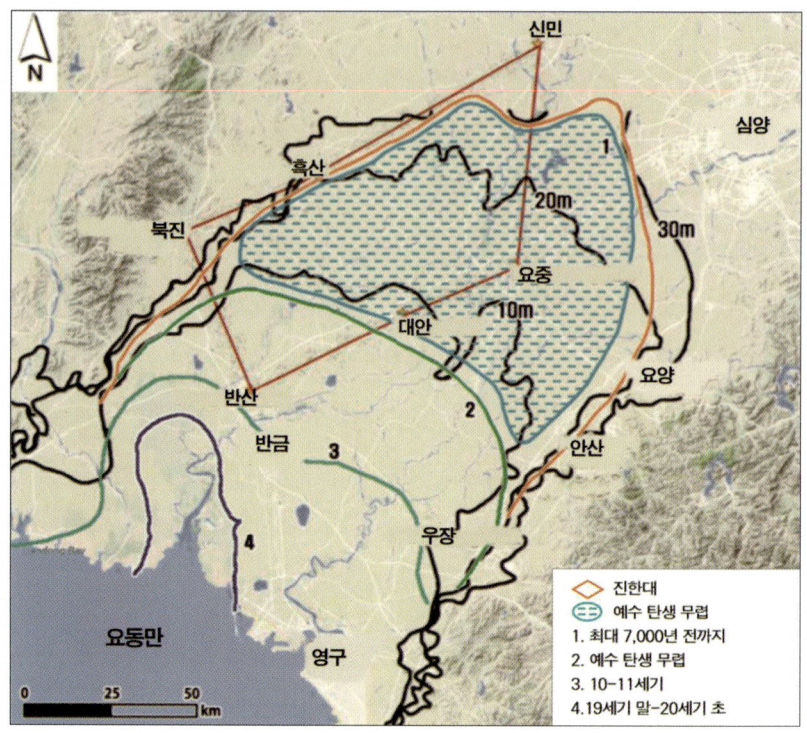

〈지도2〉 요하 유역의 시기별 해안선 변화도

바다와 가까운 지역은 항구 역할을 할 수 있는 자연 조건이 형성되어 바다로 진출하기도 쉬워 해상 교통로를 확보할 수 있었다. 이런 자연적인 지리 현황은 사람들이 살기에는 요서 지역과는 다른 상황인 것을 알 수 있다.

그렇기 때문에 이 지역은 물 걱정 없이 장기적으로 문화가 지속적으로 발전할 수 있었으며, 장기간 독립적인 문화구역으로 발전할 수 있었다. 그러므로 이 지역은 각 시대별로 끊임없이 문화가 발전하는데 가장 이른 시기의 신석기 문화는 신락하층문화이다. 엄밀하게 말한다면 신락하층문화, 신락중층문화가 발전했다는 것이 맞다.

이 문화는 1973년 처음 발굴된 이래로 지금까지 꾸준하게 조사, 연구되

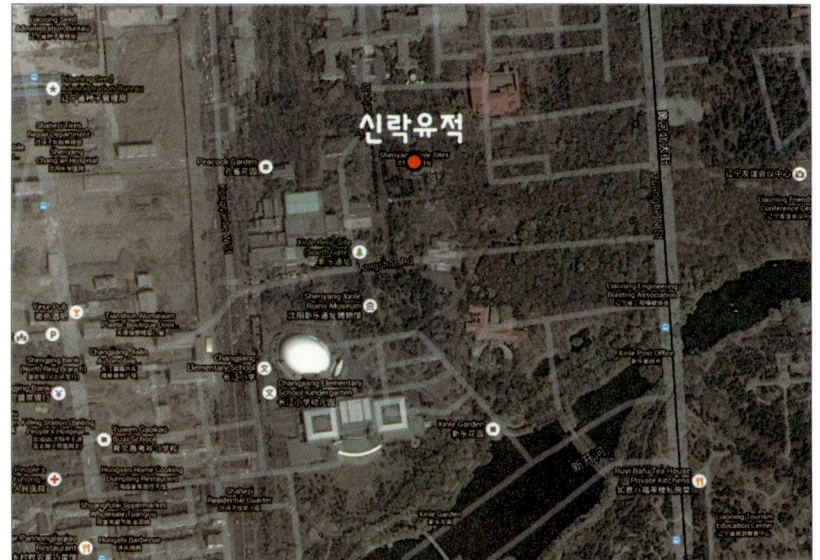

심양시 신락 유적 위성 지도

고 있는 문화이다.266) 이 문화는 연구 초기에는 신석기시대를 신락하층문화로, 청동기시대를 신락상층문화로 구분하였다. 그러던 중 1980년 5월에 기초 조사를 시작하여 1982년 10월에 발굴을 마친 조사에서 이전에 발굴된 상, 하층과는 다른 유물들이 확인되었다. 이 유물들의 연대는 지금으로부터 4000~5000년 전 사이로 연구자들인 이 문화를 신락중층문화 또는 편복자문화로 부르게 되었다.267)

이 문화의 연대는 지금부터 7000년 전 전후한 시기부터 시작하여 지금으로부터 5000년 전까지 하층, 지금으로부터 5000~4000년 전까지를 중

---

266) 瀋陽市文物管理辦公室:〈瀋陽新樂遺址試掘簡報〉,《考古學報》1978年 4期.
    瀋陽市文物管理辦公室;瀋陽古宮博物館:〈瀋陽新樂遺址第二次發掘報告〉《考古學報》1985年 第二期.
267) 遼寧瀋陽新樂遺址博物館;瀋陽市文物辦公室:〈遼寧瀋陽新樂遺址搶球清理發掘簡報〉《考古》1990年, 11期.

신락문화

층, 지금으로부터 4000~2500년 전 전후를 상층으로 구분한다.

신락문화에 대한 시기구분은 위와 같지만, 홍산문화와 직접적인 관계를 갖는 시기는 당시 직접적인 교류관계를 고려할 수 있는 하층문화와 영향을 받은 것으로 볼 수 있는 중층문화가 비교의 대상이 될 것이다.

유적

이 시기 문화들의 특징을 정리하여 보면 다음과 같다.

집의 평면은 대부분 반움집의 형태이고, 크기는 각 집 자리마다 다르다. 지금까지 발견된 것 중 가장 큰 것은 2호 집자리인데 약 100㎡에 다다른다. 이 집에는 51개의 기둥자리가 확인되었다. 이 기둥자리는 집 안 벽면에 1.4m~1.6m 간격으로 설치되었고, 나머지는 그 안쪽으로 설치되었다. 집의 면적이나 기둥자리의 숫자를 볼 때 집은 단순한 원형지붕은 아니었을 것으로 추측된다.

신락유적 2호 집자리

집 안의 가운데에 지름 1.4m정도의 화덕이 설치되어 있는 것을 볼 수 있다. 이외에도 집안에서 매우 다양한 유물들이 확인되었는데, 이 중 이미 불에 탔지만 나무 조각품이 있었다.

집자리 외 지금까지 무덤이나 다른 것은 발견되지 않았다. 이 유적의 특징은 집의 크기는 크지만 다른 문화권에서 나타나는 집 주변의 구덩이가 발견되지 않았다는 것이다. 다른 문화권에서는 사람들이 거주하는 공간과 창고는 구별하여 생활하였지만, 이 문화는 집안에서 모든 것을 할 수 있는 생활습관이었던 것으로 추측된다.

유물

유물은 매우 다양한 종료들이 확인되었는데 대부분이 생활 필수품들이다. 그 종류를 보면 질그릇, 석기, 뼈연장, 옥기, 매탄조각, 나무 조각품 등 다양하다.

가장 많이 확인된 것은 그릇으로 여러 가지가 있다. 이 문화에서 발견된 그릇의 종류는 통형 단지, 굽사발, 종지기, 잔, 키(箕)형 용기 등이 주류를 이루었다. 단지의 형태를 보면 '통형'이 기본 형태로 볼 수 있다. 그릇은 연질이 대부분이고 태토에 모래가 많이 섞여 있었으며 두께는 얇았다. 그릇은 대부분이 '감아돌리기'로 만들었고, 구운 온도는 낮았기 때문에 그릇 표면이 색조가 일정하지 않다. 대부분이 홍갈색이고 흑도가 약간 출토되었다.

그릇들의 무늬는 '지(之)' 무늬가 가장 많다. 그리고 그 다음으로 줄무늬, 쐐기무늬, 점무늬 순서이다.

석기들은 타제석기, 마제석기들이 모두 공존하고 있으며, 세석기가 매우 많이 발견되었다. 대부분이 공구들인데 세석기는 매우 다양한 모습들

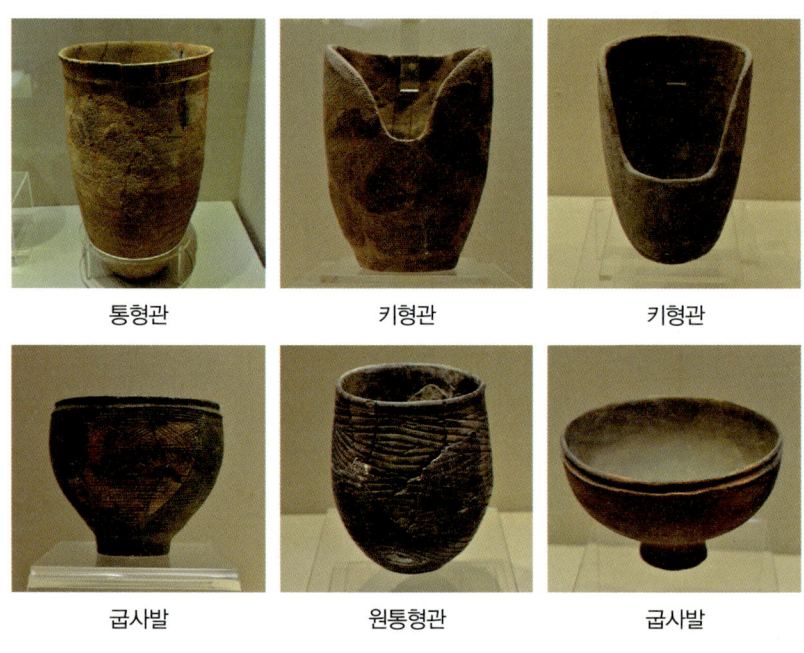

신락하층문화 질그릇

이고 이 가운데 작은 톱모양도 발견되었다. 이 석기들은 보통 생활에서 어떻게 사용하였는지는 아직 더 연구가 되어야 할 부분이다.

석기의 한 종류로 볼 수 있는 옥기 관련이 있다. 이 옥기는 많지는 않지만 돌을 곱게 가공한 것들도 발견되었다. 옥기는 짧은 옥관과 도끼 형태의 옥기가 발견되었다. 옥의 종류는 흑옥, 청옥, 벽옥 등 다양한 옥 원석을 사용한 것을 볼 수 있다.

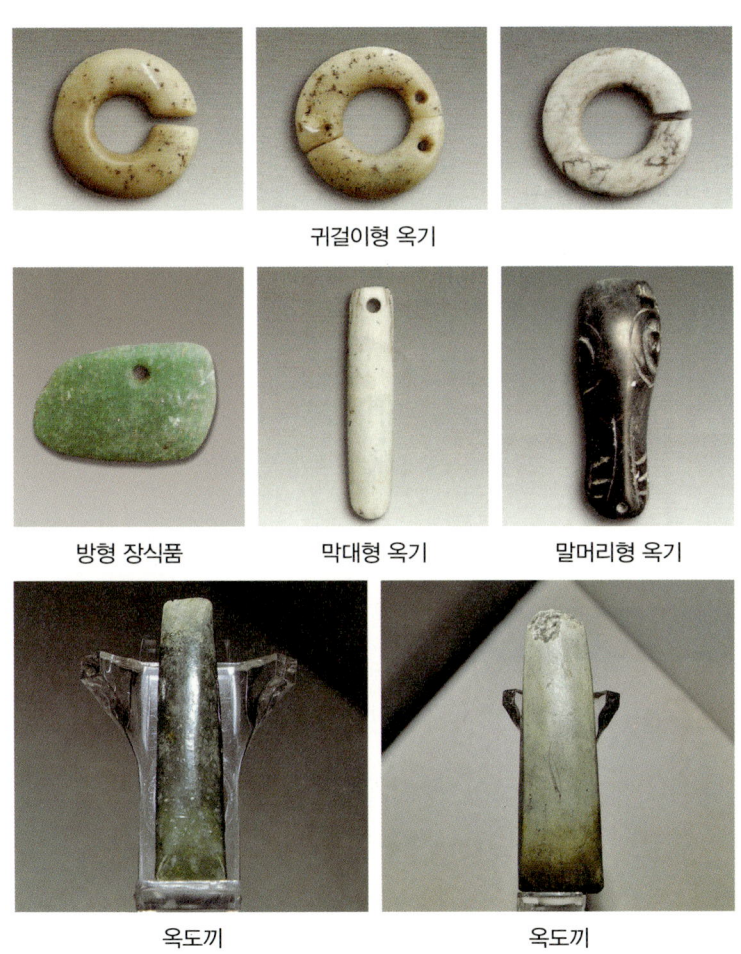

귀걸이형 옥기

방형 장식품　　　막대형 옥기　　　말머리형 옥기

옥도끼　　　　　옥도끼

신락하층문화 옥기(신락박물관 소장)

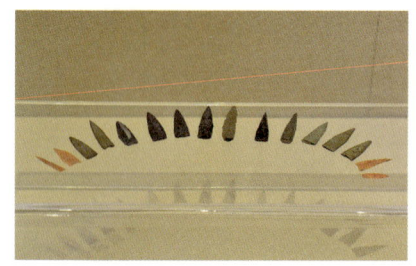
화살촉

옥 파편

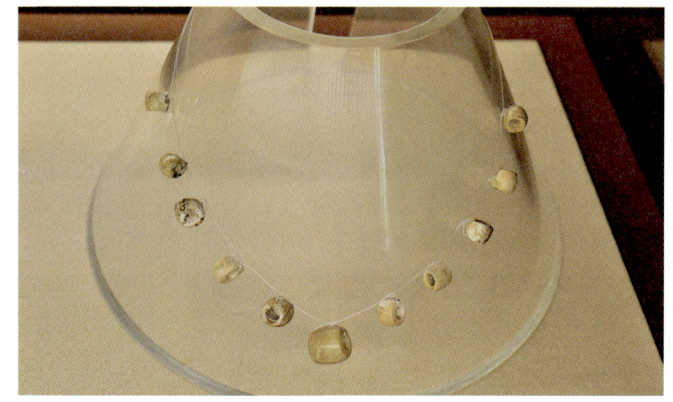
목걸이

신락하층문화 옥기(신락박물관 소장)

　석탄 원석을 이용하여 매우 다양한 조각품들을 만들었다. 종류는 공 모습, 단추 형태, 꼭지형 등 다양한 것들이 있었다. 석탄을 재료로 유물을 만든 것은 이 문화의 가장 큰 특색으로 볼 수 있다. 이 유물들은 3차 발굴시에만도 80건을 발견하였고 아직 물건이 만들어지지 않은 수백 개의 조각들이 있었다.[268] 이런 것을 볼 때 매탄을 활용한 예술품은 당시 이 문화의 고유한 특징 중에 하나였을 것으로 본다. 석탄 공예품은 매우 정교하게 만

---

268) 周陽生:〈瀋陽新樂遺址第三次發掘主要收穫〉,《新樂文化論集》, 瀋陽新樂遺址博物館, 2000年.

신락하층문화 석탄 예술품(신락박물관 소장)

들어졌는데, 이런 정교함은 석탄 원석 자체가 무르기 때문에 가공하기 쉬웠을 것으로 볼 수 있다.

나무를 재료로 만든 유물도 있었다. 이 유물은 '까마귀(烏)형'이라 이름 붙여졌는데 2호 집안에서 발견되었다. 전체 길이는 40cm 현존 너비는 4.5cm이다. 나무 원판은 평평하고 양면에 모두 새겼는데, 부분적으로 표현을 하기 위한 구멍을 뚫기도 하였다. 이미 타버리기는 하였지만 나무에 정교하게 조각된 것을 볼 수 있다. 이 유물의 조각은 매우 정교한 것을 볼 수 있는데, 아직 단 한 점만이 확인되었다.

이외에도 나무로 만든 장식품이 확인되었는데, 아마도 당시는 나무를 활용하여 장식품을 만들어 사용한 것으로 보인다.

신락하층문화 봉황 조각(복원품)

Ⅳ장. 홍산문화의 기원과 관련 문화들과의 관계　265

이 문화에서는 석묵(石墨)이 4점 발견되었다. 크기는 길이가 4.5cm, 너비가 2.5cm, 두께 2.2cm인데 기본적으로 둥근 형태이다. 모두 사용한 흔적이 있다. 아마도 당시 그림을 그리거나 무엇인가 표현을 하기 위하여 사용한 것으로 보인다.

위에서 확인해 본 바와 같이 이 문화에서는 다양한 유물들이 확인되었다. 이는 이 문화의 다양성을 말해 주는 것이다. 그런데 이 유물들의 원재료를 어떻게 구하였는가 하는 것이 의문이다. 왜냐하면 매탄, 마노, 옥, 적철광, 석묵 등의 유물들이 확인되었는데, 이 유물들의 원석은 신락유적 부근에서 출토되지 않는 것이기 때문이다. 그러므로 이런 원재료들은 외부에서 가져온 것으로 볼 수 있다. 석탄은 무순, 옥은 수암, 관전 적철광과 석묵은 심양시 부근에서 가져온 것으로 확인되었다.[269] 물론 무순이나 관전, 수암 등이 매우 먼 거리는 아니었지만 가까운 무순은 약 50km, 관전이나 수암은 약 200km 내외의 정도의 거리이다. 이렇게 보면 아주 먼거리 교역으로 볼 수는 없을 것으로 본다.

이 문화의 기원에 대한 연구는 아직 연구 중이다. 지금까지 연구된 내용을 보면 신락문화의 래원은 '흥륭와-사해문화'의 가능성이 매우 높다.

'흥륭와-사해문화'는 요서 지역에 분포하는 문화이고, 연대는 지금으로부터 8000년 전 정도의 연대이다. 이를 보면 신락하층문화보다 연대가 빠른 것을 볼 수 있다. 그런 연대를 근거로 두 문화의 관계를 설명해야 할 것이다.

먼저 유적을 비교해 보면 알 수 있다. 유적 중 집자리를 보면 두 문화가 매우 유사한 것을 볼 수 있다. 대부분이 사각형이고 질서 있게 배열되어

---

269) 瀋陽市文物管理辦公室·瀋陽古宮博物館: 〈瀋陽新樂遺址第二次發掘報告〉,《考古學報》 1985年, 第二期.

있는 것을 볼 수 있다. 이 배열하는 순서를 보면 동서 방향으로 되어 있고, 또한 집들이 한 구역을 정하여 한 떼를 이루고 있다. 그리고 집 주변에 창고로 사용했을 것으로 보이는 구덩이들이 발견되지 않고 있다.

이는 두 문화를 이해하는 데 가장 중요한 요소가 될 수 있을 것으로 본다.

유물 가운데 그릇의 형태도 통형관을 기본으로 하고 있고, 무늬 역시 '지(之)'자 무늬가 가장 많은 것을 볼 수 있다. 무늬를 시문하는 방법으로 눌러 찍는 것은 두 지역에서 공통으로 보이는 것이다. 이런 형태는 두 문화만의 고유한 특징은 아니고 전체적으로 지금으로 부터 5000년 전을 전후한 시기까지는 공통으로 나타나는 기본 형태이다.

두 문화 역시 옥기를 사용하는 것을 볼 수 있는데, 이 옥기는 어느 문화에서 먼저 사용하였는지 분명하지 않다. 다만 신락문화가 사해-흥륭와문화보다 옥기가 많지 않은 것은 분명하다.

두 문화의 연대는 흥륭화-사해문화는 지금으로부터 8000년 전 경까지 올라가는 것을 볼 수 있고, 신락문화는 지금으로부터 7000년 전 경을 전후한 문화로 연대를 볼 때 흥륭와-사해문화가 빠른 것을 볼 수 있다.

신락문화와 홍산문화와의 관계를 설정하려면 먼저 두 문화의 연대를 추정해 봐야 한다.

앞서 말한 바와 같이 신락문화의 상한 연대는 지금으로부터 7000년 전 경이고, 하한 연대는 지금으로부터 5000년 전 경이다. 홍산문화의 상한은 지금으로부터 6000년 전 경 후반부에 시작하여 지금으로부터 5000년 전 경에 소하연문화로 변한다. 그러므로 두 문화는 연대가 일부 겹친다.

신락하층문화와 홍산문화와 교류관계를 볼 때 가장 확실한 것은 키형 기물이다. 이 기물은 요서 지역에서는 부하문화와 홍산문화에서 발견되었는데 보편적이지는 않았다. 부하문화 역시 보편적인 기물은 아니다. 그런데 신락문화에서는 전문화 시기에 골고루 사용되는 것을 볼 수 있다. 그렇다면 이 기물들은 신락문화에서 홍산문화 지역으로 전파된 것으로 봐야 한다. 두 지역의 유물을 비교해 보면 그 형태가 약간 다르게 나타나는데 그것은 지역적인 차이 때문일 것으로 본다.270)

이 두 문화를 이해하는 과정은 무엇보다도 옥기와 관련된 것이다. 주지하다시피 홍산문화의 대표적인 기물이 옥기이다. 홍산문화의 옥기 원석은 수암(岫岩)이나 관전(寬甸) 지역에서 구한 것이라는 것에 대하여는 큰 이견이 없다.271) 수암이나 관전 지역은 오늘날 요녕성 동부 지역이기 때문에 요서 지역으로 이동하는 과정은 반드시 신락문화 지역을 통과하게 되어 있다.

이 지역 즉 신락문화지역을 통과하는 것은 옥의 원석이 신락 지역 이민을 통한 중계 형태인지, 아니면 직접 인적 교류인지는 확실하지 않지만 분명한 것은 교류가 나타난다는 것이다.

이런 상황은 단순하게 옥의 원석만을 들고 다니지는 않았을 것으로 본다. 적지 않은 인적, 물적 교류가 있을 것으로 추정된다. 이런 교류는 비단 홍산문화 시기에 국한되지는 않았을 것이다. 신락문화보다 시기적으로 앞서는 흥륭와-사해문화에서도 이미 정밀한 옥기가 발견되는 것으로 보아 오래전부터 두 지역은 왕래가 있었던 것은 확실하다. 다만 신락문화 전기와 흥륭와-사해문화 시기와 비교를 해보면 두 지역은 매우 밀접한 관계가 있었던 지역으로 확인되었다. 어쩌면 신락하층문화는 사해 사람들이 이동

---

270) 이 유물은 홍산문화에서 발견되는 옥 장식품 중에 하나인 키형 관과 비슷한 것을 볼 수 있다. 옥기가 질그릇의 모습을 참고하였지도 검토해 볼 필요가 있다.
271) 우하량 보고서 참조.

하여 만든 것이라는 생각이 들 정도로 흡사한 부분이 많았다. 그렇다면 두 지역은 충분한 인적 교류가 있었던 지역으로 볼 수 있는 것이다. 그러므로 홍산문화 시기에 들어와서 역시 인적 교류는 많았을 것으로 본다. 한 가지 주의하여 분석할 것은 이 요동 지역에서는 옥기가 많이 발견되지 않고 있다. 이런 이유는 원래 옥기를 좋아하지 않거나 또는 아직 많은 유적이 발견되지 않았기 때문일 수 있다. 그런데 간혹 발견되는 옥기의 제작법은 요서 지역의 옥기 제작법과 비슷한 것을 볼 수 있다. 주먹도끼 같은 것은 거의 홍산문화의 것과 비슷하다고 볼 수 있다. 이것은 홍산문화 사람들이 옥기 제작 방법을 요동 지역에 전해줬거나 혹은 홍산문화 지역에서 만든 기물이 신락문화 지역으로 이동된 것이 아닌가 한다.

앞으로 두 문화의 관계는 세밀하게 분석해 볼 필요가 있다. 다만 앞서 말한 바와 같이 요서 지역과 요동 지역은 자연환경이 근본적으로 다르기 때문에 이 점을 고려하여 대비분석을 해야 할 것이다.

2) 홍산문화와 묘자구문화의 관계

묘자구문화는 황하 중류 유역 이북인 내몽고 중남부에서 지금으로부터 5500여 년 전에 시작하여 지금으로부터 5000여 년 전까지 발전한 신석기시대 문화이다.[272] 즉, 묘자구문화와 홍산문화 후기는 거의 동시대에 병행 발전한 문화들이다.

묘자구문화의 특징을 정리하면 다음과 같다.

---

272) 內蒙古文物考古硏究所 編著,《廟子溝與大壩溝: 新石器時代遺址發掘報告》, 中國大百科全書出版社, 2003年; 魏堅,〈試論廟子溝文化〉,《靑果集: 吉林大學校考古學專業成立 20周年考古論文集》, 知識出版社, 1993年.

집은 대개 얕고 둥근 움집이다. 폭이 좁은 문이 동쪽을 향해 나 있다. 집자리 바닥은 풀을 섞어 갠 흙으로 발랐는데, 불로 태워 단단하게 한 흔적은 없다. 출입구 양쪽과 집 가장자리에 기둥이 있었던 듯하며, 질그릇 조각들이 있는 기둥구멍도 있다.

무덤은 정사각형과 자루형 움무덤 두 종류가 있다. 주검을 매장하는 방식은 모로굽은장이다. 무덤 껴묻거리는 주로 질그릇과 석기들이다.

유물로는 질그릇이 가장 많다. 질그릇은 주로 모래질이지만 진흙질도 상당수 포함되어 있다. 질그릇 색은 주로 홍갈색이고, 간혹 붉은색, 갈색, 검은색이 있다. 질그릇 무늬는 덧무늬가 가장 많고, 끈무늬, 긁은 무늬, 찍은 무늬 등이 있다. 채도는 붉은색, 검은색, 짙은 붉은색 등이다. 무늬는 격자무늬, 물고기 비늘무늬, 겹세모무늬, 바둑판무늬 등이 대부분이다. 질그

홍산문화 무덤과 묘자구 문화 무덤 비교 – 홍산문화 무덤

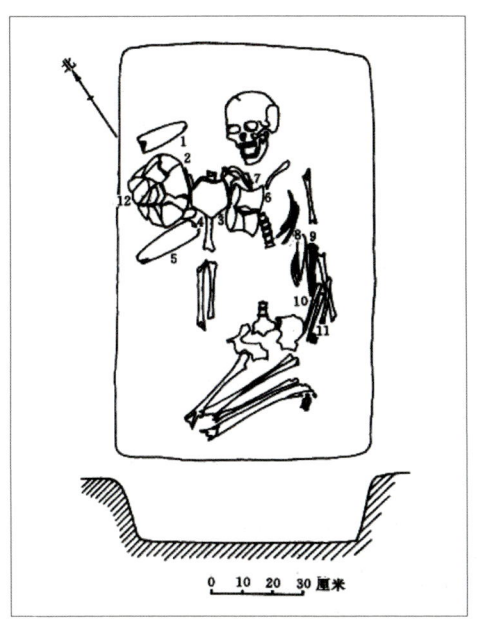

홍산문화와 묘자구문화 무덤 비교도273)

릇 종류에는 단지, 보시기, 사발, 대접 등이 있다.

　홍산문화 후기부터 질그릇과 일부 채도 무늬에 묘자구문화 요소들이 나타난다.274) 묘자구문화 민무덤은 홍산문화 민무덤과 공통점이 있지만, 주검 매장 방식과 껴묻거리를 묻는 방식은 홍산문화와 전혀 다르다.

　묘자구문화 질그릇과 홍산문화 질그릇 중에는 매우 흡사한 것들이 있다. 묘자구문화의 모래질 통형 단지, 바라진 보시기, 작은 양귀 단지 등은 묘자구문화 주변 지역에서는 유일하게 홍산문화에서만 보인다. 특히 통형 단지는 묘자구문화 1기의 대표적인 기물이다. 묘자구문화 1기는 지금으로

---

273) 內蒙古文物考古研究所, 〈克什克騰旗南臺子遺址〉《內蒙古文物考古文集 2》, 中國大百科全書出版社, 1997年

274) 張星德, 《紅山文化研究》, 中國社會科學出版社, 2005年.

부터 5500여 년 전경으로 추정되며, 이 시기는 홍산문화 중기에 해당한다. 따라서 묘자구문화 통형 단지는 홍산문화 통형 단지의 영향을 받았다고 보는 것이 타당하다. 그러나 묘자구문화에서 홍산문화 기물이 보인다고 하여 홍산문화가 묘자구문화에 전체적인 영향을 주었다고 할 수는 없다.275) 일부 질그릇은 홍산문화 질그릇과 형태가 거의 같아서 마치 홍산문화 질그릇에 그림만 그려 넣은 것처럼 보인다.

채도의 경우 묘자구문화 채도는 주로 붉은 계통이며 검은 계통은 거의 보이지 않는다. 도안 형식에도 차이가 있는데 홍산문화 무늬와 비슷한 도

홍산문화 주변 지역 채도 비교도276)

275) 지금까지 연구된 결과를 보면 묘자구문화의 핵심은 묘저구문화(廟底溝文化)이다. 묘저구문화가 북상하여 내몽고 초원지대 문화와 합쳐져 묘자구문화를 이룬 것으로 보인다.
276) 韓建業,《中國北方地區新石器時代文化硏究》, 文物出版社, 2003년

안이 극소수 있지만,277) 묘자구문화 채도를 홍산문화 채도와 연결할 수 있는 가능성은 매우 작고, 오히려 앙소문화 채도와 더 관련 있어 보인다. 두 문화 질그릇에 나타난 이러한 교류 양상은 지금까지 연구된 결과에 따른 것이므로 추후 연구 결과에 따라 양 지역 간 문화 교류 양상이 좀 더 확실하게 드러날 것으로 기대한다.

6. 하북지역문화의 관계

1) 홍산문화와 진강영문화(鎭江營文化) 관계

1980년대 이래부터 최근까지 홍산문화와 황하유역문화와 비교 연구할 때는 반드시 앙소문화 또는 후강1기문화와 연관시켜 왔다.278) 두 지역문화의 상관관계를 설명하면서 늘 황하중류 유역의 문화가 홍산문화에 영향을 주었다는 것이 보편적인 견해였다. 사실 시공을 뛰어넘어 일부 유물의 특징을 보면 두 문화가 서로 직접적인 교류가 있었던 것으로 볼 수 있다.

그러나 두 문화가 시대적으로는 같은 시대인 것은 부인할 수 없는 사실이지만, 공간에서는 서로 직접적으로 마주치지 않고 있다. 이 사실은 매우 중요하다. 왜냐하면 지역적으로 서로 직접적으로 관련이 없다면 문화도 직접적인 교류가 있을 수 없다. 홍산문화와 앙소문화가 그런 관계였다. 그

---

277) 內蒙古文物考古研究所 魏堅 編著,《廟子溝與大壩溝: 新石器時代遺址發掘報告》, 中國大百科全書出版社, 2003년. 하권 도판 26번, 3번.
278) 대표적인 연구자들이 소병기, 곽대순, 장성덕 등이다. 이 가운데 장성덕은 후강1기문화와 홍산문화를 직접 연결시켰는데 많은 무리가 있었다.

렇다 보니 두 문화의 관계를 설명하는 데 앙소문화의 영향이 홍산문화로 전해졌다는 것은 구조적으로 맞지 않았다. 그러므로 두 문화관계를 설명하는 데 많은 엇박자들이 나타났다. 글쓴이 역시 이 문제에 대하여 많은 고민을 해봤다. 홍산문화에서 앙소문화 영향이 보인다면 대문구문화 영향이 먼저 보여야 하는 것이 순서였다. 왜냐하면 거리나 문화의 특성상 홍산문화나 대문구문화는 바다를 이해하는 문화이므로 두 문화는 충분히 교류할 수 있는 문화이기 때문이다. 그럼에도 불구하고 홍산문화에서 대문구문화의 영향은 거의 나타나지 않을 뿐만 아니라 거꾸로 대문구문화 지역에서 홍산문화 요소는 거의 확인되지 않고 있다. 이런 현상을 보면서 연산 이남의 하북성 지역 신석기문화는 어떤 성격인지 규명할 필요를 느꼈다. 왜 하북성인가 하면 하북성은 지리적으로 바다와 접해 있고 황하 이북 지역으로 바로 앙소문화와 대문구문화 지역과 접해 있으므로 모든 문화들이 이곳을 경유하게 되어 있는 지역이다. 그러므로 하북성 지역의 연구 결과에 따라 홍산문화, 앙소문화, 대문구문화의 관계가 설명되기 때문이다.

다행스럽게도 최근 중국 고고학계에는 하북성과 하남성 경계 지역의 진강영 유적을 조사, 연구하여 발표하였다.279) 그러므로 이제는 앙소문화나 대문구문화와 직접 연결을 시키지 말고 그 중간에 진강영문화와 먼저 비교연구를 해봐야 할 것이다.

이 문화가 학계에 알려진 것은 1950년대부터 알려진 것이지만 최근 들어 자세하게 연구되기 시작하였다. 그러면서 이 문화의 전체적인 면모를 알 수 있었는데, 그 결과 홍산문화와 황하유역의 문화와 비교하고자 할 때는 진강영자문화와 비교해야 하는 것이 먼저라는 것을 알게 되었다.

---

279) 北京市文物硏究所著:《鎭江營與塔照- 拒馬河流域先秦考古文化的類型與譜系-》, 中國田野考古報告集, 中國大百科出版社, 1998年.

진강영 유적 위치도

　진강영유적은 북경시 방산구(房山區)에 위치하는데 이 지역은 태행산 남단에 자리하고 있고 이 유적이 자리한 곳은 태행산에서 발원하여 발해로 들어가는 거마하가 흐르고 있다.
　이 유적이 북쪽으로 향하면 유리하 유적과 북경시로 향하는 곳에 위치하고 있는데, 행정구역상 북경시와 하북성 경계에 위치하는 것이다.
　이 유적의 자연지리나 행정구역은 위와 같지만, 문화사적인 구역은 매우 중요한 분계점을 갖는 곳이다. 왜냐하면 이 지역은 동서남북의 문화가 합쳐지는 곳으로 요서 지역으로부터 남으로 향하는 문화, 하남성에서 북으로 향하는 문화, 산동에서 서, 북으로 향하는 문화, 산서에서 동, 남으로 향하는 문화 등이 반드시 통과하거나 멈추는 지역이기 때문이다. 그러므

진강영문화 유적 전경

로 이 지역에서 나타나는 문화현상을 분석해 보면 사방 각지의 문화현상이 어떤 교류관계를 갖고 있는지 알 수 있는 매우 중요한 지역이다.

이 지역에 대한 고고학적 조사는 일찍이 1959년부터 시작하여 최근까지 계속 이어지고 있다. 최근 1986년부터 1990년까지 5년에 걸친 발굴조사를 마치고 나서 진강영 유적의 성격을 알 수 있었다.[280]

이 유적의 문화층은 9기로 나눴는데 각 기마다 독립적인 문화 요소를 가지고 있어 각 시기별로 고유한 특징이 있었다. 그러므로 하북성 일대 고대문화를 이해하는 데 매우 중요한 근거가 되고 있다. 이런 문화층 중 본 글에서는 이 9기의 문화층 가운데 1, 2, 3기만이 홍산문화 시기와 관련이 있다. 이 중 1기는 홍산문화 형성기, 2기는 홍산문화 번영기, 3기는 쇠퇴기와 관련이 있다. 그러므로 세 시기에 대한 문화 요소를 분석해 보고 홍산문화와 어떤 관계가 있는 대비분석해 보도록 하겠다.

---

280) 이 연대 외에도 이미 지금으로부터 1만 년 이상 올라간다는 연대측정 결과도 밝혀졌다. 이 연대는 충분히 가능성이 있는 연대이다.
鄭紹宗:〈河北考古發現及研究與展望〉,《文物春秋》1992年 증간.

진강영 유적 발굴 현장

　진강영 1, 2, 3기 유적에서는 집자리나 무덤 등은 발견되지 않았다. 주로 구덩이가 대부분 발견되었다. 이런 현상은 특이한 현상이기는 하나 이 구덩이에서는 질그릇 석기, 골기 등 많은 유물들이 발견되었다.

2) 1기 문화

　집자리는 하나가 확인되었는데 이미 구덩이를 파면서 모두 파괴가 된 상태여서 그 확실한 전모를 알 수 없는 상태이다.
　유구로는 주로 구덩인데 크기는 길이는 2m부터 8m 내외, 너비는 2m부터 4m 내외, 깊이는 0.4m부터 1.1m 내외까지 다양하였다. 평면 형태는 장방형, 불규칙형 등 다양하게 확인되었다. 이 구덩이에서 많은 유물들이 수습되었는데 주로 생활용구이다.

질그릇

　질그릇은 태토에 주로 운모를 섞은 것이 기본이고, 일부 그릇들에서 운모가 섞이지 않은 진흙질 태토를 볼 수 있었다. 그릇은 유적지 내에서 제작한 것으로 보인다. 그릇의 색깔은 붉은색 위주이나 선명하지는 않다. 많지는 않지만 회색 그릇이나 검은 반점이 들어 있는 그릇도 있었다. 그릇의 기본 형태는 아가리도 원형이고 바닥은 둥근 형태이다. 그릇에 따라서는 바닥이 평평한 것이 있기도 하다. 대부분의 그릇들이 손잡이 없는데 일부 항아리에는 귀가 달린 것도 있다. 주로 솥, 지각(支脚), 항아리, 대접, 대야 등이 대부분이다. 그릇의 무늬는 거의가 민무늬였다. 이 가운데 솥과 지각은 한 세트로 구성된다.

중요한 것은 1기 중기 그릇에서는 세발솥도 나타나기 시작한다. 지각이나 세발솥 다리의 옆면에 구멍을 내는 기법이 보이는데 이것은 오랫동안 이어지는 독특한 제작 방법이다. 후기에 들어서는 흙으로 빚은 사람얼굴도 확인되었다.

석기의 대부분은 냇돌을 사용하여 만들었는데 주로 타제석기였다. 마제석기는 매우 적었다. 이미 이 시기에 세석기들이 등장하는 것을 볼 수 있다. 곡물을 갈수 있는 갈판이나 갈돌도 발견되었다.

연대는 지금으로부터 9000년 전에서 7000년경으로 추정된다. 요서지역의 흥륭와문화 시기로 보면 타당하고, 황하유역은 자산문화 시기이다.

이 시기의 기물들과 후강1기문화의 기물을 비교 분석한 결과 후강1기 문화에 나타나는 특징들은 자산문화(자산문화)에서 오는 것이 아니고 진강영1기 문화에서 래원한 것이 타당하다는 견해가 제시되었다.[281] 이는 황하유역의 신석기시대를 연구하는 데 매우 중요한 방향성을 제시하고 있는 것으로 볼 수 있다.

---

281) 北京市文物研究所著:《鎭江營與塔照- 拒馬河流域先秦考古文化的類型與譜系-》, 中國田野考古報告集, 中國大百科出版社, 1998年.

글쓴이의 분석으로는 이 견해가 타당한 것으로 보인다. 무엇보다도 그릇의 각각 모습들은 두 문화 간에 매우 가깝다.

3) 2기

2기의 질그릇은 역시 태토에 운모를 섞은 그릇들이 대부분이지만 1기보다 진흙질 그릇들의 비율이 늘어나는 추세이다.

대부분의 그릇들이 붉은색 계열이고 그릇의 종류는 솥, 지각, 사발, 보시기, 세발솥이 가장 많았다. 이 가운데 세발솥의 비율이 현저하게 증가하였다. 솥과 다리가 한 조를 이루고 있는 것을 볼 수 있는데, 이는 1기 문화 때도 나타났던 것이다. 이런 현상은 현저히 줄고 세발솥이 현저하게 증가하는 것이다. 특징적인 것은 세발솥의 다리의 옆면에 홈을 파는 것이다. 이는 세발솥의 다리뿐만 아니라 지각(支脚)에도 그런 현상이 보인다. 그릇의 무늬는 대부분이 민무늬였다.

석기는 칼, 도끼, 갈돌 등이 확인되었다. 칼이나 도끼 등이 확인된 것은 1기보다 간석기들이 많이 증가하는 것을 보여 주는 것으로 갈아서 날을 만드는 것이 보편적이 되어가는 과정으로 볼 수 있다.

갈돌은 계속하여 냇돌을 사용하는 것을 볼 수 있다.

2기의 연대는 지금으로부터 7000년 전 경에서 5000년 전 경으로 추정되는데, 요서 지역은 홍산문화 시기이고 황하유역문화 분기로는 후강1기 문화 시기이다.[282]

---

282) 北京市文物硏究所著:《鎭江營與塔照-拒馬河流域先秦考古文化的類型與譜系-》, 中國田野考古報告集, 中國大百科出版社, 82쪽, 1998年.

4) 3기

3기에는 구덩이들이 많이 확인되었다. 이 구덩이들은 반움 형태이고 평면은 제각각이었다.

질그릇은 절대 다수가 태토에 운모가 섞인 것이다. 색깔은 붉은 색이 가장 많았고, 그 다음으로 갈색이 많았으며 일부 그릇들 중에 고운 진흙으로 구운 흑도들이 있었다. 그릇의 종류는 대부분이 솥, 사발, 대야, 세발솥, 주전자, 항아리 등이었다. 그릇 중에는 몸통에 양귀가 달린 것이 나타나기 시작하였다. 또한 일부 그릇에서 무늬들이 나타나는 것을 볼 수 있다.

석기는 돌끌이 확인되었다. 이외에는 확인되지 않았다.

연대는 지금으로부터 5000년 전부터 4000년 전 경으로 추정된다.[283]

요서 지역의 소하연문화 시기이고, 황하유역으로 보면 대문구문화 후기와 용산문화 시기로 보면 타당하다.

---

283) 北京市文物硏究所著:《鎭江營與塔照-拒馬河流域先秦考古文化的類型與譜系-》, 中國田野考古報告集, 中國大百科出版社, 86쪽, 1998年.

진강영문화 질그릇

진강영문화 석기

진강영문화 갈판

이상에서 진강영자 유적의 전기 신석기 문화층 유물의 특징을 분석해 보았다. 분석 과정에서 알 수 있듯이 진강영자문화의 그릇들은 솥, 사발, 세발솥 등이 대부분이고, 솥은 보조다리를 사용한 것을 볼 수 있다. 대부분의 그릇들은 민무늬였다.

두 문화의 그릇들을 비교해 보면 다음과 같다.

이들 그릇들을 볼 때 진강영문화의 그릇들은 원형에 기본이면서 높이가 낮은 것이 특징이다. 무늬 역시 민무늬가 대부분이었다. 그릇의 형태도 통형은 거의 발견되지 않고 있으며, 가장 큰 특징은 그릇에 분리형 다리를 사용하는 것이다.

이에 반해 홍산문화의 그릇들은 통형이 기본이고 붉은 계통이며 무늬가 그려진 것들이 많이 있다. 가장 큰 특징인 통형기는 전혀 다른 것을 볼 수 있다. 이런 그릇들과 홍산문화 그릇을 비교해 보면 큰 차이가 있는 것을 볼 수 있다.

두 문화에서 가장 큰 차이점은 옥기 관련이다. 홍산문화에서는 옥기가 매우 귀중하게 여겨졌고, 무덤의 껴묻거리도 유일하게 옥기를 사용한 것을 볼 수 있다. 그러나 진강영 유적에서는 아직 옥기를 사용한 흔적은 확인되지 않았다.

다만 진강영문화 계통의 유적인 북복지(北福地) 유적에서는 옥기들이 확인되었다.284) 이 옥기들은 청옥, 백옥, 흑옥 등 다양한 색을 가진 것이었는데, 벽옥은 아직 확인되지 않았다. 기형은 홀형과 고리형이 기본인데 이런 형식은 요서 지역의 홍륭와문화 시기에 사용되던 기본 형식이다. 이런 형식은 훗날 홍산문화에서도 계속 사용하고 있는 양식이다. 그렇다면 북복지에서 발견된 옥기들은 홍산문화의 영향이 아닌가 한다.

이렇게 볼 때 진강영자문화와 홍산문화는 밀접한 관계가 있다고는 보기 어려운 상황이다. 다만 옥기를 볼 때 두 문화는 약간의 관계가 있는 것을 볼 수 있다. 그 관계는 홍산문화의 영향이 진강영문화 지역에 일부 전달된 것으로 볼 수 있다.

이상에서 살펴본 바와 같이 홍산문화와 이 문화의 남쪽에서 발전하였던 진강영문화와는 큰 관련이 없는 것을 볼 수 있다.[285] 그러므로 더 나아가서 앙소문화와는 특별한 관계가 없다고 봐야 한다.

다만 홍산문화에서 보이는 일부 기물에서 보이는 앙소문화 요소들은 앙소문화가 직접 들어왔다고 보기에는 무리가 있고, 진강영이나 홍산문화의 서쪽 지역을 통하여 유입된 것으로 봐야 할 것이다.

5) 홍산문화와 황하 중·하류 문화

(1) 홍산문화와 후강1기 문화

1931년 중국 고고학 초기에 하남성 동부 지역의 청동기시대 문화를 '후강기(后崗期)'로 명명했다가[286] 훗날 이 지역에서 많은 유적과 유물이 발

---

284) 段宏振主編:《北福地-易水流域史前遺址-》, 河北省文物考古研究所, 文物出版社, 칼라 도판 13,14, 2007년.
285) 한 가지 여지는 진강영문화에서는 아직 주거 유적과 무덤 유적은 확인되지 않았다. 그러므로 앞으로 무덤 유적과 주거 유적이 발견되면 다른 견해를 제기할 근거가 될 수도 있을 것이다.
286) 張忠培 等,〈后崗一期文化研究〉,《考古學報》1992年 第3期.

견되자 '후강1기 문화'로 고쳐 구별했다. 후강1기 문화의 분포 지역은 하남성 동북부와 하북성 서남부이다.[287]

하남성 동북부와 하북성 서남부는 일찍이 신석기 문화가 시작된 곳이며, 후강1기 문화의 선대 문화는 자산문화(磁山文化)이다.

후강1기 문화의 집자리는 사각형 움집 또는 원형 움집이다. 석기는 대부분 간석기이지만 뗀석기와 세석기도 있다. 석기는 농기구가 많다.

질그릇은 보시기, 사발, 대야, 바라진 대야, 병, 단지형 세발솥, 항아리 등이 주류를 이룬다. 대부분 고운 진흙을 바탕흙으로 쓴 붉은 질그릇이고, 그 다음으로 모래질 붉은 질그릇, 회갈색 질그릇과 검은 질그릇 순이다. 초기에는 대부분 감아올리기 방법으로 손으로 빚었으나 후기에는 물레를 돌려 빚었다. 질그릇은 대부분 민무늬 질그릇이지만, 빗금무늬, 가로줄무늬, 점무늬, 덧무늬가 있는 질그릇도 있다. 채도도 발견되었는데, 주로 붉은 안료를 썼고 검은 안료를 쓴 것도 있다. 무늬 디자인은 비교적 간단하며, 줄무늬, 세모무늬, 마름모무늬가 주류이다. 무늬는 주로 아가리 부분에 있으며, 몸통에는 거의 대부분 없다.

후강1기문화의 연대는 지금으로부터 5680±105(ZK134), 5485±105년 (ZK76)이다. 대표 유적은 1987년 하남성 복양현 서수파(西水坡) 유적이다.[288] 이 유적 가운데 45호 무덤은 동서 길이 3.1m, 남북 길이 4.1m, 깊이 0.5m로, 서수파 유적에서 가장 크다. 이 무덤에서 주검 네 구가 발견되었는데, 그중 12세쯤 된 소녀는 머리에 칼자국이 있는 것으로 보아 살해된 후 순장된 것으로 추정되었다. 이 무덤 안 남쪽에 놓인 성인 남자의 주

---

287) 中國科學院考古研究安陽工作隊, 〈1972年春安陽后崗發掘簡報〉, 《考古》 1972年 第5期.

288) 濮陽市文物管理委員會 等, 〈河南濮陽西水坡遺址發掘簡報〉, 《文物》 1988年 第3期.

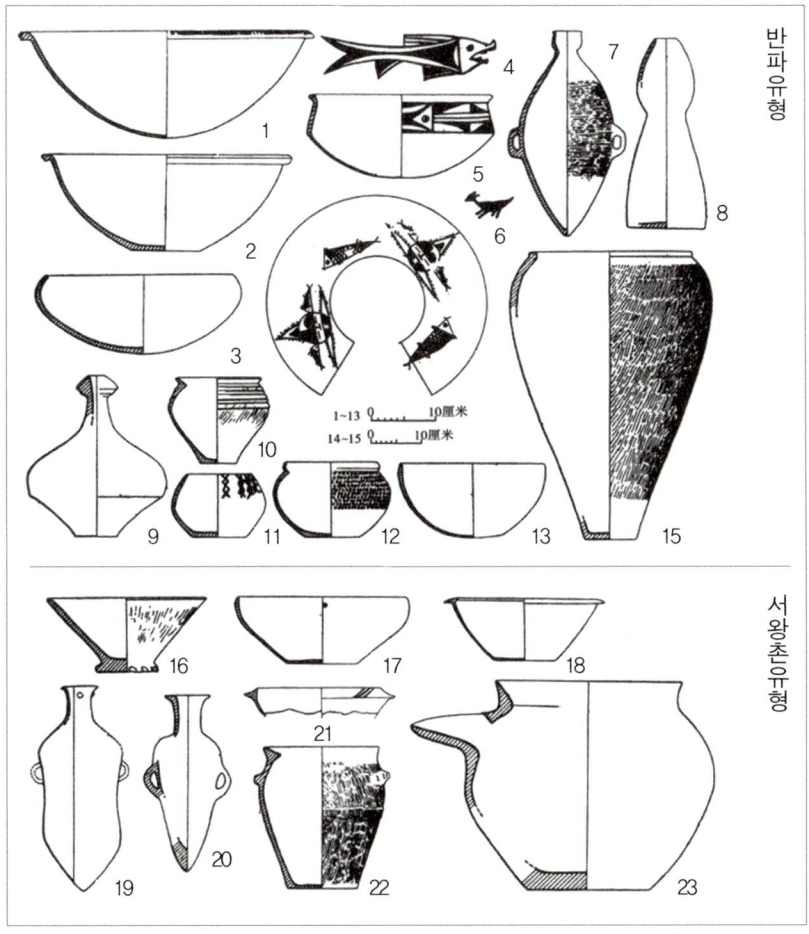

앙소문화 질그릇[289]

1,2,4. 분, 3,13. 사발, 4. 물고기 문양, 6. 짐승 문양, 7. 두레박, 8,9. 단지, 10~12. 관, 14. 사람 얼굴 및 물고기 문양, 15. 옹, 16,17. 완, 18. 분, 19,20. 두레박, 21. 사선문 토기편, 22,23. 관

검 양옆에는 박편으로 만든 짐승이 있었다. 연구자들은 주검 왼쪽 것을 용, 오른쪽 것을 호랑이, 나머지 다른 것을 사슴으로 추측하고 있다. 이 무덤이 발굴되었을 때 중국에서 가장 이른 시기의 용이 출토된 것으로 여겨졌다.

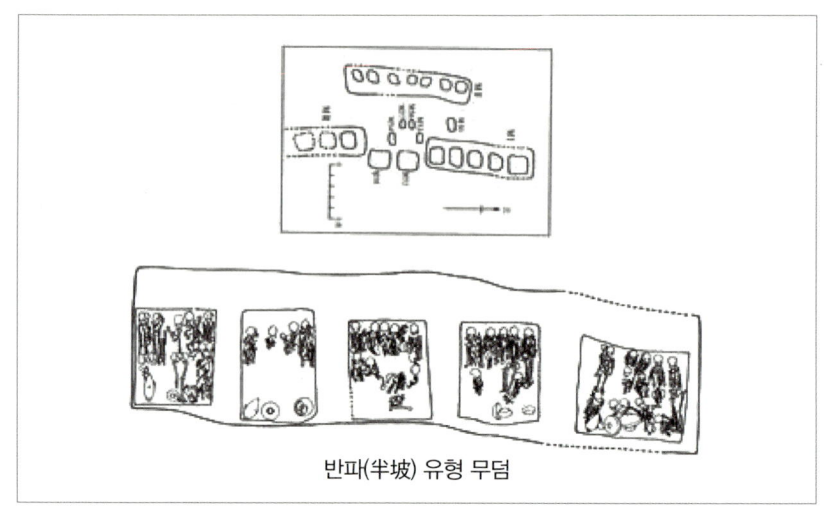

앙소문화 무덤[290)]

앙소문화 문자[291)]

　　후강1기문화는 같은 지역의 선대 문화인 자산문화 영향을 가장 많이 받았고, 그 다음으로 북경 근처에서 발전한 진강영(鎭江營) 1기 문화와 배리강문화 순으로 영향을 받았다. 당지 자산문화와 그 북쪽 진강영 1기 문화가 후강1기문화의 주축을 이룬다는 사실이 특징적인데, 붉은 질그릇이 많

하남성 복양 서수파 앙소문화 무덤 주검 배치도

은 진강영 1기 문화의 영향은 매우 중요하다. 진강영 1기 문화가 홍산문화와 바로 이웃하고 있었기 때문이다. 즉, 후강1기문화는 진강영 1기 문화를 사이에 두고 홍산문화와 연결되어 있는 것이다. 그러나 후강1기문화와 홍산문화는 큰 공통점을 나타내지 않는다. 홍산문화와 앙소문화를 비교했을 때와 같은 현상이다. 두 문화는 기후대가 달라 밀접한 문화 교류를 갖기 어려운 조건에 있었다. 따라서 장성덕이 후강1기문화 요소가 홍산문화로 유입되었다고 한 주장은 성립하기 어렵다고 본다.

---

289) 中國社會科學院考古硏究所,《新中國的考古发现和硏究》, 文物出版社, 1984年.
290) 韓建業,《中國北方地區新石器時代文化硏究》, 文物出版社, 2003年.
291) 韓建業,《中國北方地區新石器時代文化硏究》, 文物出版社, 2003年.

(2) 홍산문화와 앙소문화

앙소문화는 중국 문화를 대표하는 문화이다. 중국 문화는 앙소문화를 모태로 하여 탄생했다고 해도 과언이 아닐 만큼 앙소문화는 지속 기간이 길고 분포 지역도 매우 넓다. 앙소문화는 초기에 섬서성과 하남성 일부를 중심으로 발전했는데, 시대가 지나면서 점점 분포 범위가 넓어져 전 황하 유역으로 확산되었다. 앙소문화는 지역적 특징에 따라 반파 유형, 묘저구 유형, 후강 유형 등으로 구분된다. 앙소문화는 지금으로부터 약 7000년 전에 시작하여 지금으로부터 약 5000년 전에 다른 문화로 대체되었다.

홍산문화 지역과 앙소문화 지역은 자연 환경 차이가 커서 삶의 형태도 다르다. 홍산문화 지역에서는 기본적으로 산을 등지고 강을 앞에 둔 지형에 마을을 만들지만, 앙소문화 마을에는 배산임수 원칙이 명확하지 않다. 앙소문화 분포 지역은 대부분 황토 고원 지대이다. 이 지대는 기본적으로 강수량이 많지 않고, 만약 큰비가 내리면 땅이 파이거나 아예 푹 꺼져 내리는 경우도 있다. 더욱이 상류 유역에서 비가 얼마나 오는지 모르기 때문에 큰비가 와도 땅이 무너질 염려가 없는 곳을 마을 부지로 선택해야 했다.

따라서 앙소문화 사람들에게는 물이 범람하지 않고 치수가 유리한 지형이 주거지 선택에서 가장 중요한 고려 사항이었을 것이다. 결국 물에서

앙소문화 두레박[292]

멀리 떨어진 언덕에 집터를 정하고, 물은 하천보다는 우물을 파서 공급하는 쪽으로 발전했다. 앙소문화 유물 중에는 물을 긷던 두레박이 지금도 남아 있다.

이에 비해 홍산문화 지역은 원래 산지이기 때문에 비가 오면 계곡으로 물이 흐른다. 나무가 빽빽한 숲이라면 물이 지하수로 저장되어 흐르거나 냇물을 이루며, 냇물들이 모여 큰 강을 이룬다. 그러나 홍산문화 지역은 원래 비가 많이 오는 곳이 아니므로 오랫동안 가뭄이 들면 숲에 고인 물마저 말라 버려 사람들이 물을 찾아 이동해야 했다. 홍산문화 사람들은 물을 대부분 냇물에서 얻은 것으로 보인다. 이처럼 홍산문화 사람들과 앙소문화 사람들의 생활 양식이 기본적으로 달랐으므로 그에 따른 문화 내용도 차이가 있을 수밖에 없다.

유물만 보아도 앙소문화 지역에서는 물을 담아 둔 큰 질그릇이 많이 발견되는데, 이 질그릇들은 표면을 갈아내는 마연(磨硏)이라는 새로운 기술로 가공되어 오랜 시간 물을 담아 두어도 새지 않는다.

---

292) 國家文物國 主編, 〈河南靈寶西坡遺址仰昭文化中期墓地與壕溝〉, 《2006 中國重要考古發現》, 文物出版社, 2007年.

대지만 유적 출토 앙소문화 질그릇

그러나 홍산문화 지역에서는 이러한 질그릇이 많이 발견되지 않고, 마연 기술로 가공한 큰 질그릇도 매우 적다.

두 지역이 물을 얻고 보관하는 방법이 달랐다는 사실 한 가지만으로도 양 문화권 사람들의 사유체계 차이를 엿볼 수 있다. 앙소문화 사람들은 우물을 파서 지하수를 썼으므로 긴 가뭄에도 농토를 유지할 수 있었고, 그만큼 땅에 대한 집착도 강해 땅의 신(地神)에 제사를 지냈다. 반면 홍산문화 사람들은 배산임수를 기본으로 하여 냇물을 이용했으므로 가뭄에는 물이 있는 곳으로 옮겨 가야 했다. 그들은 물은 하늘에서 내리는 비와 숲과 나무에서 나오는 것이라 생각해 하늘과 산, 하천, 나무 등에 제사를 지냈으리라 생각한다.

유적과 유물에 나타난 두 문화의 차이점과 공통점을 확인해 보면 다음과 같다. 먼저, 유적에 나타난 차이를 살펴보자. 홍산문화가 제단과 무덤 등 건축에 돌을 많이 쓴 문화라면 앙소문화는 돌을 쓰지 않는 문화이다. 황토 지대여서 돌이 없어서 그럴 수도 있지만, 건축과 무덤에 돌을 사용한

반파 유적 무덤

예가 없다. 주로 흙으로 집을 짓고 무덤도 대부분 땅을 판 움무덤이다.

유물을 보면 홍산문화는 시기별로 차이가 있지만, 전 시기에 걸쳐 옥 문화가 보편적이다. 옥도 돌이지만 홍산문화권에서 옥은 특히 귀중품이었다. 그러나 앙소문화권에서는 주변 지역에서 충분히 옥을 구할 수 있는데도 옥을 거의 사용하지 않았다. 최근 앙소문화 중기 유적에 해당하는 하남성 영보서파(靈寶西坡) 유적에서 옥도끼 세 점과 옥팔찌 한 점이 발견되었다.[293] 이 옥기들은 요서 지역 홍산문화와 조보구문화 지역에서 발견된 것과 매우 비슷하다. 옥도끼는 오한기 소산 유적에서 발견된 것과 비슷하고,[294] 형태가 약간 다르지만 홍산문화 옥기와도 비슷하다.[295] 옥팔찌 역시 홍산문화에서 많이 보이는 기물이다.[296] 이로 미루어 보아 앙소문화에

---

293) 國家文物國 主編, 〈河南靈寶西坡遺址仰昭文化中期墓地與壕溝〉, 《2005 中國重要考古發現》, 文物出版社, 2006年, 22쪽.
294) 邵國田 主編, 〈小山遺址〉, 《敖漢文物精華》, 內蒙古文化出版社, 2004年, 23쪽.
295) 遼寧省考古研究所 主編, 《遼寧省文物考古研究所藏文物精華》, 科學出版社, 2012年, 45쪽.

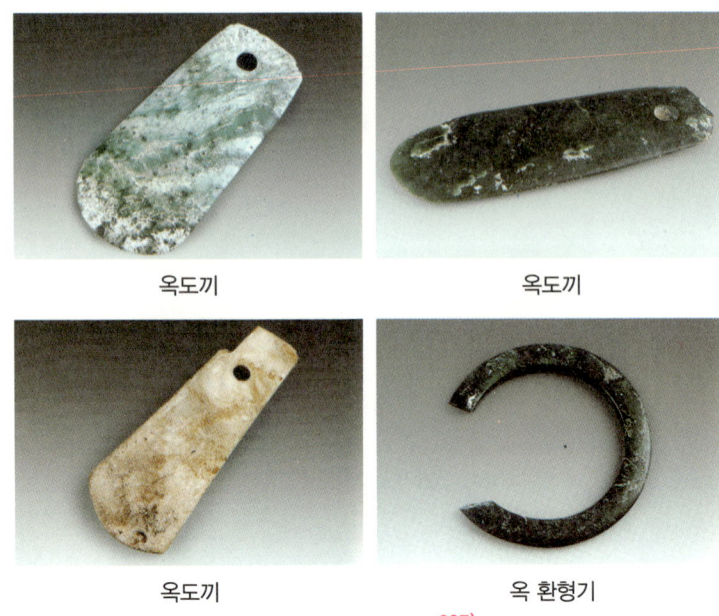

| 옥도끼 | 옥도끼 |
| 옥도끼 | 옥 환형기 |

앙소문화 출토 옥기[297]

서 발견된 옥기는 홍산문화 지역에서 전해진 것으로 보인다. 옥에 관한 두 문화의 상반된 태도는 두 문화가 확연히 다름을 알려 준다.

    홍산문화와 앙소문화 질그릇 형태도 짚고 넘어가야 한다. 두 문화의 질그릇 형태는 홍산문화와 앙소문화가 밀접한 관계가 있다고 주장하는 가장 큰 근거가 되고 있기 때문이다. 홍산문화 질그릇은 통형 단지를 대표로 한다. 여기에 더해 오목 목 단지, 뚜껑 있는 단지, 작은 세 발 질그릇(三足器)이 있다. 앙소문화에는 통형 단지와 배부른 오목 목 단지가 없다. 대부분 아가리가 넓고 밖으로 뻗은 것들이다.

---

296) 遼寧省考古研究所 主編,《遼寧省文物考古研究所藏文物精華》, 科學出版社, 2012年, 51쪽.

297) 國家文物局 主編,〈河南靈寶西坡遺址仰昭文化中期墓地與壕溝〉,《2005 中國重要考古發現》, 文物出版社, 2006年, 22쪽.

작은 항아리

그릇받침

대야

앙소문화 질그릇

세 발 질그릇의 경우 앙소문화에서는 이미 세 발 질그릇이 매우 발달했다. 같은 시기 홍산문화에서는 이제 막 초보적인 세 발 질그릇이 나타나기 시작했다. 더욱이 조악한 원시 세 발 질그릇과 함께 원시 네 발 질그릇(四足器)도 나온다. 이러한 점은 두 문화 질그릇의 분명한 차이이다.

그러나 질그릇에 그려진 무늬에서 홍산문화와 앙소문화의 공통점을 찾을 수 있다. 두 문화 채도 모두 질그릇 표면에 주로 검은색으로 그림을 그려 넣었다. 반면 앙소문화 채도는 생활 용기와 무덤 껴묻거리 모두 해당하지만, 홍산문화 채도는 껴묻거리 질그릇에 한정되었다. 또한, 앙소문화 채도 그림은 종류가 매우 다양하지만, 홍산문화 채도에는 주로 단순한 줄무

기원전 4000년경 고대 문화 분포도

홍산문화 시기 각 지역별 문화[298]

늬를 그렸다. 홍산문화 채도와 앙소문화 채도 모두 그림을 그린 것은 분명한 공통점이지만, 그림 주제는 상당히 다른 것을 볼 수 있다.

홍산문화 사람들과 앙소문화 사람들은 체질인류학적으로도 차이가 있다. 중국 학계의 체질인류학적 분류에 따르면 홍산문화 사람들은 '고동북형(古東北型)'이 주류이며, 앙소문화 사람들은 '고안양형(古安陽型)'이 주류이다.[299] 두 지역 사람들이 유전적으로 차이가 난다는 의미이다.[300]

---

298) 張玉梅 閆向東, 蘇秉琦與當代中國考古學, 科學出版社, 2001年.
299) 朱泓, 〈中原地區的古代種族〉, 《慶祝張忠培先生七十歲論文集》, 吉林大學邊疆考古研究中心 編, 科學出版社, 2004年.
300) 중국 고고학계에서 사람의 유전학을 연구할 때 많이 활용하는 것이 체질인류학 분야가 있다. 이 분야는 엄밀히 말하면 체질이 아니라 사람의 머리뼈 형태의 차이점을 근거로 하여 그 계통을 연구하는 학문이다. 이런 연구의 선구자는 반기풍이었는데, 이를 발전

7. 홍산문화와 요서 지역 후대 문화의 관계

홍산문화는 갑자기 소멸되었다. 그 원인은 아직 뚜렷하게 밝혀지지는 않았다. 지금의 추측으로는 기후와 관련이 있을 것으로 추정된다. 이 문제는 뒤에서 다시 정리를 하도록 하겠다. 홍산문화가 와해되었을 때 사람들은 어디로 흩어졌을까? 지금까지 홍산문화 후기와 바로 이어진 문화는 소하연문화라고 알려져 있지만, 홍산문화와 소하연문화는 문화 양상이 완전히 다른 문화로 나타난다. 이 때문에 두 문화에 관해서는 학자들 사이에 의견이 분분하다. 그러나 홍산문화 사람들과 소하연문화 사람들은 같은 지역에서 존재하였던 문화이다. 그러므로 어떤 그들 문화들과는 상관이 없을 수가 없다. 따라서 홍산문화와 소하연문화가 어떤 관계에 있었는지 살펴볼 필요가 있다.

1) 홍산문화와 소하연문화(小河沿文化)의 관계

(1) 소하연문화의 분포 범위와 연대

소하연문화 분포 범위는 서쪽으로 내몽고 동남부, 동쪽으로 요령성 조양 일대, 북쪽으로 서랍목륜하 유역, 남쪽으로 요령성 호로도(葫蘆島) 일대까지이다. 지금까지 집중적으로 조사된 소하연문화 지역은 내몽고 적봉

시킨 학자는 길림대학교의 주홍 교수였다. 주홍은 황하 유역부터 그 이북의 고대인들에 대한 머리뼈의 유전적 분류를 '고동북형(古東北型)', '고화북형(古華北型)', 그리고 최근에 '고안양형(古安陽型)'으로 구분하였다. 이 구분에서 '고동북형'은 현재 남만주 지역 일대 사람들을 통칭하는것이고, '고화북형'은 만리장성 남북 지역에 거주하는 사람들을 말한다. 그리고 최근에 새로 제시된 '고안양형'은 황하 유역 사람들을 말하는 것이다.

시 오한기와 옹우특기 지역이다.

그런데 소하연문화 분포 범위는 전형적인 소하연문화 유적 분포 지역과 주변 문화권과의 교착 지역으로 구분된다. 이 교착 지역 문화는 학자에 따라서 소하연문화의 한 지역 유형으로 보기도 하고, 소화연문화가 아닌 다른 문화의 한 유형으로 보기도 한다. 따라서 이 지역을 소하연문화권에 포함시킬지 여부를 결정하기 위해서는 이 지역 문화 현상을 꼼꼼히 검토할 필요가 있다.

소하연문화의 상한 연대는 우선 유적의 층위 관계를 통해 확인할 수 있다. 소하연문화의 층위를 추적할 수 있는 곳은 내몽고 임서현 백음장한 유적이다. 이 유적에서는 소하연문화층이 홍산문화층을 부순 흔적이 확인되었고,[301] 홍산문화 요소에서 변형된 것으로 보이는 문화 요소도 많이 발견되었다. 따라서 소하연문화는 홍산문화보다 연대가 늦다는 것을 알 수 있다. 또한, 소하연문화 기물은 산동반도 신석기시대 문화인 대문구문화 중·후기 기물들과 매우 닮아 있다. 예를 들면, 팔각별 무늬와 '卍'자 무늬 등이 대문구문화 유물에서 보이는 것과 유사한데, 이로부터 소하연문화와 대문구문화 시기가 거의 같다고 추정할 수 있다. 대문구문화 중·후기 연대는 기원전 30세기 무렵으로 알려져 있으므로 소하연문화 상한 연대도 이즈음으로 볼 수 있다.[302]

(2) 소하연문화 유적과 유물의 특징

① 유적

---

301) 內蒙古自治區文物考古硏究所,〈內蒙古林西縣白音長汗新石器時代遺址發掘簡報〉,《考古》1993年 第7期.

302) 복기대,〈소하연문화에 관하여〉,《단군학연구》21, 2009년.

• 주거지

　소하연문화 주거지는 단실과 쌍실 두 가지가 있다. 단실은 타원형 움집으로, 바닥이 넓고 입구가 좁은 형태인데, 이러한 움집은 바닥부터 입구까지 경사가 져 있다. 집안에 아궁이와 기둥 자리가 있으며, 문은 남쪽으로 나 있다. 쌍실은 타원형 움집 중간에 벽을 쌓아 두 칸으로 나눈 것이다. 한 칸은 크고 다른 한 칸은 작은데 작은 칸 지면이 약간 높다. 백음장한 유적 발굴 당시 작은 칸에서 질그릇 조각들이 쌓인 채 발견되어 모두 원형으로 복원되었다. 아마도 큰 칸은 사람이 주거한 공간이고 작은 칸은 창고로 활용된 듯하다.

　집터 둘레에서 많은 구덩이가 발견되었다. 구덩이가 집터와 같은 층위에서 발견되었으므로 집자리 주인들이 사용한 것으로 보인다. 구덩이 형태는 대부분 원형이고, 일부 타원형도 있다. 구덩이는 깊이가 다양하여 1.9m에 이르는 것도 있다. 한 구덩이에서 붉은 단지와 회갈색 통형 독 한 점씩이 거꾸로 묻힌 채 발견되었다. 두 점 모두 큰 질그릇이다. 구덩이를 덮은 흙 속에서는 완전한 모습으로 보존된 개 한 마리가 발견되었다.[303]

• 무덤

　소하연문화 무덤 특징 중 한 가지는 산에 무덤을 만들어 매장한다는 점이다. 주로 산꼭대기에 매장하는데, 암반층이 많아 무덤이 깊지 않다. 적봉 오한기 석붕산 소하연문화 무덤 유적은 무덤 구역이 약 1만m²이다. 이 무덤 유적 안의 무덤들은 크게 세 무리를 이루며, 각 무덤 떼는 밀집도가 다르다. 한 무덤 떼 안에서는 무덤 간격이 매우 좁아 겨우 10cm밖에 떨어지

---

303) 개가 묻힌 구덩이는 제사용으로 쓰인 구덩이가 있었음을 추측하게 한다.

지 않은 무덤들도 있다.

무덤 방향은 남북 방향과 동서 방향 두 가지가 있다. 남북 방향으로 무덤을 쓴 경우는 산 정상에서 산 아래를 향해 자리를 잡았고, 동서 방향으로 무덤을 쓴 경우는 동쪽에서 서쪽을 향한 무덤과 서쪽에서 동쪽을 향한 무덤이 있다. 304)

매장 방식은 대부분 형태가 일정하지 않은 구덩이를 파고 주검의 상반신은 똑바로 누이고 다리를 구부려 묻는 방식이다. 합장 무덤은 많이 발견

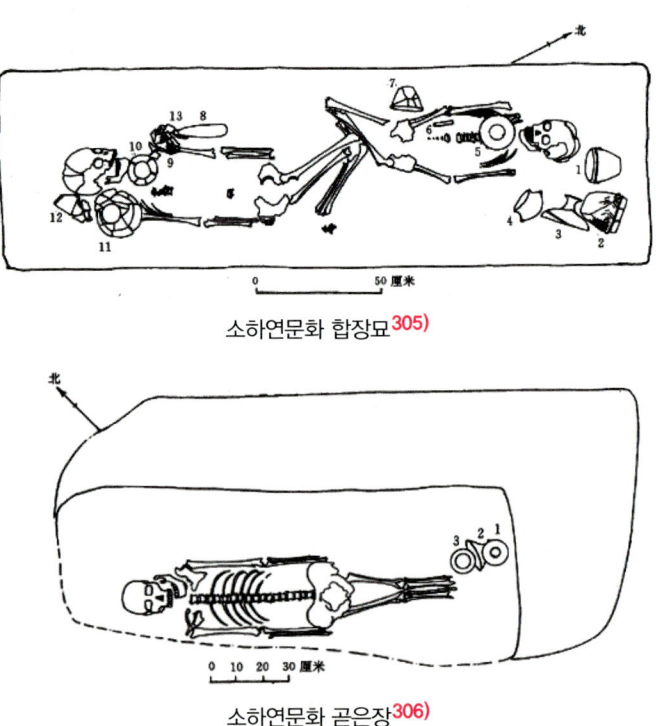

소하연문화 합장묘305)

소하연문화 곧은장306)

---

304) 석붕산 무덤 유적의 무덤군이 세 집단을 이루는 사실로부터 3개 모계 집단이 존재했다고 추정하는 학자도 있다. 李恭篤·高美璇,〈試論小河沿文化〉,《中國考古學會第2次年會論文集》, 文物出版社, 1980年.

되지 않았다. 어린 아이도 부모와 합장하지 않고 혼자 묻었으며, 모든 면에서 어른을 매장하는 방식과 동일하다. 특이하게 부부 합장 무덤으로 추정된 무덤에는 남녀 피장자가 서로 반대 방향을 향해 묻혀 있었다. 소하연문화 매장 방식은 대부분 굽은장이지만, 아주 드물게 곧은장도 보인다.

무덤 주검 위에는 썩은 나뭇가지와 조각 낸 자작나무 껍질이 놓여 있었다. 대부분 무덤에 많게는 20여 점, 적게는 4~5점씩 껴묻거리가 있다. 껴묻힌 기물 종류는 질그릇, 석기, 장식품 등이며, 질그릇을 껴묻는 방식에 규칙성이 보인다. 단지·굽다리접시·주전자를 한 조로 묻거나 단지·굽다리접시·사발을 한 조로 껴묻는 방식이다. 소하연문화 무덤 중에는 간혹 피장자의 두개골이 제거된 경우가 발견된다.

② 유 물
• 질그릇

소하연문화 질그릇은 모래질 갈색 질그릇이 가장 많아 전체 출토량의 60%에 달한다. 그 다음으로 발견 빈도가 높은 질그릇은 진흙질 붉은 질그릇, 진흙질 검은 질그릇, 모래 섞인 검은 질그릇, 모래 섞인 붉은 질그릇, 진흙질 회색 질그릇 순이다. 이 밖에 운모와 조개껍데기 가루를 섞어 만든 질그릇도 있다. 회색 질그릇 표면에 검은 칠을 한 것도 있고, 붉은 질그릇 표면에 검은색이나 연회색으로 반점은 그려 넣은 것도 있다. 붉은 질그릇은 연한 붉은색, 진한 붉은색, 황토색 질그릇으로 나뉜다.[307]

305) 內蒙古文物研究所,《內蒙古文物考古文集1》, 中國大百科全書出版社, 1997年.
306) 內蒙古文物研究所,《內蒙古文物考古文集1》, 中國大百科全書出版社, 1997年.
307) 이공독은 붉은 질그릇이 표면색에 따라 세 가지로 구분되는 것은 "불의 온도와 가마 내 질그릇 위치에 따라 색이 달라지기 때문"이라고 했으나 글쓴이는 제작 기법이 달라서 색 차이가 났다고 생각한다.

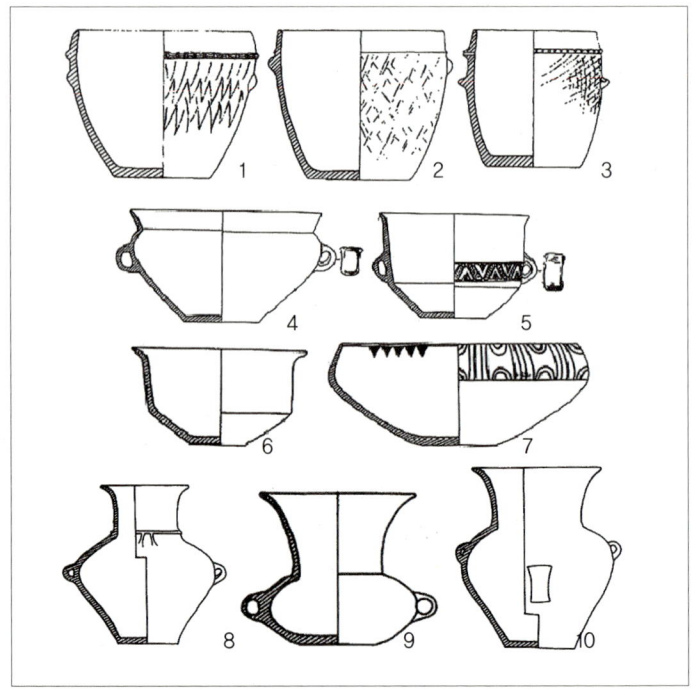

소하연문화 질그릇
1,2,3. 통형 단지, 4,5. 양귀 단지, 6. 준, 7. 사발, 8,9,10. 양귀 달린 병형 단지

질그릇 종류는 큰 단지, 통형 독, 채도, 그릇 받침, 굽다리접시, 보시기, 대접, 긴 목 주전자 등이 대표적이다. 질그릇 중에는 짐승 모양을 본뜬 것, 아가리가 두 개인 것, 귀가 여러 개 달린 것도 있다.

李恭篤·高美璇,〈試論小河沿文化〉,《中國考古學會第2次年會論文集》, 文物出版社, 1980年, 146쪽.

채회 통형기

기대(器臺)와 준

채회 굽대야

잔

채회 대접

소하연문화 채도

각종 질그릇

오리형 토우   짐승 머리형 토우

성기(性器) 부착 장식품   뼈 새김 안면성

소하연문화 각종 기물[308] (적봉 박물관 소장)

무늬는 방식에 따라 덧띠무늬, 새긴 무늬, 눌러 찍은 무늬, 긁은 무늬, 붓으로 그린 채도 등으로 나뉜다. 무늬 모양에 따라서는 네모무늬, 겹네모무늬, 세모무늬, 점무늬, 찍은 무늬, 그물 무늬, 짐승 무늬 등으로 나뉜다. 질그릇 전체에 무늬를 그린 것도 있고, 일부에 그린 것도 있다. 그림은 굽기 전에 그렸으며, 붉은 바탕에 검은 그림, 회색 바탕에 검은 그림, 붉은 바탕에 진한 붉은 그림을 그린 것과 흰색을 쓴 것도 있다. 그림은 보시기, 굽다리접시, 준 등에 많이 그렸다. 채도는 대부분 모래가 섞인 질그릇인데, 이는 소하연문화 질그릇의 독특한 특징이다.

• 석기와 골기

소하연문화 공구는 간석기가 많으며, 종류는 돌삽, 돌송곳, 돌도끼, 돌끌, 돌망치 등이다. 소하연문화 공구 중에서 특징적인 것은 뼈에 홈을 내고 여러 색 세석기 날에 접착제를 발라 박아 넣은 칼이다. 이 공구는 이 문화에서 발견된 독특한 기물이다.

소하연문화 옥 칼[309]

---

308) 遼寧省文物考古研究所 赤峰市博物館 編著,《大南溝: 後紅山文化墓地發掘報告》, 科學出版社, 1998年.
309) 遼寧省文物考古研究所 赤峰市博物館 編著,《大南溝: 後紅山文化墓地發掘報告》, 科學出版社, 1998年.

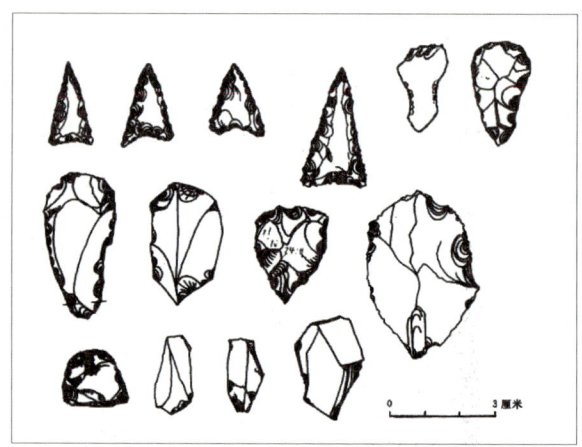

소하연문화 세석기[310]

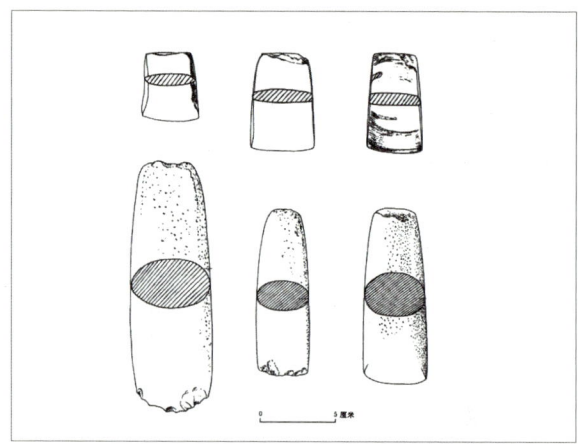

소하연문화 석기[311]

　칼, 송곳, 끌, 바늘 등 골기도 많이 발견되었다. 뼈바늘은 매우 날카롭고 바늘귀가 0.5mm도 되지 않는다. 바늘귀 지름으로 미루어 보아 당시에 이미 매우 가는 실을 사용했음을 알 수 있다. 가락바퀴는 크기가 모두 다르고 무게도 다양하다.

③ 부호

소하연문화 질그릇 중 여러 가지 부호가 새겨진 것들이 발견되었다. 이 부호들은 하나씩 단순한 형태를 이루지 않고, 여러 가지가 연결된 복합 구조를 갖는다.

소하연문화 부호[312]

부호가 새겨진 질그릇은 석봉산 무덤 유적에서 네 개가 발견되었다. 이 부호들의 의미는 아직 밝혀지지 않았으나, 한 부호가 다른 곳에서도 나타나므로 표식으로 보는 것이 타당할 듯하다.

---

310) 遼寧省文物考古研究所 赤峰市博物館 編著, 《大南溝: 後紅山文化墓地發掘報告》, 科學出版社, 1998年.

311) 遼寧省文物考古研究所 赤峰市博物館 編著, 《大南溝: 後紅山文化墓地發掘報告》, 科學出版社, 1998年.

312) 遼寧省文物考古研究所 赤峰市博物館 編著, 《大南溝: 後紅山文化墓地發掘報告》, 科學出版社, 1998年.

부호가 새겨진 소하연문화 질그릇[313]

(3) 홍산문화와 소하연문화의 계승 관계

홍산문화와 소하연문화의 계승 관계에 대해서는 학자들마다 다른 견해를 제시하고 있다. 이공독은 소하연문화를 홍산문화와 별개 문화로 보며,[314] 곽대순은 소하연문화를 홍산문화의 연장으로 보고 있다.[315] 곽대순의 견해는 소하연문화가 홍산문화와 매우 비슷하다는 데 근거하지만, 문화의 연속성을 볼 때 두 문화는 차이가 있다.

① 홍산문화와 소하연문화의 연관성 분석

홍산문화와 소하연문화는 다음과 같은 공통점과 차이점을 나타낸다. 먼저 공통점을 살펴보자.

---

313) 遼寧省文物考古研究所 赤峰市博物館 編著,《大南溝: 後紅山文化墓地發掘報告》, 科學出版社, 1998年.

314) 李恭篤·高美璇,〈試論小河沿文化〉,《中國考古學會第2次年會論文集》, 文物出版社, 1980年.

315)《大南溝: 後紅山文化墓地發掘報告》, 科學出版社, 1998年.

소하연문화 분포도(노란 원은 중심분포 지역, 붉은 원은 영향권을 표시함)

첫째, 무덤 떼를 만들며, 무덤 떼 안에서 무덤 간격이 매우 좁다. 홍산문화 무덤 중에는 두 무덤이 한 벽을 무덤 벽으로 쓴 경우도 있다.[316] 이렇게 간격이 좁은 무덤은 소하연문화 무덤에서도 확인되었다. 무덤에 나타나는 이러한 공통점은 소하연문화와 홍산문화가 서로 계승 관계에 있을 가능성을 나타낸다.

둘째, 홍산문화로부터 소하연문화까지 붉은 질그릇(紅陶)에 그림을 그린 채도가 계속 유지되었다. 단, 도안은 변했는데, 곽대순은 홍산문화 비늘무늬가 소하연문화 번개무늬로 변했다고 해석했다.[317]

다음으로, 홍산문화와 소하연문화의 차이점을 살펴보자.

---

316) 조빈복저 · 최무장 역,《중국 동북지역 신석기문화》, 집문당, 1996년, 119쪽.
317) 곽대순의 미시적 관점은 일리가 있으나 두 문화 질그릇에 나타나는 무늬들은 전체적으로 매우 다르다.

첫째, 홍산문화 무덤과 소하연문화 무덤은 공통점도 있지만, 현격한 차이도 존재한다. 홍산문화 시기에는 주로 돌널무덤(石棺墓)과 돌덧널무덤(石槨墓)을 만들었다. 그러나 소하연문화에서는 돌로 만든 무덤이 아직 확인되지 않았다. 주검을 묻는 방식도 홍산문화는 곧은장이 대부분이지만, 소하연문화는 모두 굽은장이다. 껴묻거리도 홍산문화 무덤에는 질그릇도 있지만, 옥기가 많이 껴묻혔다. 반면 소하연문화 무덤에는 질그릇들이 주로 껴묻혔다. 즉, 홍산문화에서는 옥기가 매우 중시되었지만, 소하연문화에서는 그러한 특징이 전혀 보이지 않는다.

  그 이유로 소하연문화 시기가 홍산문화 후기보다 경제적으로 풍요롭지 않아서 옥 문화가 위축되거나 홍산문화가 해체되면서 옥 다루는 기술이 퇴보 또는 단절되었거나 이 시기 정치적 변동으로 옥 원석 교역 네트워크에 문제가 생겼을 가능성 등 여러 가지를 생각해 볼 수 있으나, 아직까지 정확한 이유는 밝혀지지 않았다. 옥기에 대한 양 문화의 태도는 홍산문화와 소하연문화의 큰 차이점 중 하나이다.

  둘째, 홍산문화 요소가 소하연문화 요소로 변화해 간 과정을 나타내는 기물들이 있다. 질그릇 중 분(盆)이 준(樽) 형태로 바뀌기 시작하여 깊이가 깊어지면서 아가리가 좁아진 것이다.[318] 또 통형 단지가 아가리가 큰 단지로 변하는데, 이러한 변화는 홍산문화 시기까지는 주로 통형 단지가 유행하다가 소하연문화 시기에 들어오면 통형 단지보다는 아가리가 큰 단지가 선호되었음을 보여 준다. 변화 과정을 나타내는 기물 중에는 굽다리

---

318) 준의 원시 형태는 조보구문화 시기부터 보이며, 홍산문화에서는 큰 변화가 없고 많이 만들어지지도 않다가 소하연문화 때부터 전형적인 준의 형태로 자리 잡아 하가점하층문화로 이어졌다. 복기대, 〈樽의 기원과 계승성에 관한 시론〉, 《선사와 고대 25》, 2006.

소하연문화 굽다리 접시(왼쪽)와 홍산문화 그릇 뚜껑(오른쪽)의 비교[319]

접시도 있다. 소하연문화 지역에서는 손잡이 부분이 빈 굽다리접시가 많이 발견되었다.

이공독은 소하연문화 지역에 굽다리접시가 많이 나타나는 현상을 대문구문화의 영향으로 파악했다. 그러나 소하연문화 굽다리접시는 그 형태가 이미 홍산문화 시기에 나타난다.[320] 우하량 유적에서 출토된 질그릇 뚜껑 중 완전한 굽다리접시 형태를 한 질그릇은 소하연문화 굽다리접시가 대문구문화가 아니라 홍산문화와 더 관련 있음을 보여 준다. 따라서 소하연문화 굽다리접시는 홍산문화에서 계승되었다고 보는 것이 타당할 것이다.

마지막으로, 홍산문화 후기에 등장한 검은 질그릇이 소하연문화 시기에 점점 증가했다는 점도 홍산문화와 소하연문화의 차이이다.

셋째, 홍산문화 채도와 소하연문화 채도 무늬가 일치하지 않는 데 대해 많은 학자가 의문을 제기하고 있다. 그러나 두 문화 채도에는 공통점이 있

---

319) (좌)遼寧省文物考古硏究所 赤峰市博物館 編著,《大南溝: 後紅山文化墓地發掘報告》, 科學出版社, 1998年 ; (우)遼寧省文物硏究所,〈多學科綜合硏究〉《牛河梁: 紅山文化遺址發掘報告(1983-2003年) 下編》, 文物出版社, 2012年.

320) 朝陽市文化局,《牛河梁遺址》, 學苑出版社, 2004年, 22쪽 그림 24.

다. 우선 질그릇 표면에 붉은 칠을 한 다음 무늬를 그렸고, 무늬 색은 붉은 색과 검은색이 주이다. 또한, 두 문화 모두 기하학적 무늬를 주로 그렸는데, 홍산문화 질그릇 무늬가 매우 두껍게 표현된 반면 소하연문화 질그릇 무늬는 얇고 간결하다. 이는 아마도 시간이 흐름에 따라 양식이 점진적으로 변화했기 때문인 듯하다.[321]

이러한 특징들을 보면 홍산문화의 많은 문화 요소가 소하연문화로 전승되었지만, 소하연문화 시기에는 기후와 생태 환경이 밀집된 사회를 이루는 데 불리하여 홍산문화 시기처럼 대형 유적과 풍부한 유물이 존재하지 않은 것으로 보인다.

이상으로 홍산문화를 당대 및 후대 문화들과 비교함으로써 홍산문화의 문화 교류 관계를 살펴보았다. 비교 분석 결과 몇몇 중국 학자가 주장한 홍산문화와 황화 중·하류 문화의 상관성은 타당성이 거의 없고, 오히려 동시대 문화인 묘자구문화와는 일정한 교류가 있었던 것으로 나타났다. 그리고 많은 홍산문화 요소가 바로 연이은 소하연문화로 전승되었음을 확인할 수 있다.

2) 홍산문화와 하가점하층문화의 관계

홍산문화 요소가 시간차 없이 곧바로 소하연문화로 계승된 사례와는 달리 시간을 건너뛰어 오랜 세월이 흐른 후에 하가점하층문화로 전승된 예도 있다. 이러한 문화 전승의 사례를 몇 가지 살펴보면 다음과 같다.

---

[321] 질그릇 무늬로 문화의 동질성을 가늠한다면 동시대 기물의 무늬를 비교해야 한다. 홍산문화와 소하연문화는 시기적으로 선후 관계에 있으므로 두 문화의 질그릇 무늬를 같은 시각으로 보는 것은 잘못이라고 생각한다.

이 전승은 기본적으로 다음과 같은 전제 조건이 있어야 하는 것이다. 그것은 하가점하층문화의 선대문화는 소하연문화이다. 이 소하연문화는 몇 백 년이라는 세월 동안 이어졌다. 그 동안에 홍산문화의 요소가 어느 타임캡슐에 들어 있다가 어느 날 갑자기 하가점하층 시기에 나온 것일까 하는 것이다. 절대 그렇지 않다. 당연히 홍산문화의 요소가 소하연문화에 이어져 있었고, 그것이 하가점하층문화시기에도 나타난 것이다. 그러면 왜 소하연문화 시기에는 나타나지 않았던 것일까 하는 것이다. 그것은 간단한 문제이다. 소하연문화와 관련하여 지금까지 연구된 것은 몇 유적에서 조사된 것이 대부분이었다. 그렇기 때문에 드러나지 않았던 것이다. 그러나 하가점하층문화에서 볼 수 있는 홍산문화의 흔적들을 볼 때 홍산문화의 흔적들을 머금은 소하연문화의 유적들은 매우 많이 분포했을 것이고, 그렇다 보니 하가점하층문화에서 확인될 수 있었던 것으로 추정된다. 즉, '홍산문화 → 소하연문화 → 하가점하층문화'로 이어졌다고 볼 수 있는 것이다. 그러나 소하연문화에서 확인하지 못하였기 때문에 별도로 하가점하층문화와 관계라고 구분을 하여 정리하였다.

(1) 석조 건축술 전승

석조 건축은 홍산문화 특징 가운데 하나이다. 홍산문화 사람들의 돌 다루는 기술은 무덤에서 확인된다. 돌을 규격에 맞게 다듬어서 무덤 벽을 쌓았고, 돌널무덤을 만들 때 돌을 판으로 가공해서 널을 만들었다. 돌을 다듬어 사용했다는 것은 홍산문화 사람들이 돌 가공 기술을 알고 있었다는 말이다.

무덤 이외의 건축에도 돌을 이용했다. 대표적인 예는 우하량 여신묘 북쪽 12m에 있는 건축물이다. 연구자들은 이 건축물을 '평대(平臺)'라고 한다. 평대는 면적 4만m²로, 그 남쪽 여신묘와 관련 있는 건축물로 추측되고 있다. 평대 주변으로 단속적인 돌담이 확인되었는데, 한 변의 길이가 200m 정도로 추산된다. 대부분 자연석이지만 간혹 가공한 돌도 있다. 먼저 지반을 다진 다음 돌을 쌓아 올렸다. 원래 돌담 높이는 알 수 없지만, 유적 주변에 무너져 내린 돌들이 그대로 남아 있다. 이로 미루어 보건대 이 건축물을 석성 초기 형태로 보아도 큰 문제가 없을 것이다.322)

홍산문화의 돌담 축조 방식은 하가점하층문화에서 많이 나타나는 산성 또는 석성 축조 방식으로 계승되었다. 하가점하층문화의 수많은 성은 축조 방식에 따라 토성, 혼축성, 석성으로 나눌 수 있다.323) 하가점하층문화 성은 규모가 다양하지만, 지금까지 발견된 것 가운데 가장 큰 것은 15만m²나 된다.324) 성은 절벽이나 암벽 등 자연 지형을 최대한 이용하고 성벽을 쌓아야 하는 부분은 해자 형식으로 흙을 파낸 뒤 돌을 쌓거나 흙을 쌓았다.

우하량 여신묘 북쪽의 평대 석축325)

---

322) 복기대, 〈홍산문화와 하가점하층문화의 연관성에 관한 시론〉, 《문화사학 27》, 2007년 6월.
323) 지금까지 발견된 크고 작은 하가점하층문화 석성은 300기가 넘는다. 토성도 매우 많이 발견되었다.
324) 邵國田 主編, 〈城子山遺址〉, 《敖漢文物精華》, 內蒙古文化出版社, 2004年, 35쪽
325) 遼寧省文物硏究所, 〈多學科綜合硏究〉 《牛河梁: 紅山文化遺址發掘報告(1983-2003年) 下編》, 文物出版社, 2012年.

홍산문화 돌 쌓는 방식[326]

하가점하층문화 성터 유적 중 상기방영자(上幾房營子) 석성은 우하량 여신묘 유적과 매우 비슷하다. 다만, 우하량 여신묘 유적 건축물에서는 치(雉)가 확인되지 않았으나, 삼좌점(三座店), 상기방영자, 지가영자(遲家營子) 석성 등 하가점하층문화 석성 유적에서는 상당히 조밀하게 배열된 치가 확인되었다. 이러한 예들을 통해 홍산문화에서 나타난 초기 돌담 형식이 하가점하층문화 시기에 이르러 석성 구조로 발전했다고 볼 수 있을 것이다.

(2) 기물에 나타나는 계승성

짧은 다리가 바깥으로 뻗친 세 발 질그릇은 하가점하층문화에서 많이

---

326) 遼寧省文物研究所, 〈多學科綜合研究〉《牛河梁: 紅山文化遺址發掘報告(1983-2003年) 下編》, 文物出版社, 2012年.

보이는 질그릇이다. 이 질그릇 유형은 황하 유역에서는 보이지 않으며, 홍산문화 동산취 유적과 우하량 유적에서 발견되었다. 그렇다면 하가점하층문화 세 발 질그릇은 홍산문화에서 시작되어 하가점하층문화로 계승되었다고 볼 수 있다.[327]

홍산문화와 하가점하층문화 사이의 문화요소 계승은 큰 의미를 갖는다. 문화 요소 계승은 유물과 유적의 풍격으로 표출되며, 해당 문화인들의 관습과 전통이 유지되어야 함을 전제로 한다. 따라서 두 문화 유물에 나타난 공통점은 두 문화가 매우 밀접한 관계가 있음을 나타낸다. 홍산문화와 하가점하층문화 유물이 밀접히 관련된다는 사실은 이미 밝혀져 있는데, 두 문화 기물의 공통성을 좀 더 구체적으로 살펴보기로 한다.[328]

① 질그릇

질그릇은 만드는 방법이 계속 유지되지 않으면 연속성이 단절되므로 공통점이 있다는 것은 곧 연속성이 있다는 뜻이다. 이를 좀 더 구체적으로 분석해 보도록 하자.

세 발 질그릇은 하가점하층문화의 대표적인 질그릇으로, 세가랑이솥(鬲)과 세발솥(鼎) 두 계통으로 구분된다. 세 발 질그릇이 황하 중류 유역 문화에서 훨씬 먼저 등장했다는 사실에만 주목하면 하가점하층문화를 황하 중류 유역 문화의 아류로 보게 될 것이다. 그러나 하가점하층문화 세 발 질그릇 중 자루형 세 발 질그릇은 세가랑이솥에 속하고, 막대형 세 발 질그릇은 세발솥에 해당한다. 세가랑이솥은 주개구문화(朱開溝文化)나 황

---

327) 홍산문화와 하가점하층문화 사이에 낀 소하연문화에서는 세 발 질그릇이 거의 보이지 않는다. 세 발 질그릇은 하가점하층문화 시기에 들어 갑자기 다양하게 나타난다.
328) 복기대,《요서지역 청동기시대 문화연구》, 백산자료원, 2002년.

하 중류 유역에서 전래되었을 가능성이 크다. 그러나 솥에 세 발을 단 막 대형 세발솥은 하가점하층문화의 선대 문화인 홍산문화 세 발 질그릇에서 영향을 받은 것으로 볼 수 있다.

　홍산문화에도 세 발 질그릇이 있었지만, 질그릇의 주류는 아니었다. 홍산문화 세 발 질그릇은 아주 원시적인 형태이며, 역시 원시적인 형태의 네 발 질그릇과 함께 나타났다. 세 발 질그릇과 네 발 질그릇이 함께 등장한 것은 홍산문화에서 다리 달린 질그릇들이 막 발명되어 초기 제작 단계에 있었음을 대변한다. 홍산문화 세 발 질그릇이 많이 발견되지 않고, 홍산문화를 뒤이은 소하연문화에서도 세 발 질그릇이 나타나지 않은 것으로 보아 세 발 질그릇은 그다지 주목받지 못하고 묻혀 전승되다가 하가점하층문화 시기에 들어 세발솥으로 발전한 것으로 추측된다. 이렇게 볼 때 세 발 질그릇은 홍산문화에서 하가점하층문화로 계승되었다고 보는 것이 타당할 것이다.

② 검은 질그릇

　질그릇을 만드는 데는 다양한 기술이 필요하다. 하가점하층문화 시기에는 질그릇 제작 기술이 다방면으로 발전하여 형태, 재질, 강도와 경도, 표면 가공 등에서 다양한 질그릇이 만들어졌다. 질그릇 색도 회색, 검은색, 붉은색, 채회도 등으로 다양한데, 이 가운데 하가점하층문화를 대표하는 질그릇은 검은 질그릇이다. 검은 질그릇은 전 시대 문화인 홍산문화와 소하연문화에서는 많지 않았다. 홍산문화와 소하연문화 질그릇은 붉은 질그릇이 많다. 그러나 홍산문화 후기에 검은 질그릇이 점점 늘어난 것을 보면 검은 질그릇 제작 기술이 하가점하층문화로 전달된 것으로 추측할 수 있다.

③ 옥기

옥기는 하가점하층문화에서 매우 발전했다. 옥기 대부분이 무덤에서 출토된 것을 보면 옥기를 귀중한 치렛거리로 여긴 듯하다. 옥기는 매우 정교하게 제작하여 표면을 매끄럽게 갈았다. 옥기 모양은 귀고리, 팔찌, 기하형 옥기, 통형 옥기, 새 모양, 도끼 모양, 막대 모양 등으로 다양한데, 그 원형이 홍산문화에서 전달된 것으로 짐작되는 것이 많다.

홍산문화 사람들은 옥으로 못 만들 것이 없었겠다 싶을 만큼 다양하고 정교한 옥기를 만들었다. 새, 거북, 사람, 새, 동물 모양을 조각한 옥기와 팔찌, 통형 옥기, 귀고리, 기하학적 무늬를 새긴 패식 등 옥기 종류와 표현 주제가 매우 다양했다. 이 가운데 통형 옥기, 팔찌, 귀고리, 기하형 옥기, 새 모양 옥기 등은 홍산문화 옥기와 하가점하층문화 옥기가 모양이 거의 같다.

옥기 형태와 표현 소재, 제작 기술의 공통점은 하가점하층문화 옥기가 홍산문화 옥기 전통을 그대로 이어받았음을 알려 준다. 옥기가 모두 무덤에서 발견된다는 점도 두 문화에서 공통적인데, 이는 옥기가 내세를 위한

옥도끼

옥칼

옥벽

하가점하층문화 옥기[329)

기물이거나 현세에 이어 내세에도 활용된다는 관념을 표현한 것으로 보인다.

④ 도철문

도철문(饕餮紋)은 흔히 황하 중류 유역의 전통 무늬로 알려져 있지만, 그 기원에 관해서는 밝혀진 것이 없다. 글쓴이는 최근 한 글에서 이른바 황하 중류 유역 도철문은 하가점하층문화 채회도 무늬에서 전해졌다고 주장한 바 있다. 그동안 도철문의 기원에 관해서는 의견이 분분했지만, 결론이 나지 않다가 최근 하가점하층문화 채회도에서 도철문이 확인된 것이다. 곽대순도 상나라 청동기 무늬 중 일부는 하가점하층문화 영향을 받은 것으로 보았다.

그렇다면 도철문이 정말 하가점하층문화에서 처음으로 발생했는지를 살펴보아야 한다. 우선 하가점층하층문화 도철문은 매우 화려하고 완전하다. 완전한 도철문 형태는 도철문이 하가점하층문화에서 발생해서 발전했다는 추론과 함께 그 전대 문화에서 발생해서 하가점하층문화 시기에 완성되었을 가능성도 생각하게 한다.[330]

옥기에서도 똑같은 가능성을 찾을 수 있다. 홍산문화 옥기 가운데 상징적으로 표현된 짐승 무늬는 하가점하층문화 채회도 도철문과 매우 흡사하다. 이 둘을 비교하면 하가점하층문화 도철문이 좀 더 엄격한 느낌을 준다. 그러나 표현법에 나타나는 구체적 차이를 제외하면 형상의 기본 틀은

---

329) 國家文物局, 中華人民共和國科學技術部, 遼寧省人民政府 編,《遼河尋根 文明溯源》, 文物出版社, 2011
330) 복기대, 〈홍산문화와 하가점하층문화의 연관성에 관한 시론〉,《문화사학》27호, 한국문화사학회, 2007년.

매우 비슷하다. 결론적으로 하가점하층문화 도철문은 홍산문화에서 온 것이라고 할 수 있다.

한 문화의 상징이 표현된 기물은 그만큼 중요한 것이라고 가정하면 홍산문화에서 가장 중시한 기물은 옥기이며, 하가점하층문화에서 가장 중시한 기물은 채회도인 듯하다.

V장. 요서 지역의 생태 환경과
　　　홍산문화의 인류학적 고찰

　홍산문화는 후기에 들어와 갑자기 그 앞 시기와는 전혀 수준이 다른 문화 양상을 나타내는데, 그 원인이 무엇인지 살펴볼 차례가 되었다. 이런 현상들은 왜 일어났을까? 이 의문은 비단 홍산문화뿐만 아니라 다른 문화 시기에도 같은 현상은 존재한다. 문화 번영에는 두 가지 필수적인 전제 조건이 있다.

　첫째는 식량을 생산할 수 있는 농지이고,[331] 둘째는 음식을 조리하고 난방을 할 땔감을 확보하는 것이다. 이 두 가지가 충족되지 않으면 생존이 보장되지 않으므로 어떠한 문화도 발전할 수 없다. 특히 땔감에 대한 고려는 고고학과 인류학에서 대체로 지나쳐 버리는 전제 조건이지만, 겨울이 추운 지역에서는 문화가 발전하고 유지되는 데 식량보다 더 중요한 요소

---

331) 북중국과 인접한 요하 유역은 황하 유역과 비슷하게 지금으로부터 8000~7000년 전에 처음으로 작물을 재배했다. 황하 유역의 자산문화와 요하 유역의 조보구문화 및 신락문화 지역에서는 기장을 재배했다. 그러나 요하 유역 유적지에는 낟알이 적게 남아 있는 반면 황하 유역에서는 상당수 유적지에서 많은 기장이 발견되었다. 요하 유역이 농경 시작지 중 한 곳이라는 견해가 있지만, 작물을 재배한 증거는 적다.

일 수도 있다.³³²⁾ 북위 35도 이상되는 지역에서는 절대적인 조건이다.

  홍산문화 시기에는 이 두 가지 전제 조건이 충족되었을까? 농작물과 가축이 먹을 풀과 땔감으로 사용되는 나무는 모두 식물이며, 식물의 생장에 물은 필수적이다. 따라서 강수량이 결정적인 요인이 되는데, 홍산문화 시기 강수량은 어느 정도였을까? 요령성 요하 유역의 고기후와 고환경 분석을 통해 당시 홍산문화가 발전한 요서 지역의 자연환경적 배경을 살펴보도록 하자.

1. 홍산문화 시기의 기후 [333]

  최근 고고학계는 기후 관련 연구가 점점 증가하는 추세에 있다. 그 이유는 고대 문화연구에서 기후의 중요성이 점점 증가하고 있기 때문이다. 그러나 고기후를 연구할 자료가 많지 않아 정밀한 연구는 진행되지 못하고 있는 실정이다. 그렇지만 공개되는 고고학 자료들을 분석하다 보면 기초적인 연구는 가능할 정도가 된다. 이 자료들을 근거로 장마 관련 연구 결과, 방사성 동위원소 측정 결과, 수분 함량도 연구 결과와 화분 분석 데이터를 종합하여 요하 유역 고환경 복원을 시도하는 연구 결과들이 꾸준하게 나오고 있다.[334]

---

332) 고려 때 관리, 공신(功臣), 관아에 토지와 땔나무를 댈 임야를 나누어 주던 제도로 전시과(田柴科)가 있었다. 이는 자고로 땔감이 생계에 매우 중요했음을 알려 준다. 유목경제국인 몽골에서는 겨울을 나기 위해 소똥을 비롯한 연료 확보에 주력한다.

333) Wei Ming Jia, "Transition from Foraging to Farming in Northeast China," Ph.D dissertation, University of Sydney, 2005.

334) 본 절의 기후 관련 지도는 Wei Xing Jia의 지도를 참고했음을 알려둔다.

홍산문화 분포 지역의 현재 자연 환경(반사막 지대가 보인다.)

이 고환경 연구는 여러 방법을 활용하여 연구를 하지만, 현재 일반적으로 가장 많이 활용하는 방법는 문화 분포 지역에서 채취한 화분들을 활용하는 것이다.

홍산문화 시기 역시 환경 연구는 화분을 활용한다. 그러나 아직 많은 양의 화분이 채취된 것은 아니나 홍산문화의 자연 환경을 가늠할 정도는 된다고 생각한다. 중국 학계에서 연구한 결과를 간단하게 정리해 보면 다음과 같다.

황토층(Loess) 표면에서 채취한 화분은 요하 유역이 나무가 적고 쑥속 식물(Artemisia)이 많은 초지였음을 알려 준다. 고고학 유적지에서 채집한 화분을 분석한 결과 나무 화분은 충적세 초기 이후 두 번 증가했다. 첫 번째는 지금으로부터 7000년 전 조보구문화 시기로, 나무 화분이 45%로 나타났는데, 이는 요하 유역이 숲과 초지가 공존(woodland grassland)한 지대였음을 나타낸다. 동시에 양치식물의 화분도 증가한 것으로 나타났다.

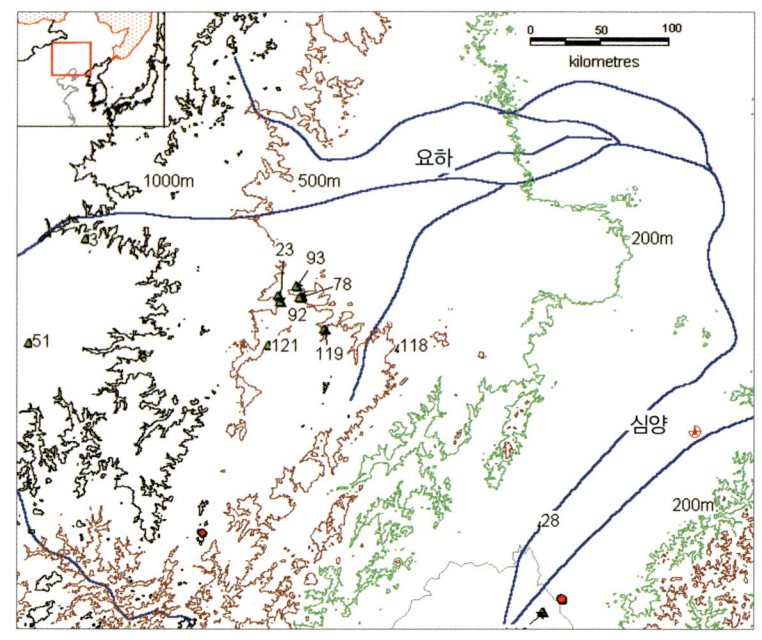

홍산문화 분포 지역 화분 채취 사이트

이는 전 시대보다 따뜻하고 습기가 많은 기후였음을 보여 준다. 동북아시아 여름 장마 연구에서도 비슷한 결과가 나와 이러한 추론을 뒷받침한다. 두 번째 증가는 지금으로부터 4000년 전 하가점하층문화 시기에 일어났다. 나무 화분이 20% 이상인 것은 숲이 있는 초원지대(woodland steppe)였음을 시사한다.

이런 화분 분석 데이터는 지금부터 7800년 전부터 6400년 전까지 약 1500년 동안 극적인 기후 변화가 있었음을 알려 준다. 지금으로부터 8000년 전 쯤 흥륭와문화가 시작될 즈음에는 건조하고 추운 기후였다. 연평균 기온이 1만 년 전보다는 최소한 2℃ 증가했지만, 강수량은 1만 년 전에 비해 크게 변화하지 않았다. 그러나 조보구문화가 시작되는 지금으로부터 7000년 전 쯤에는 기온이 5℃, 강수량이 50mm 증가하여 삼림과 초지가 혼재하는 경관으로 바뀌었다. 강수량 증가는 남쪽 대양에서 시작되는 여름 장마 때문인 듯하다. 홍산문화 전기인 지금으로 부터 6300년 전에는 기온이 매우 높았다. 고온과 안정적인 강우로 매우 건조한 기후가 되었을 것이다.

양치식물은 나무 그늘의 축축한 곳에서 자란다. 양치류 화분은 지금으로 부터 7800년 전부터 지금으로 부터 6400년 이전은 건조한 기후에서 습도가 조금 올라가 축축해졌다가 다시 건조해졌음을 말해 준다. 지금으로부터 6000년 전은 충적세 전 기간을 통해 가장 따뜻하고 건조한 기후였다. 지금으로부터 5500년 전 이후에는 기온이 약간 내려가고, 연평균 강수량은 500mm까지 증가했다. 이러한 환경 변화는 지금으로부터 7000년 전 나무가 자라기 좋았던 때와 비슷하다. 몇몇 수종이 산기슭을 덮었다.

그러나 나무 화분은 나무가 지금으로부터 7000년 전만큼 많지 않았음을 보여 준다. 강수량 증가와 따뜻한 기온이 지금으로부터 7000년 전만큼 나무 화분을 증가시키지 못한 이유는 무엇일까? 한 가지는 농경 면적이 늘어나면서 농지를 확보하기 위해 나무를 베어 냈을 가능성이다. 기원전 3100년 전 이후 이 지역의 화분 분포를 분석한 연구 결과가 이러한 가능성을 뒷받침한다. 다른 한 가지는 인구가 급속히 증가함에 따라 건축 자재와 연료로 나무를 많이 소모했기 때문이다.

화분 분석 데이터와 고기후학 연구 결과를 토대로 요하 유역의 고환경을 추론해 보면 다음과 같다.

1) 1만 2000년 전부터 ~ 1만 년 전

충적세 초기를 포함하며 이 시기 기후는 춥고 건조했다. 충적세 초기 북

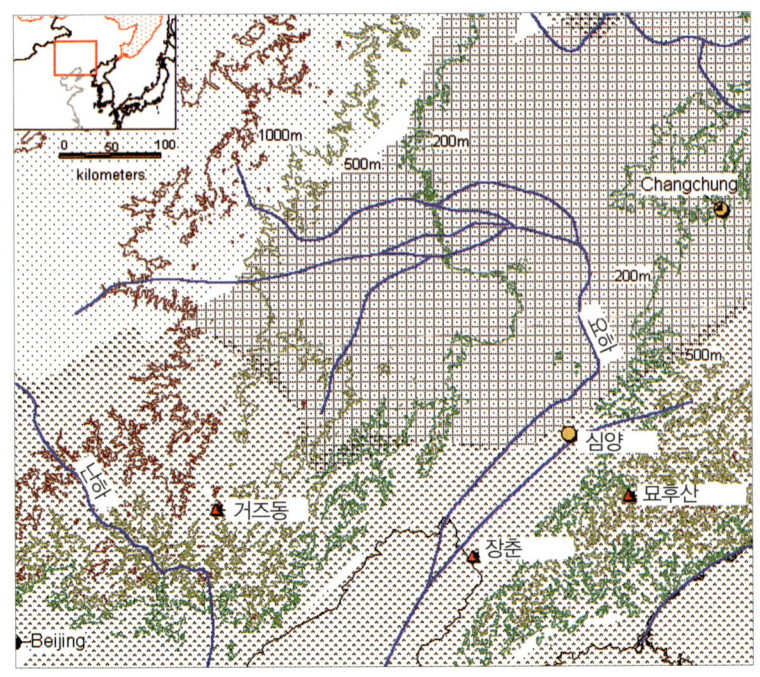

홍산문화 분포 지역 마지막 빙하기 자연 환경(1만 2000년 전경)

위 41도 요하 유역은 대부분 사막 또는 반사막 지대였으므로 인간이 이용하기 힘든 환경이었다. 초지는 남쪽에만 있었다.

2) 8000년 전 흥륭와문화 시기

건조한 기후였으나 기온은 현재와 거의 같게 상승했다. 북위 41도 남부의 초지가 숲으로 바뀌고 사막과 반사막 지대는 이 시기 말에 초지로 바뀌었다. 연평균 강수량은 약 400mm 정도였다. 대개 교목과 관목이 공존하는 숲 지대가 형성되었다.

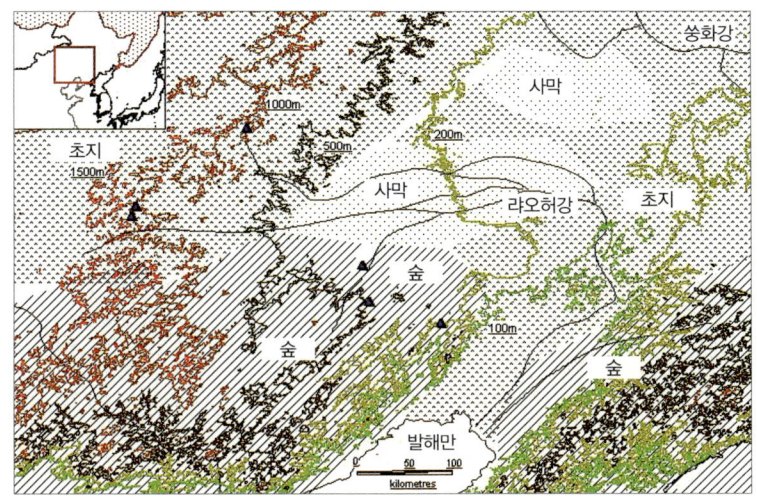

8000년 전 환경 복원(삼각형은 흥륭와문화 유적지)

3) 7000년 전 조보구문화 시기

7000년 전에는 지금보다 기온이 1~2℃ 높고 연평균 강수량이 450~500mm로, 비교적 습기가 있고 따뜻하여 숲이 형성되고 교목류가 자랐다. 식물류는 양치류가 많았는데, 이는 축축한 그늘이 있었음을 의미한다. 흥륭와문화 시기에 형성된 개방된 삼림이 온대림으로 바뀌었다.

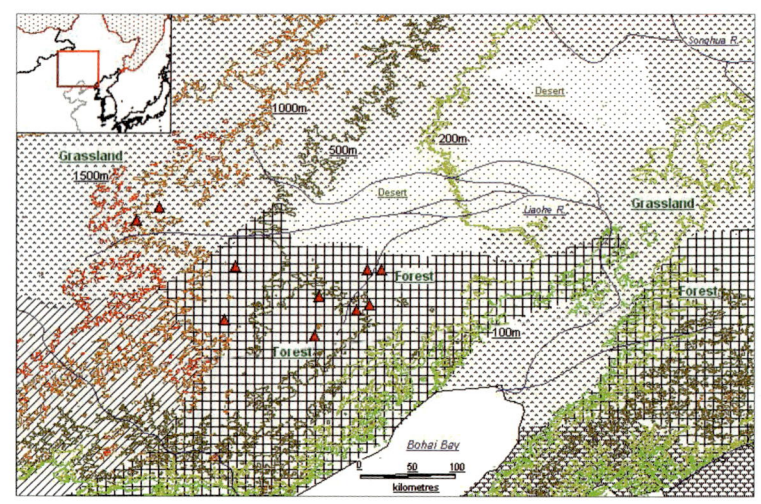

7000년 전 환경 복원 (삼각형은 조보구문화 유적지)

4) 6000년 전 홍산문화 시기

조보구문화 시기보다 더 따뜻하고 건조해졌다. 기온은 현재보다 5℃ 정도 높았다. 연평균 강수량이 450mm 정도였으나, 기온이 높아 충적세가 시작된 이래 가장 건조한 환경이 형성되었다. 이 시기에는 나무가 줄어들어 울창한 숲이 나무가 듬성듬성한 산으로 변했다.

홍산문화 후기에 들어서는 기온이 약간 내려가면서 강수량이 대폭 증가하였다. 그렇기 때문에 숲이 형성되고, 하천에 물이 많아지기 시작하였다. 이때는 이 문화의 전기, 중기보다 훨씬 많은 사람들이 살 수 있는 환경이 된 것이다. 5500년 전경 다시 온도가 내려가고 강수량이 500mm까지 증가하면서 또다시 숲이 형성되었다. 그러나 조보구문화 시작 시기보다 나무는 많지 않았는데, 이유는 아직 명확히 밝혀지지 않았다.

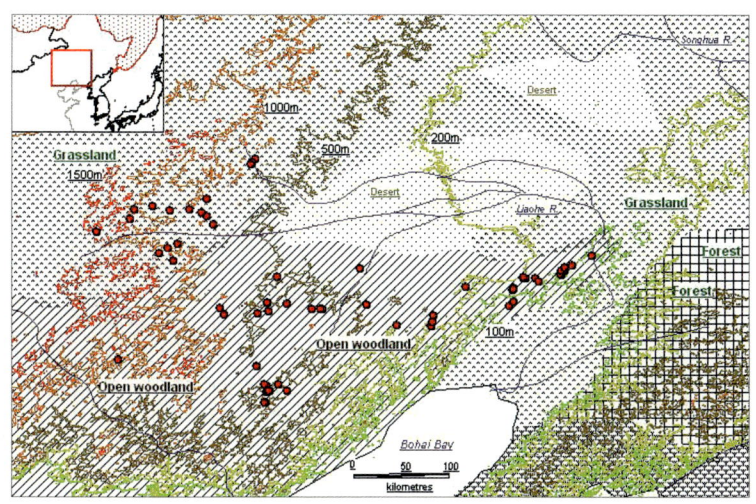

6000년 전 환경 복원(동그라미는 홍산문화 중기 유적지)

〈표 2〉 요서 지역 신석기시대 문화 시기별 기후

문화 시기	연대(BP)	기후
흥륭와문화	8000	서늘하고 건조함
조보구문화	7000	따뜻하고 습윤함
홍산문화	6000	따뜻해지고 건조해짐 시기별 차이가 있는데, 초기에는 건조했다가 후기에 들어 온도가 내려가고 강수량이 많아졌음
소하연문화	5000	따뜻하고 건조함

요하 유역 고환경 자료를 통하여 다음과 같은 사실을 알 수 있는데, 지금으로부터 7000년 전과 지금으로부터 5500여 년 전 무렵에 이 두 시기에는 공통적으로 강수량이 약 500mm 이상으로 증가하여 온난 습윤한 기후대가 형성되었다는 것이다.[335]

앞에서 살펴본 바와 같이 이 시기는 조보구문화 시기와 홍산문화 후기

335) 이 지역의 평균적인 기후는 현대에도 고대와 같이 계속 이어지고 있는 것을 볼 수 있다. 이들 지도에서 본 것이나 고대의 기후 추측이나 큰 차이가 없는 것을 볼 수 있다.
참조: 黃曉風, 《中國地理地圖集》, 中國地圖出版社, 2012년.

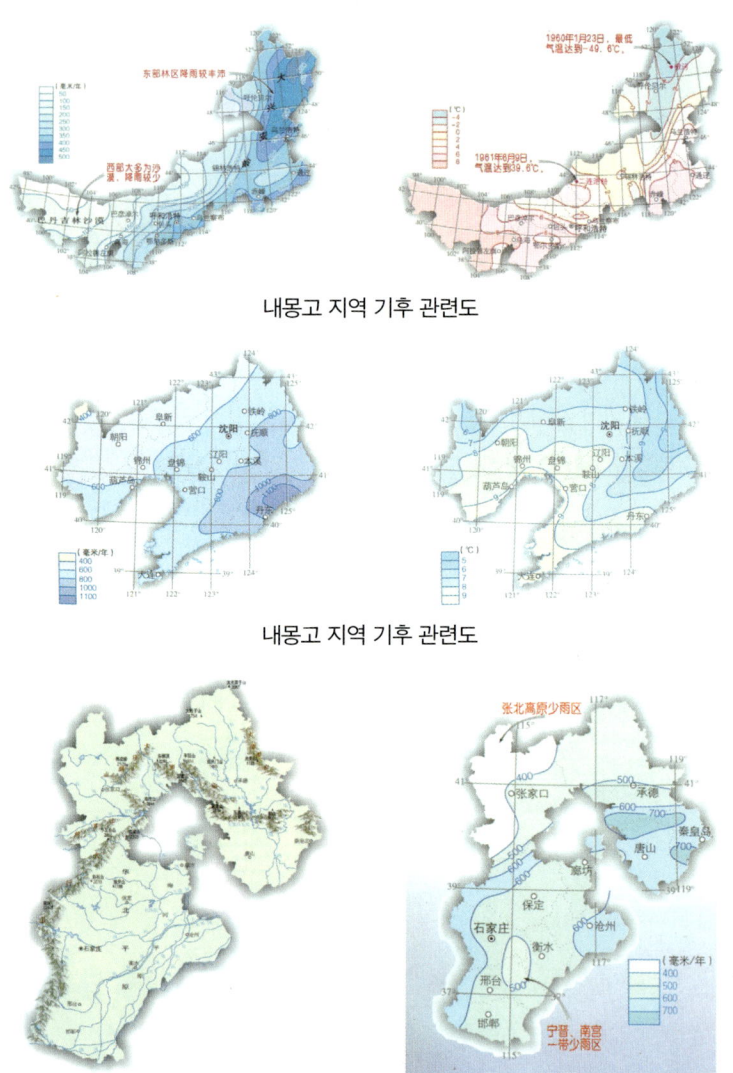

내몽고 지역 기후 관련도

내몽고 지역 기후 관련도

하북성 지역 지세 및 기후 관련도

시기이다. 이 두 시기는 이 지역의 선사문화가 매우 발달하였던 시기인데, 그 대표적인 유물이 경질의 질그릇들이 발견되는 시기라는 것이다.

　글쓴이는 현대 질그릇을 굽는 곳에 가서 질그릇을 굽는 전체적인 공정을 설명과 함께 본 적이 있다.[336] 이 과정을 지켜보면서 바탕흙에 미량의 금속물이 얼마나 섞여 있는지, 그리고 이 미량의 금속물이 얼마나 녹는지가 연질과 경질 그릇의 기준이 된다는 것을 알 수 있었다. 그릇 속의 금속물질을 녹일 수 있는 조건은 가마의 온도를 얼마나 올리느냐에 따라 달렸는데, 온도가 높아지면 경질 그릇이 되는 것이고, 온도가 낮으면 연질 그릇이 되는 것이다. 현대는 대부분 전기 가마를 사용하기 때문에 일정하게 온도를 조절할 수 있기에 대부분 경질 그릇이 된다. 그러나 장작으로 불을 때면 전기로 열을 올리는 것과는 차이가 난다. 더구나 열을 어떻게 집중화 시킬 수 있느냐에 따라 질그릇은 큰 차이가 난다는 것을 알 수 있었다. 물론 이런 상식은 누구나 알 수 있는 것이긴 한다. 현대 사회에서 질그릇 제작 과정을 관찰해 본 결과 이를 가지고 선사시대를 유추해 볼 수 있었다.

　앞서 설명한 바와 같이 조보구문화 시기와 홍산문화 후기에는 경질 그릇들이 대거 발견된다. 이런 그릇이 나올 수 있는 것은 질그릇을 만드는 기술도 중요하겠지만, 무엇보다도 그릇을 굽는 가마의 온도를 높이는 것이 가장 중요하다. 이 방법에는 먼저 어떻게 가마를 만들 것인가 하는 것이다. 앞서 글쓴이는 오한기 백사랑영자의 가마터를 소개한 적이 있다. 이 가마터에 남아 있는 흔적을 보면 현대 가마터와 큰 차이가 없을 정도로 잘

---

336) 두 곳을 방문하였는데, 경기도 안성과 충남 아산에 소재하고 있는 곳이다. 그런데 집중적으로 관찰하던 곳은 경기도 안성에 소재하고 있는 곳이었는데, 유지가 어려워 문을 닫았다. 충남 아산에 있는 곳은 자기보다는 주로 질그릇을 만드는 곳이라 경기도 안성에 있던 곳과는 약간 달랐다.

만들어져 있는데, 이는 온도를 집중적으로 높이면서 활용하도록 설계되었다는 것을 말해 준다. 그 다음으로는 어떤 땔감으로 열을 올릴 수 있는 것인가 하는 것인데, 좋은 땔감으로 불을 지펴야 한다는 것은 두 말할 나위가 없다. 여기서 좋은 땔감의 기준을 정해야 하는 것이다. 현재 자료로 볼 때 좋은 당시 좋은 땔감은 교목류의 장작류로 볼 수 있다. 이 장작을 만들 수 있는 교목류는 적당한 습기가 보장되지 않으면 자라지 않는다. 즉, 이런 교목류가 자랄 수 있는 자연 환경은 온도도 중요하지만, 기본적으로 강수량이 얼마냐에 따라 정해지고, 그 다음으로는 하천 줄기가 어디로 이어지느냐에 따라 정해진다. 즉, 기본적인 강수량은 식물들의 성장 조건을 충복시켜 주기 때문에 가장 중요하다. 그 다음으로 하천 줄기가 어떻게 형성되느냐 하는 것인데, 이것은 강수량이 적다 하더라도 일시적으로 물이 증가하면서 넓은 땅에 물을 머금게 할 수 있는 조건이 되기 때문이다. 이런 경우는 간헐적으로 비가 내려도 기본적인 생장 조건은 충분하다는 것이다. 그러므로 이런 조건은 하천이 합쳐지는 곳이나 하류에 형성된다.

이런 조건이 형성되어야 교목류는 자랄 수 있는 것이다. 이런 기본적인 형성은 앞서 말한 대로 조보구문화와 홍산문화 후기에 형성되었다는 것이다. 이 두 시기의 기본적인 강수량은 450mm 이상이다. 기본적으로 교목류가 자랄 수 있는 조건이 형성된 것이다.

이러한 당시 기후는 유적과 유물에 그대로 나타난다. 앞서 말한 바와 같이 대표적인 예가 질그릇이다. 조보구문화의 질그릇은 경질 질그릇인데, 경질 질그릇은 질그릇을 굽는 가마 온도를 높일 수 있었다는 뜻이다. 조보구문화 지역에 강수량이 많아져 교목 숲이 형성되었고, 그 나무를 땔감으로 써서 경질 질그릇을 만든 것이다.

그러나 시간이 지나면서 조보구문화 경질 질그릇들은 갑자기 연질 질

조보구문화 채도[337]

그릇들로 바뀌었다. 그 이유는 조보구문화 후기에 들면서 강수량이 대폭 줄어들었다는 것을 알 수 있다. 이런 현상은 바로 교목류에서 관목류로 바뀌면서 높은 온도로 그릇을 구울 수 없는 상황으로 바뀐 것을 알 수 있다. 질그릇 가마의 땔감이 교목류에서 관목류로 바뀐 것은 숲이 초원지대로 변해 갔음을 시사하며, 숲이 사라진 것은 기후가 건조 기후로 바뀌었음을 시사하고, 그에 따라 사람들의 생활 환경이 열악해졌음을 의미한다. 조보구문화가 장기간 발전하지 못하고 급작스럽게 쇠퇴한 것은 기후가 갑자기 건조 기후로 바뀐 것에서 출발한다. 갑작스러운 기후 변화는 사람들이 새로운 삶의 방식을 개발하고 점진적으로 적응할 시간적 여유를 주지 않았다.

  같은 현상이 홍산문화에서도 분명하게 보인다. 홍산문화 전기는 조보구문화가 한창 발전하다가 퇴행하는 기간에 시작된다. 이 시기에 만들어진

---

337) 昭國田主編,,《敖漢文物精華》, 內蒙古文化出版社, 2004年.

오한기의 겨울

홍산문화 유물에는 경질 질그릇이 보이지 않고 동시에 유적 분포도 조밀하지 않다.

홍산문화는 이렇게 시작하여 간헐적으로 발전과 퇴보를 계속하였는데, 발전보다는 퇴행과 퇴행 유지기가 오래 유지되다가 지금으로부터 5500여 년 전부터 발전이 장기적으로 지속된 것이다. 이런 반복이 있던 시기는 앞서 지적했듯이 건조 기후에서 강수량이 다시 증가한 시기이다. 즉, 강수량이 증가하면서 초원 지대가 다시 숲으로 바뀌고 교목류가 늘어났기에 많은 발전이 있었다. 그러나 소하연문화 시기로 접어들면서는 또다시 강수량이 줄어들고 기온까지 큰 변화가 있어 홍산문화 후기의 발전이 유지되지 못했던 것이다.

이런 기후 변화는 사람들의 삶에 결정적인 영향을 미친다. 근대 과학이 발전하기 전까지 전통시대에서 사람들에게 가장 무서운 것은 질병이었다. 사람들의 삶을 괴롭히는 질병은 여러 종류가 있지만, 질병이 일어나는 조건은 기후가 절대적인 역할을 한다.338) 예를 들면, 온도가 높고 습기가 많은 바다와 가까운 지역은 콜레라가 창궐한다.339) 이런 기후는 세균성 질병이 유행하는데, 이런 질병은 지역적으로 제한적이며, 동시에 기후가 변하면 스스로 소멸된다. 이런 질병은 북위 40도 이상 지역에서는 잘 일어나지 않는다. 더구나 해안이 없는 경우는 거의 일어나지 않는다. 이와 반대로 날씨가 추워지면서 강수량이 적어지면 거기에 따르는 여러 질병이 있을 수 있는데 그중 바이러스성 질병도 포함이 될 것이다. 이런 기후는 바이러스성 질병이 창궐하게 되는 기본 조건을 형성한다. 이 바이러스성 질병은 세균성 질병과는 다른데, 무엇보다도 전염성이 강하고, 바이러스 자체가 계속하여 변화를 일으키며 전염된다. 이 질환이 발생하고 장기적으로 진행되면 현대 사회에서도 국가적으로 재난으로 여길 정도로 사람들의 삶에 위협을 준다.340) 현대 의학이 발전한 현대에도 무서운 질병인 것인데, 전통시대에 이 병이 발병되면 이 병 자체가 스스로 소멸되지 않으면 어쩔 방법이 없는 것이다. 이런 질병은 북위 40도 언저리에서 자주 발생한다. 이런 질병이 한 지역에서 장기적으로 유지되면 인구의 격감으로 이어져 그 지역은 사람들이 살 수 없는 곳으로 바뀐다. 이런 현상이 사방으로 넓혀지면 그 사회는 무너지고 마는 것이다. 현대 의학도 바이러스성 질병이 발생하면 특별한 치료제보다도 증상을 완화시키는 처방과 환자 본인들

---

338) 신규환: 〈기후변화와 질병〉 - 19~20세기 페스트 유행과 질병관의 변화-,《한국학논집》62, 2016,03 계명대학교 한국학연구원
김시헌·장재연, 〈국내 기후변화 관련 감염병과 기상요인간의 상관성〉,《Joumal of Preventive Medicine and Public Health》2010, 43-5권 436-444.
339) 폴 엡스타인·댄퍼버,『기후가 사람을 공격한다.』, 황성원번역, 푸른숲, 2012년
340) 현대 사회에서도 이런 예는 많이 있다. 대표적인 것이 에스파니아에서 발생하여 2천만 명 이상을 죽게 한 조류독감 같은 것이다.

이 저항력을 증강시키는 것이 현실적인 방안이라고 한다. 그러므로 현대 사회에서도 이런 질병이 유행하거나 걸리면 먼저 하는 것이 따뜻한 곳에 머물게 하는 것이다. 이런 대처법은 바이러스성 질병이 돌더라도 난방을 하고 습기가 보장되는 조건이 되면 어느 정도 치유와 저항이 가능하다는 것이다. 반대로 난방을 할 수 없거나 습기가 보충이 되지 않으면 속수무책이 되는 것이다. 전통시대에는 난방을 할 수 있는 조건은 자연에서 얻을 수 있는 나무, 마른풀, 그리고 짐승의 배설물 등등이라 할 수 있다. 이런 종류 중 가장 좋은 것은 나무 장작이다. 즉, 교목류에서 얻은 장작이 가장 좋은 연료가 되는 것이다. 그런데 가뭄으로 인한 교목류 생장의 중단은 난방에도 큰 영향을 주게 된 것이다. 결국 기후 변화로 인한 교목류의 부족은 바이러스성 질환을 극복하는 데도 한계로 작용된 것이다.

여기서 중요한 것은 강수량과 땔감은 비례한다는 것이다. 이는 곧 생존 조건에서 양식보다도 땔감이 더 중요하다는 것을 말해 준다.

2. 홍산문화 시기의 경제

홍산문화 시기 경제 형태는 홍산문화를 이해하는 기초 중 하나이다. 글쓴이가 누차 강조한 것처럼 홍산문화는 전기와 중기에는 큰 문화 변동이 없다가 후기에 이르러 앞 시기와는 비교할 수 없을 만큼 문화가 비약적으로 발전했다. 이러한 문화 변동의 주된 원인은 기후와 관련이 있다. 그 기후에 맞는 식생대가 형성됨으로써 자연 환경이 총체적으로 바뀌었기 때문이다. 먼저, 홍산문화 지역의 연대별 기후 특징을 정리하면 다음과 같다.[341)]

⟨홍산문화 연대별 기후⟩

	연대	기후	문화 시기	비고
1단	9000aB.P	건조 기후	소하서문화	강수량 400mm 좌우
2단	8000aB.P~ 7000aB.P	건조하며 따뜻한 기후	흥륭와문화	강수량 400mm 이하로 추정
3단	7000aB.P~ 6000aB.P	온난 습윤한 건조한 기후에서 차고 건조한 기후로 변화(기후 변화가 자주 일어나는 시기였음)	조보구문화 홍산문화, 전기·중기	500mm 좌우에서 400mm 이하까지 변화가 자주 일어남
4단	5500aB.P~ 5000aB.P	온난 습윤한 기후로 바뀜	홍산문화 후기	500mm 이상
5단	5000aB.P~ 4500aB.P	차고 건조한 기후로 바뀜	소하연문화 시기	400mm 이하
6단	4500aB.P~ 3600aB.P	온난 습윤 기후 유지	하가점하층문화 고태산문화	500mm 이상
7단	3500aB.P~ 2800aB.P	차고 건조 기후	위영자문화 하가점상층문화	400mm 이내

※ 각단의 분류는 홍산문화 분포 지역에서 기후 변화 과정을 분기하는데 있어서 문화 구성 요소에서 변화가 있는 시기를 구분하여 분류한 것임.

   이 기후 표에서 보면 강수량의 차이가 문화가 변화하는 데 가장 큰 영향을 주는 것으로 볼 수 있다. 연간 강수량의 차이를 볼 때 100mm 내외의 차이에서 문화 요소가 바뀌는 것을 볼 수 있는데, 그 내용을 보면 엄청난 큰 차이를 보여 주고 있다.

   이 표에 나타난 기후 조건을 고려하면 홍산문화 시기의 자연 환경은 초지가 매우 발달하였을 것으로 추정된다.[342] 이런 자연 환경은 경제 형태

---

341) 宋豫奏 等,《中國文明起源的認知關係簡論》, 科學出版社, 2002年.
342) 홍산문화 분포 지역은 지금도 초지가 발달한 기후대이다. 그러나 지금은 장비가 좋고

에서 두 가지의 추정이 가능하다고 본다. 첫째, 가장 중요한 것은 목축이 가장 큰 경제 기반일 것이라는 것이다. 당시는 농사를 지을 수 있는 공구들이 발전하지 않아 농사를 짓기가 어려움이 있고, 또 인구들이 많지 않은 상황에서 대단위 농업은 가능하지 않았다. 그러므로 농업은 사람들의 식량을 해결하는 데 주력하였을 것인데, 그렇다면 거주지 주변에서 필요한 만큼 생산하는 정도였을 것이다. 그러나 목축은 사람들이 노동력이 크게 들지 않고 자연방임으로 놔두면 그해 강수량에 따라 짐승들이 자연적으로 그 환경에 맞게 생존하게 되고, 사람들은 이를 거두면 되는 형태가 경제의 가장 큰 규모일 것이다. 가축은 돼지와 개를 가장 많이 길렀을 것으로 추측되며,343) 대부분 식용으로 사육했을 가능성이 크다.344) 흥륭와문화 시기에는 돼지를 무덤에 부장한 경우도 있는데, 곡류보다 고기와 물고기를 주된 식량으로 한 흥륭와 사회에서 돼지는 떠나가는 자의 저승으로 가져가는 식량이었던 듯하다. 흥륭와문화 시기에 북중국과는 달리 농경이 본격적으로 시행되지 않은 것은 기후가 좋지 않아 작물 재배가 어려웠거나 경작 기술이 좋지 않아 곡식 산출량이 충분하지 않았기 때문일 수 있다. 아니면 흥륭와문화 유적지에서 사슴과 돼지 뼈가 대량 출토되는 것으로 보아 날짐승이 많아 굳이 농사를 짓지 않아도 식량 조달이 충분했다고 추정할 수도 있다.

사람들이 많아 식량 문제와 가축의 사료, 그리고 다른 용도로 활용할 수 있는 작물을 생산하는 농업이 중요한 경제원천이 되고 있다.
343) 易華, 〈紅山文化定居農業生活方式〉,《紅山文化研究: 2004年紅山文化國際學術研討會論文集》, 赤峰學院紅山文化國際研究中心 編, 文物出版社, 2006年.
344) 당시에는 돼지와 개보다 키우기 쉽고 생산량이 많은 닭을 더 많이 길렀을 가능성이 있다.

몽골 초원의 짐승들(호수가 있는 곳에는 짐승들이 모인다.)

현재 몽골의 에너지 비축

둘째, 홍산문화 시기에는 곡물 소비가 많았던 것으로 추측되었다.345)

---
345) 易華,〈紅山文化定居農業生活方式〉,《紅山文化研究: 2004年紅山文化國際學術研討會

소미(小米: 조)밭

홍산문화 시기에는 흥륭와문화 시기보다 자연 환경이 좋았고, 그에 따라 인구도 많았다. 빠른 인구 증가로 인해 사냥과 채집만으로는 안정적으로 식량을 수급하기 어려웠을 것이다. 안정적인 식량 조달을 위해 농경이 적극적으로 시행되었고, 이때 조와 기장을 주로 재배한 것으로 보인다. 농업은 목축 다음으로 큰 비중을 차지할 것인데, 이 비중은 앞서 말한 대로 식량을 확보하기 위한 최소 단위의 노동력을 투입했을 것이다. 그러므로 홍산문화에서 농업은 큰 규모로 일어나지는 않았을 것이다.

농작물은 조를 가장 많이 재배한 것으로 추측된다. 조는 가뭄에 견딜 수 있어 강수량이 많지 않은 북방 지역에서 많이 재배되었는데, 소출이 많지 않은 약점이 있다.

기장(黍) 역시 대표적인 곡물이다. 기장은 흥륭와문화 시기 이래 요서

論文集》, 赤峰學院紅山文化國際研究中心 編, 文物出版社, 2006年, 206쪽.

가을의 소미(小米)밭

지역에서 계속 재배된 작물이다. 이 문화 시기 벼나 밀 재배는 확인되지 않았다.

홍산문화 석기는 농기구로 분류된 석기가 많다. 이 중에 갈판과 갈돌은 돌로 만드는 것이 효율적이지만, 나머지 농기구는 실용성이 떨어진다. 왜냐하면 홍산문화 사람들의 평균 키가 160cm 정도일 것이라는 추정이 나왔다.[346] 이 키로는 무거운 돌삽으로 일을 한다는 자체가 현실적으로 문제가 있다. 불과 몇 삽을 뜨고 쉬어야 하는 데다 손을 다치기도 쉽다. 따라서 당시 사람들이 석기로 농사를 지었다는 생각은 재고되어야 한다. 농기구는 단단한 나무로 만들어 사용하는 것이 훨씬 효율적이다. 다만 나무로 만든 농기구는 썩어 없어지고 남아 있지 않아 나무 농기구를 생각하지 못

---

346) 평균 키가 160cm 정도일 것이라는 것은 무덤에서 발견된 사람들을 측정한 것인데 무덤에 묻힌 사람은 당시에도 좋은 환경에 살았던 사람들일 것이다. 그러므로 이 사람들을 기준으로 당시 사람들의 표준 키를 고려하면 문제가 있을 것으로 본다.

오한기의 수수

하는 것이다. 단, 나무를 벨 때는 돌로 된 공구가 필요했을 것이다.

흔히 신석기시대 경제를 농경, 채집, 수렵, 어로로 분류하는데, 경제 형태는 거주 지역의 자연 환경에 따라 세분된다. 바닷가에 사는 사람들은 어로가 생계 경제에 큰 비중을 차지하고, 산에 사는 사람들은 채집과 수렵에 의존하게 된다. 마찬가지로 홍산문화 시기에도 강가에 사는 사람은 물고기를 많이 잡았을 것이고, 평지에 사는 사람들은 짐승을 키우거나 농사를 많이 지었을 것이다.

일반적으로 홍산문화가 분포하였던 지역에 신석기시대에는 농업 경제가 가장 큰 부분을 차지할 것이라는 생각하는데, 필자는 여기에 동의하지 않는다. 그것은 강수량이 부족한 상태에서는 풀밭이 많이 형성되는데, 그 풀을 이용한 경제가 우선할 것으로 본다. 풀밭에 풀을 뽑아내고 농지를 만드는 노동력은 엄청난 규모이다. 그러므로 그런 노력보다는 그 풀들을 활용하여 문화를 유지해 가는 것이 더 경제적이었을 것이다. 현재 내몽골이

나 몽골공화국에서는 드넓은 풀밭을 이용한 경제 활동을 하고 있다. 그 이유는 자연 환경을 활용하는 것이 가장 적은 비용을 들이고, 가장 많은 결과를 내기 때문이다. 그러므로 풀밭이 발달한 지역에서 경제는 목축 경제가 우선일 것이다. 다만 농업은 점점 증가하는데, 그것은 서리 내리는 기간이 길고 식물들이 자라는 기간이 짧아 풀밭이 일찍 사라지고, 이에 따라 짐승들도 멀리 떠나면서 겨울철 식량난이 우려가 되어 먹거리를 확보하여 저장하는 것이 점점 중요해졌기 때문일 것이다. 그리고 이런 생산물을 저장하는 역할을 하는 큰 질그릇도 많이 만들게 되었을 것이다.

식량 공급과 함께 당시 경제를 분석하는 데 중요한 또 한 가지는 땔감이다. 겨울철 땔감 부족은 사회를 유지하는 데 치명적인 약점이 될 수 있고, 인구가 늘어날수록 더욱더 심각한 문제가 된다. 홍산문화 지역은 겨울 기온이 영하 20~30도로 떨어지는 기후대에 속했으므로 당시 사회에서 땔감 확보가 중대한 문제였을 것으로 추측된다.[347] 홍산문화 유적 분포 지역이 대부분 동남부에 몰려 있는 것도 이 지역 땔감 확보에 유리했기 때문으로 추측된다.

홍산문화 분포 지역은 더운 날보다 추운 날이 많은 곳이다. 보온을 위해서는 옷을 입는 것이 최선인데, 홍산문화 시기에 식물과 짐승 털로 실을 자아 옷감을 짜서 옷을 만들어 입는 기술이 보편적으로 활용된 듯하다. 질그릇 밑바닥에 직조한 헝겊을 찍어 편직 무늬를 만든 흔적들이 그 증거가 된다. 뿐만 아니라 무덤에서 출토된 옥기에 썩은 헝겊 흔적이 남아 있는

---

347) 현재 한국에서는 화석 연료를 쓰기 때문에 산에 나무가 보존될 수 있다. 화석 연료 없이 남한 면적에서 5000만 인구가 생존한다는 것은 아마 불가능할 것이다. 북한은 연료 부족으로 인해 많은 문제가 봉착해 있는데, 겨울철 추위로 인한 전염병 창궐도 그 한 예이다.

것으로 보아 주검에 옷을 입혀 묻었음을 알 수 있다. 이런 증거들로 미루어 보아 당시에 이미 편직기를 만들어서 사용했다고 보는 것이 타당하다.

3. 홍산문화의 인류학적 고찰

홍산문화 사람들이 후대 어느 종족 또는 어느 나라 사람들의 조상인가라는 문제는 흥미로운 연구 주제이다. 홍산문화가 신석기시대 문화에 대한 통념을 깰 만큼 문화 수준이 매우 높다는 사실이 속속 밝혀지면서 홍산문화 주체 세력이 누구인가에 대한 관심이 고조되었다. 중국 학계는 홍산문화가 중국 문화의 중심 지역이 아닌 북방 지역에 있지만 요서 지역은 현재 중국 영토이므로 홍산문화 주체 세력은 중국인의 선조라고 주장하고 있다. 이러한 주장의 중심에는 소병기와 곽대순이 있고, 곽대순은 아주 구체적으로 이러한 주장을 피력하고 있다.

중국 학자들의 이런 주장을 분석해 보기 위해서는 앞서 홍산문화 사람들이 종족적으로, 문화적으로 어느 계통에 속하는지 알아볼 필요가 있다. 고고학에서 종족 계통 추적은 유전학적인 방법과 문화인류학적인 방법 두 가지를 활용할 수 있다. 유전학적 계통 추적은 일차적으로 체질인류학에서 활용하고 있는 두개골 지수와 새로이 각광받고 있는 DNA 분석을 활용한다.

1) 유전학을 활용한 종족계통 추정

최근까지 홍산문화 연구는 유적과 유물에 편중되어 있었고, 홍산문화 사람들에 관한 연구는 미진한 편이어서 홍산문화 지역의 선·후대 문화 및 동시대 홍산문화 주변 문화와의 연관 관계를 추적하는 데 많은 문제가 있었다. 홍산문화 유적에서는 사람 뼈가 많이 발견되었지만, 체계적으로 정리된 사례는 우하량 유적에서 출토된 인골 데이터이다. 우하량 유적에서는 남성 뼈 31구, 여성 뼈 27구, 미성년자 2구를 포함한 인골 60구가 수습되었다.[348] 우하량에서 수습된 사람 뼈를 연구한 결과 새롭게 많은 사실이 밝혀졌다.

(1) 두개골 지수

두개골 용적은 남성 1631.02cm3, 여성 1479.51cm3이다. 우하량 사람들의 머리뼈 유형은 주홍이 분류한 기준에 따르면 '고동북형'으로,[349] 하가점하층문화 사람과 계통이 같다.[350] 고동북형 두개골의 특징은 뒤통수를 인위적으로 납작하게 만든 것이며, 이러한 편두 풍습은 우하량 유적 인골에서 가장 빨리 나타난다.[351]

---

348) 潘其風·原海兵·朱泓,〈牛河梁遺址紅山文化積石塚砌石墓出土人骨研究〉,《牛河梁: 紅山文化遺址發掘報告書(1983-2003年) 中編》, 遼寧省文物考古研究所 編著, 文物出版社, 2012年.
349) 중국 길림대학교 주홍 교수는 하가점하층문화 사람들의 두개골을 고동북형, 고화북형, 고안양형 등 3조로 분류했는데, 고동북형의 가장 큰 특징은 뒤통수를 인위적으로 눌러 납작하게 만든 결과 정수리가 조금 뾰족하게 솟아오른 점이다.
350) 도표에서 두개골 지수가 매우 크게 나온 것은 뒤통수를 납작하게 한 것을 교정하지 않았기 때문이다. 교정된 값을 근거로 '고동북형'을 정의했다.
351) 현대 한국인도 이에 근접한다.

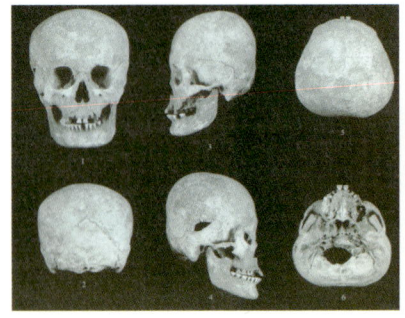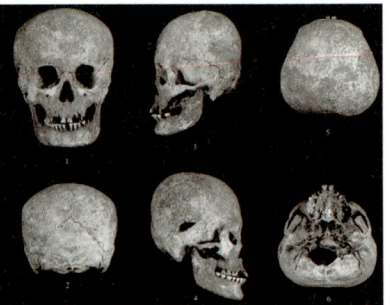

홍산문화 우하량 출토 두개골352)

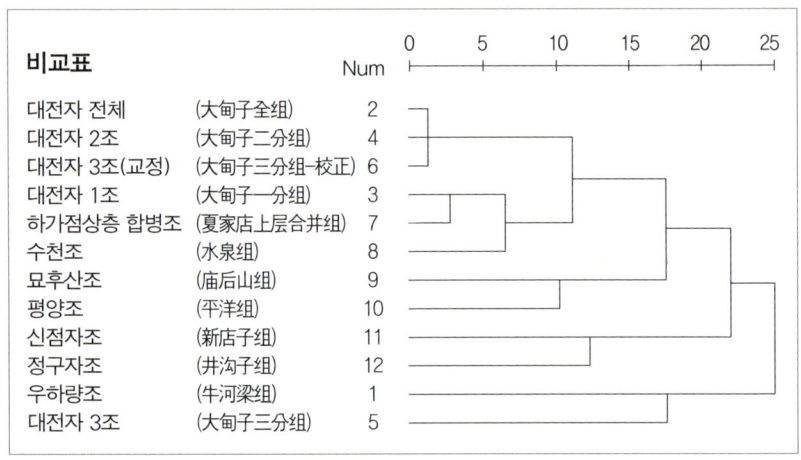

홍산문화 사람의 머리뼈 지수로 본 유전적 친연성 계통도353)

(2) 평균 키

우하량 출토 인골 데이터를 토대로 하면 홍산문화 후기 남성 평균 키는 165.40cm, 여성 평균 키는 161.93cm로, 체격이 좋다. 특히 여성은 현대

---

352) 遼寧省文物研究所,〈多學科綜合研究〉《牛河梁: 紅山文化遺址發掘報告(1983-2003年) 中編》, 文物出版社, 2012年.

353) 遼寧省文物研究所,〈多學科綜合研究〉《牛河梁: 紅山文化遺址發掘報告(1983-2003年) 中編》, 文物出版社, 2012年.

여성의 평균 키와 거의 같은데, 우하량에 묻힌 사람들은 영양 상태가 매우 좋았던 것으로 보인다.

(3) 인골에 나타난 질병 흔적

치주염을 비롯한 구강 질환이 매우 많이 발견되었다. 일부 인골에서는 퇴행성관절염이 발견되었다. 이는 뼈의 겉모습만으로 분석한 결과이다.

(4) DNA 분석을 통한 계통 분석

우하량에서 발굴된 인골 중 남성 뼈 5구에서 DNA를 추출해 분석했다. 다음 표는 HVR-I을 단배유형(單倍類型) 방식으로 분석한 결과이다.

DNA 분석 결과는 우하량 사람들의 유전적 특징이 현대 동아시아인들의 모계 유전자와 근접하다는 것이다.[354] 그러나 이 결과는 모든 홍산문화 지역 인골을 골고루 추출해서 얻은 것이 아니고, 우하량 인골들만을 대상으로 했기 때문에 전체 홍산문화 사람들을 대표한다고 볼 수 없다. 우하량 사람들은 키가 크고, 특히 여성들은 현대 여성과 거의 같을 만큼 키가 크다. 아마도 이 지역 사람들이 키 큰 유전자를 갖는 북방계 종족에 속하는 동시에 영양 상태도 다른 홍산문화 지역 사람들보다 좋았을 가능성을 생각하게 한다. 우하량 지역에 대형 건축물이 즐비한 것은 이 지역이 다른 지역보다 경제적으로 풍요로웠음을 시사하기 때문이다.

---

354) 趙欣·朱泓·李紅杰·周慧·陳山, 〈牛河梁積石塚墓地紅山居民的線粒體 DNA分析〉, 《牛河梁: 紅山文化遺址發掘報告書(1983-2003年) 中編》, 遼寧省文物考古研究所 編著, 文物出版社, 2012年.

Haplogroup	Primer	Sequence (5'–3')	Product size (haplogroup)	Tm (℃)	Reference
Primers for HVR–I amplification					
HVR–I	AB1 AB2	TTCTCTGTTCTTTCATGGGGA GGAGTTGCAGTTGATCTGTGA	235 bp	52	This study
HVR–I	CD1 CD2	CAAGCAAGTACAGCAATCAAC AGGATGGTGGTCAAGGGA	209 bp	55	This study
Primers for APLP					
Haplogroup M/N	10400T 10400C 10400R	taattaTACAAAAAGGATTAGACTGtgCT TACAAAAAGGATTAGACaGAACC GAAGTGAGATGGTAAATGCTAG	149 bp (M) 142 bp (N)	52	1
Haplogroup B	9bp–F 9bp–R 14318R	ACAGTTTCATGCCCATCGTC ATGCTAAGTTAGCTTTACAG TGGG TTAGTGGGGTTAGCGATGGA	152 bp 143 bp (B)	52	2
Haplogroup D	5178A 5178C 5178R	tgatcaaCGCACCTGAAACAAGA gTCGCACCTGAAgCAAGC attGCAAAAAGCaGGTTAGCG	101 bp (D) 96 bp	52	3
Primers for SNP sequencing					
Haplogroup A–663G	L587 H761	TTACCTCCTCAAAGCAATACA CTTGATGCTTGTCCCTTTT	175 bp	54	This study
Haplogroup N9–5417A	L5334 H5497 H12784	AACCTCTACTTCTACCTACG ATAAAAGGGGAGATAGGTAG TAATTCCTACGCCCTCTCA	164 bp	52	This study

注: 1. 文獻引用1 見 Umetsu, et al. Multiplex amplified product – length polymorphism analysis of 36 mitochondrial single – nucleotide polymorphisms for haplogrouping of East Asian populations [J]. *Electrophoresis*, 2005, 26: 91–98.
2. 文獻引用2 見 Shinoda, et al. Mitochondrial DNA Analysis of Ancient Peruvian Highlanders [J]. *Am J Phys Anthropol*, 2006, 131 (1): 98–107.
3. 文獻引用3 見 Umetsu K, Tanaka M, Yuasa I, Saitou N, et al. Multiplex amplified product – length polymorphism analysis for rapid detection of human mitochondrial DNA variations. [J]. *Electrophoresis*, 2001, 22; 3533–3538.
4. 以上引物均由上海生工合成, 1OD₂₆₀/管, HPLC 純化.
5. L 代表輕鏈, H 代表重鏈, 數字以劍橋標準序列（CRS）為標准.

홍산문화 인골 DNA 분석을 위한 시료 배열표[355)]

样本编号	HVR–I (160038–16391) 16000 +	SNPs	Haplogroup
N22, N25	172–223–257A–261–311	10400C, 5417A	N9a
N3	182C–183C–189–223–360–362	10400T, 5178A	D5
N8	129–213–223–290–319	10400C, 663G	A
N9	111–140–182C–183C–189–234–243	10400C, COII – tRNA^{Lys} 9 – bpdeletion	B5b

홍산문화 인골 DNA 분석 결과표[356)]

---

355) 遼寧省文物研究所,〈多學科綜合研究〉《牛河梁: 紅山文化遺址發掘報告(1983-2003年) 中編》, 文物出版社, 2012年.
356) 遼寧省文物研究所,〈多學科綜合研究〉《牛河梁: 紅山文化遺址發掘報告(1983-2003年) 中編》, 文物出版社, 2012年.

2) 홍산문화의 문화인류학적 고찰

문화도 유전자처럼 다음 세대로 계승되는 성격이 있으므로 문화의 이러한 속성을 특별히 '문화유전자'로 정의하고자 한다. 문화유전자 성격을 가장 잘 설명해 줄 수 있는 문화 현상으로는 종교를 꼽을 수 있다. 그 예로 중국의 용 토템과 한국 곰 토템이 어떻게 후대로 계승되었는지 살펴보도록 하자.

중국 학자들은 홍산문화에서 선호된 형상 중 하나를 '용'으로 규정함으로써 홍산문화를 용 토템 문화로 규정했다. 그리고 홍산문화가 용이 기원한 문화로 부각되면서 홍산문화는 일거에 중국의 중심 문화로 떠오르게 되었다. 한편, 우하량 여신묘 유적에서 곰 턱뼈와 곰 발 소조상이 출토되었고, 흥륭와문화에서 곰 석상, 소하연문화에서도 곰 소조상이 나왔으므로 곰 토템도 꼼꼼히 다뤄 볼 필요가 있다.

(1) 용 토템과 홍산문화 저룡

동아시아 사회에서 용의 의미는 매우 중요하다. 특히 전통시대에 용은 동아시아 중심국을 자처한 중국의 전유물로 생각되었고, 하늘과 소통하고 하늘의 명을 집행하는 장치로 활용되었다. 따라서 중국 학계에서 용의 기원은 매우 중요하고도 예민한 문제였다. 이러한 때에 손수도(孫守道)가 중국 요서 지역 홍산문화에서 원시 용 형태가 발견되었다는 견해를 내놓았다. 손수도는 홍산문화 돼지용(猪龍)이 중국 용의 기원이라고 생각했다. 중국의 상징인 용을 학문적으로, 역사적으로 고증할 수 있게 되었다는 분위기가 조성되자 홍산문화는 곧바로 중국 학계의 스포트라이트를 받게 되었다.

글쓴이는 다른 글을 통해 중국 학계에서 저룡이라 이름 붙인 홍산문화 짐승 머리형 옥기가 용을 표현한 것이 아니라 돼지나 뱀장어를 사실적으로 표현한 것일 가능성을 제기했다. 글쓴이는 무엇보다도 이 짐승 머리형 옥기를 저룡으로 고증하는 첫 단계에서부터 문제가 있었다고 생각한다. '저룡'이라는 이름은 1970년대 내몽고 적봉시 옹우특기에 사는 민간인이 수집해 가지고 있던 C자형 옥기에서 비롯되었다. 이것을 어느 날 갑자기 학자들이 용으로 규정하면서 중국 정부가 홍산문화 연구를 대폭 지원하게 된 것이다. 이후 홍산문화 분포 지역에서 발견되는 C자형 옥기 혹은 원형에 가까운 짐승 모양 유물은 모두 용으로 정의되었다. 이 때문에 홍산문화 유물 중에는 수많은 형태의 용이 등장하게 되었다.

글쓴이가 홍산문화 옥룡에 관해 제기한 반론을 요약하면 다음과 같다.[357] 요서 지역을 비롯하여 내몽고 동남부 지역에서는 C자형 옥기가 일찍부터 발견되었다. 이 옥기가 처음 발견되었을 때는 아무도 이것을 용의 형상이라고 생각하지 않았다.[358] 1971년 내몽고 적봉시 옹우특기 삼성타랍(三星他拉)에서 높이 26cm의 옥기가 발견되었는데, 이것을 용으로 규정하고 '옥룡(玉龍)'이라고 이름 했다.[359] 이것이 용으로 고증된 근거는

---

357) 복기대, 〈시론 홍산문화 원시룡에 대한 재검토: 손수도의 저룡에 대한 비판적 검토를 중심으로〉, 《백산학보》, 백산학회, 2007.

358) 이 형태를 '저룡'으로 이름 붙인 학자는 손수도(孫守道)이다. 손수도는 지금부터 약 5000년 전 아주 원시적인 형태의 용이 최초로 나타났다고 보고(孫守道, 〈三星他拉紅山文化玉龍考〉, 《文物》 1984年 第6期) 용은 오늘날에 이르기까지 형태 변화가 많았는데, 원시 형태가 홍산문화에서 시작되어 현재 용의 모습으로 진화했다고 했다. 중국인들은 용이 중화 5000년 역사와 함께 시작되었다고 인식하고 있는데, 마침 홍산문화 초기 용의 연대가 이에 부합된다는 점에서 홍산문화 '초기 용'에 매우 큰 의미를 부여하고 있다.

359) 翁牛特旗文化館, 〈內蒙古翁牛特旗三星他拉村發現玉龍〉, 《文物》 1984年 第6期, 6쪽.

상나라 굴체룡(屈體龍). 은허 부호묘 출토

상나라 말 도읍인 하북성 안양시 은허(殷墟) 부호묘(婦好墓)에서 발견된 옥기이다. 부호묘에서는 많은 옥기와 청동기가 발견되었는데, 그중에 홍산문화 C자형 옥기와 비슷한 것이 하나 있었다. 학자들은 이 옥기 모습이 몸통을 구부린 용과 비슷하다고 하여 '굴체룡(屈體龍)'이라고 이름 했다. 그러자 이와 형태가 비슷한 홍산문화 C자형 옥기도 자연스럽게 용으로 규정되었고, 연대 선후에 따라 홍산문화 C자형 옥기를 원시 용으로 정했다.360)

이처럼 많은 학자가 용의 기원을 찾고자 연구에 매진하고 있을 때 마침 흥륭와문화 사해 유적에서 용의 모습을 표현한 듯한 돌무지가 발견되었다.361) 이 돌무지는 사해 유적 중앙에 위치하며 전체적으로 동서 방향으로 배치되었는데, 머리 부분은 서남쪽을, 꼬리 부분은 동북쪽을 향하고 있다. 이 돌무지의 모양은 용의 몸통과 다리로 추정되었다.

사해 유적 돌무지를 용으로 간주한 또 다른 근거는 사해 유적에서 발견된 기물에서 물고기 몸통 비늘이 확인되었다는 사실이다. 전통적으로 용

---

360) 孫守道,〈三星他拉紅山文化玉龍考〉,《文物》1984年 第6期.
361) 辛岩·方殿春,〈査海遺址1992-1994年發掘簡報〉,《遼寧考古文集》, 遼寧民族出版社, 2003年.

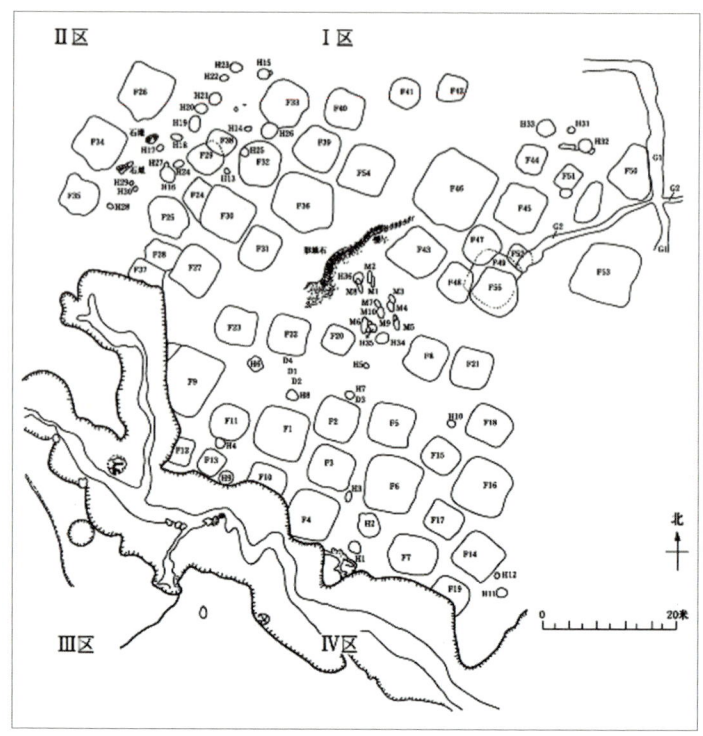

사해 유적 짐승형 돌무지

의 비늘은 물고기 비늘을 닮았다고 인식되어 왔으므로 학자들은 이것이 원래 용 형상 중 일부일 것이라고 추측하고, 흥륭와문화 시기에 이미 용을 숭배한 것으로 인식했다. 발굴자들은 사해 유적 사람들이 이 돌무지를 중심으로 마을을 만들었다고 추정했는데[362] 타당성이 있다고 본다.[363]

여기서 한 가지 주목할 점은 '흥륭와—사해문화(興隆洼査海文化)'[364]

---

362) 遼寧省文物考古研究所,〈遼寧阜新査海遺址1987-1990年3次發掘〉,《文物》1994年 第11期.

363) 사해 유적에서 발견된 돌무지가 용의 형상이라는 주장이 제기되자 중국 정부는 이 유적을 '중화제일촌'으로 명명하고 유적 입구에 '중화제일촌'이라는 기념비를 세웠다.

364) 중국 학계에는 흥륭와—사해문화에 관한 두 가지 견해가 있다. 하나는 흥륭와문화와

의 연대이다. 이 문화는 기원전 6200년경에 시작되어 기원전 5400여 년까지 이어졌다. 홍산문화보다 1000여 년 앞선 문화인데, 시대가 앞선 문화 유적에서 후대 문화인 홍산문화 저룡보다 더 완전한 용의 모습이 출현한 것이다.

그렇다면 앞선 시대 용이 좀 더 완전한 형태로 나타났다가 후대에 간략화되었다는 손수도의 주장은 타당할까? 문제는 여기에 있다. 오늘날 중국의 상징인 용의 이미지는 송(宋)나라 때 만들어졌으며, 송대 용의 형상은 뿔은 사슴, 머리는 낙타, 눈은 토끼, 목은 뱀, 배는 대합, 비늘은 물고기, 발톱은 매, 발바닥은 호랑이, 귀는 소와 닮았다.365) 즉, 상나라 때 용의 형상과 송나라 때 용의 형상에는 큰 차이가 있다. 이 차이는 시간이 흐르면서 용의 이미지가 변화했음을 말해 준다. 이는 역으로 만약 상나라 이전에 용의 형상이 있었다면 상나라 때 용의 형상과 달랐을 수도 있음을 알려 주는 것이다.366)

따라서 홍산문화 저룡의 형태는 다른 각도에서 살펴볼 필요가 있다. 홍산문화 옥기는 너무 다양하여 홍산문화 사람들이 중요하게 여긴 기물은 거의 다 만든 듯한 느낌을 준다. 새, 매미, 곰, 거북, 사람 등 우리가 거의 다 형상을 구별해 낼 수 있는 것은 그만큼 표현이 사실적이기 때문이다. 그러나 용은 실물이 없고 이미지만 있는 동물이다. 따라서 C자형 옥기에

사해문화라는 별도 문화로 구분해야 한다는 것이고, 다른 하나는 두 문화는 한 문화의 지역 유형이라는 것이다. 두 문화는 모두 중심 연대가 기원전 6000여 년이고, 분포 지역은 홍산문화와 같다.

365) 羅愿, 《爾雅翼·釋龍》"龍角似鹿, 頭似駝, 眼似兎, 項似蛇, 腹似蜃, 鱗似魚, 爪似鷹, 掌似虎, 耳似牛."
366) 상나라 갑골문에 나타난 용과 한(漢)나라 때 화상석에 나타난 용은 그 형상에 많은 차이가 있다. 한나라 때 오늘날과 같은 용 이미지의 기초가 형성된 듯하다.

표현된 동물은 용이 아닐 가능성이 크다고 생각하는 것이 타당하다. 그렇다면 이 옥기는 어떤 형상을 표현한 것일까? 글쓴이는 두 가지 가능성이 있다고 생각한다.

첫째, 둥글게 구부린 형태가 사람을 포함한 모든 동물의 태아와 닮았다. 저룡으로 명명된 짐승형 옥기는 다양한 모습을 하고 있다. 귀가 둘인 것도 있고 하나인 것도 있다. 얼굴 모습이 정교하게 표현된 것도 있지만 거칠게 처리된 것도 있다. 이러한 점들로 미루어 보아 태어나기 전의 짐승을 형상화한 것이 아닐까 추측된다.

둘째, 당시 사회의 일면과 관련지어 볼 때 돼지를 형상화한 것일 수 있다. 돼지는 동산취 제사 유적에서 발견된 예가 있다. 또한, 홍산문화의 선대 문화인 흥륭와문화 흥륭와 유적에서도 암수 돼지 한 쌍을 피장자와 함께 묻은 무덤이 발굴되었다.367) 이 밖에 주거지에서도 돼지 뼈가 발견된 것을 보면 흥륭와문화 사회에서는 돼지가 중요한 짐승이었을 것이다. 이 전통이 계승되었다면 홍산문화에서도 돼지 또는 그와 비슷한 짐승을 중시했을 가능성이 있다.

위에서 살펴본 바와 같이 '저룡'으로 단정된 C자형 옥기는 처음 용으로 규정될 때부터 문제점을 안고 있었으므로 이것이 정말 용인지 아니면 다른 짐승인지는 좀 더 진지한 연구가 필요하다.368)

(2) 곰 토템과 홍산문화 곰 관련 유물

우하량 여신묘 유적에서 곰 턱뼈와 곰 관련 옥기가 발견되자 홍산문화

---

367) 內蒙古敖漢旗博物館 編,《敖漢文物精華》, 內蒙古文物出版社, 2004年, 14쪽.
368) 이 글은 글쓴이가 2007년 4월《백산학보》에 발표한 〈시론 홍산문화 원시룡에 대한 재검토: 손수도의 저룡에 대한 비판적 검토를 중심으로〉를 발췌 정리한 것이다.

는 한국과 중국 양국 모두에서 비상한 관심을 불러일으켰다. 한국에서는 이 곰 턱뼈가 《삼국유사》 '고조선 건국기'의 단군 기록에 대한 고고학적 근거가 될 수 있다는 점에 관심이 집중되었다.369) 더욱이 함께 출토된 여성 소조상은 곰 관련 유물과 함께 '고조선 건국기'의 웅녀와 매우 잘 들어맞는 조합이었다. 또 이 유물들의 연대가 홍산문화 후기인 지금으로부터 5000년 전 무렵으로 고조선 건국 시기와 대략 맞물린다는 점도 흥미를 유발했다. 반면 중국은 사마천의 《사기》에 기록된 '유웅씨' 관련 기록을 이 근거로 홍산문화가 중국 문화라고 주장하고 있다.

이러한 주장들을 살펴보기 전에 먼저 요서 지역의 곰 전승을 선사시대부터 알아볼 필요가 있다. 곰은 덩치가 크고 매우 영리한 짐승이다. 네발 짐승이지만 짧은 거리를 달릴 때나 싸울 때는 두 발로 일어서기도 한다. 주로 땅에서 살지만, 나무도 잘 타고 물에서 수영도 잘한다. 종합적으로 볼 때 동북아시아에서 가장 힘세고 영리한 짐승이 곰이다.370) 곰은 물이 충분한 숲에서 살고 덥고 건조한 기후에서는 살지 않는다.

요서 지역에서 곰 관련 유물은 홍산문화 후기에 나타나며 이어진 소하연문화에도 나타난다.

요서 지역에서 장기간에 걸쳐 지속적으로 나타난 곰 관련 유물은 요서

---

369) 《三國遺事》〈奇異〉魏書云 乃往二千載有壇君王儉立都阿斯達, 開國號朝鮮. 與高同時. 古記云 昔有桓因庶子桓雄數意天下貪求人世. …… 時有一熊一虎, 同穴而居, 常祈于神雄願化爲人. 時神遺靈艾一炷, 蒜二十枚曰, 爾輩食之, 不見日光百日便得人形. 熊虎得而食之忌三七日, 熊得女身. 虎不能忌, 而不得人身. 熊女者無與爲婚, 故每於壇樹下, 呪願有孕. 雄乃假化而婚之, 孕生子, 號曰壇君王儉, 以唐高卽位五十年庚寅, 都平壤城, 始稱朝鮮.

370) 미련한 사람을 놀리거나 가볍게 욕하는 말로 "곰 같은 놈"이라는 말이 있다. 그러나 곰은 미련하기는커녕 매우 영리한 동물이다. "곰 같다"라는 표현은 원래 덩치가 크고 힘이 세며 머리가 좋은 사람을 나타내는 좋은 표현인 듯하다.

홍산문화 곰상   홍산문화 곰 아래턱뼈

반랍산 출토 짐승상(곰?)

요서 지역 선사시대 곰상[371]

지역 고유 문화와 밀접한 관련이 있을 것이며, 그만큼 곰이 중요한 토템 중 하나일 가능성도 매우 크다. 따라서 곰 관련 유물과 문헌 자료는 요서 지역 전통 문화 측면에서 분석해야 할 것으로 본다.

  아마도 토템으로 숭배되던 곰이 홍산문화 후기에 들어와 땅을 대표하는 짐승으로 추앙된 것이 아닌가 한다. 특히 여신묘에서 발견된 곰 관련 유물은 곰 턱뼈와 곰 발 소조상으로, 실물과 조형물이 모두 있어 홍산문화 사람들이 곰을 다른 짐승들과는 다르게 여겼음을 시사한다. 이후 곰에 관한 홍산문화 사람들의 인식이 기록과 전설, 제의에서 구술된 노래 등으로

---

371) 國家文物局, 中華人民共和國科學技術部, 遼寧省人民政府 編,《遼河尋根 文明溯源》, 文物出版社, 2011年.
遼寧省文物研究所,〈多學科綜合研究〉,《牛河梁: 紅山文化遺址發掘報告(1983-2003年) 下編》, 文物出版社, 2012年.

전승되었을 가능성도 생각해 볼 수 있다. 한국에는 곰에 관한 기록이 문헌으로 남아 있지만, 몽골에서는 구전 설화로 전해 오는 것이 그러한 가능성을 뒷받침한다.

(3) 문화 전승 관계

홍산문화 사람들은 질그릇과 옥기도 잘 만들었지만, 가장 눈에 띄는 것은 석조 건축물과 돌조각상이다. 이들은 큰 무덤을 비롯한 건축물에 돌을 많이 사용했다. 특히 무덤에는 돌덩어리를 쪼개서 얇은 판으로 만들어 사용했다. 당시 기술 수준을 감안하면 홍산문화 사람들이 돌에 집착한 이유가 더욱더 흥미를 유발한다. 홍산문화 사람들의 돌 다루는 기술은 초모산에서 발견된 석인상에서 정점을 이룬다. 이 석인두상은 표현이 간략한 데 비해 아주 풍부한 느낌을 전달하는데, 역사 시대 한국 전통 미술과도 맥이 닿아 있다.

홍산문화 지역 중에서 석조 유적과 유물이 가장 많이 발견된 곳은 요령성 능원 우하량과 내몽고 적봉 오한기이다. 이 두 지역은 1978년 이전에는 모두 요령성에 한 행정구역으로 포함되어 있다가 1978년 요령성과 내몽고자치구로 분리되었다. 두 지역은 거리상 멀지 않지만 현존하는 유적과 유물은 우하량에 훨씬 많이 집중되어 있으므로 우하량을 중심으로 정리하기로 한다.

우하량 사람들은 사암, 석회암, 백운암, 수석(燧石), 현무안산암, 안산암, 현무암, 응회암, 편마암, 자철석영암 등 다양한 돌을 한 유적지에 활용했다. 이 돌들은 경도, 구조, 색이 모두 다르지만 가공하기 편한 육각기둥 형태로 만들기 쉬운 돌이라는 공통점이 있다. 돌 산지는 우하량 주변 지역인 능원시와 조양시 건평현 일대인 듯하다. 이들 지역에는 위에서 말한 돌들이 많이 산출되는데, 옥과 달리 구하기 쉬운 재료라는 점이 돌을 많이 활용한 일차적 이유인 듯하다.

　돌 중에서 석회암과 사암은 판돌로 만들기 쉽다. 이 돌들은 육각 기둥 구조로 되어 있어 단단한 돌로 내려치면 쉽게 쪼개진다. 석회암과 사암을 쪼개 판돌로 만들 때 사용한 석기는 플린트(flint)로 보인다. 특히 편마암은 다루기 편해 많이 사용했는데, 편마암을 쪼개 만든 판돌을 짜 맞추어 무덤방을 만들거나 한 층 한 층 돌덩이를 쌓아 무덤방을 만들었다. 무덤을 만드는 데는 주로 흰 돌을 썼다. 흰 돌을 쓴 이유는 아직 밝혀지지 않았지만, 색이 다른 돌을 섞어 쓰지 않았다. 특히 무덤방 판돌은 재질과 색이 거의 같은 돌들을 썼다.

　홍산문화 사람들이 돌로 무덤을 만드는 것은 그들의 내세관과 관계있는 듯하다. 그렇지 않다면 무거워서 다루기 힘들고 가공에 시간이 많이 드는 돌무덤을 만들지는 않았을 것이다. 옥기를 많이 부장하는 풍습이 내세관을 반영하는 것이듯 주검이 거처하는 돌무덤 역시 내세관을 반영하는 것이다. 황토 고원 지대에서 발전한 황하 유역 문화들에서는 돌 다루는 기술이 거의 보이지 않는다. 물론 지역적으로 흙이 많고 돌이 많지 않기 때문일 수 있다. 그러나 홍산문화 지역에서도 멀리 떨어진 돌 산지에서 돌을 운반해 와야 했다.

　한편 옥도 돌이므로 돌과 옥은 같은 맥락에서 보아야 한다. 홍산문화 짐승 모양 옥기들 가운데에는 정수리에 외뿔이 있는 것들이 있다. 외뿔 짐승을 그림이나 조각으로 표현하는 전통은 조보구문화 질그릇에서부터 나타나며, 홍산문화 시기에 발전했고, 그 뒤로도 계속 이어졌다. 글쓴이의 견해로는 기물에 외뿔 짐승을 표현하는 전통은 북방 문화 전통인 듯싶다. 북방 지역에는 조보구문화 이래로 외뿔 짐승이 표현된 기물이 끊임없이 이어져 내려오는데, 한국에서는 고구려시대와 조선시대에 상투 형태로 외뿔이 이어졌으며, 오늘날에는 해치에서도 볼 수 있다.[372] 그러나 황하 유역에서는 북방 민족인 선비족 정권이 들어선 이후에야 진묘수(鎭墓獸)라는 이름으로 처음 나타난다. 이는 외뿔 짐승 이미지를 북방 문화 요소로 볼 수 있는 근거이다. 외뿔 짐승 역시 조보구문화에서 시작되어 홍산문화로 이어진 전통이 아닌가 한다.

---

372) 복기대, 〈동북아시아 외뿔이 기원에 대한 시론적 고찰〉, 《북방문화연구》 2호, 북방문화연구소, 2011년.

Ⅵ. 홍산문화 시기의 사회

고대 문화를 현대인으로 눈으로 해석하는 데는 많은 오류가 있을 수 있다. 고대 문화 해석이 학설로 이론화되는 과정에는 대체로 그 학설을 주장한 연구자의 경험이 바탕에 깔려 있다. 1960년대 이전까지 고고학 이론은 1800년대에 제기된 삼시대 구분법이 기본이었다. 석기시대, 청동기시대, 철기시대니 하는 시대 구분이 대표적인 예이다. 여기에 농경이 도입되고 잉여 농산물이 축적되자 기술자 등 전문 직능 집단이 등장하고, 이 전문가 집단들이 계급을 형성하면서 권력 사회가 출현하는데, 청동기를 만드는 전문가 집단이 출현한 청동기시대에 들어 사회가 국가 단계에 진입한다는 것이 지금까지 보편적으로 받아들여지는 이론이다. 즉, 기술 수준과 전문가 집단 형성을 국가 단계 진입에 있어서 큰 조건으로 본 것이다. 이 이론은 고대 문화를 해석하는 기본 틀이기도 하다.

그런데 현실에서 보면 다른 사실을 알 수 있다. 현대 중국과 인도, 싱가포르, 브루나이, 네덜란드 등을 비교해 보면 다른 생각을 하게 된다. 예를 들어, 지금 현실 세계에서 강국의 기준이 무엇인가를 질문하게 되는 것이다. 기술 경쟁력으로 따지자면 네덜란드와 싱가포르가 기술 선진국이며, 1인당 국민소득을 보면 중국과 인도가 인구 40만 명인 브루나이공화국만 못하다. 그럼에도 현실 세계에서 막강한 영향력을 발휘하는 나라는 중국과 인도이다. 이러한 현실을 어떻게 설명해야 할까? 글쓴이 생각에 현실적인 힘은 인구 규모와 강한 결속력에서 나온다. 이 두 가지 즉, 많은 인구와 강한 결속력을 바탕으로 뭉친 세력은 약해지지 않는데, 현재 미국이 이 두 가지가 결속된 나라이다.

또 이 두 가지 중 현실적으로는 결속력보다 인구수가 더 중요하다. 이 때문에 중국과 인도가 미래의 강국으로 예견되고 있는 것이다. 마찬가지로 기술 수준이나 종교적인 문제보다 먼저 인구 규모를 통해 그 사회의 구조를 추측해 볼 수 있다. 동시대 한 지역에 사람이 얼마큼 있어야 체제를 갖춘 집단이 형성되는가에 관해서는 학자마다 의견이 다르므로 구체적인 숫자보다는 현실 상황을 기준으로 삼아 보기로 하자.

현재 아프리카와 아시아 오지, 아마존에서는 겨우 몇십 명만 모여 살아도 우두머리와 그를 보좌하는 사람들이 있다. 이런 구조는 군대가 분대부터 대대까지 규모가 점차 증가하는 단위로 구성되는 것과 비슷하다. 이러한 집단에서는 몇백 명 이상 사람이 모이면 곧 다양한 층위가 있는 조직이 형성된다. 이 구조에서 집단과 개인의 재산 보호가 필요하다면 이를 이행해 줄 만한 권력 집단이 등장하고, 양자 간에 계약이 형성될 것이다. 이 권력 집단에는 곧 합당한 이름이 붙는데, 이 중 가장 친숙한 것이 바로 '국가'이다. 여기서 제시한 계약관계는 계약 당사자 간에 제공할 수 있는 모든 것을 포함하며, 그 보편적 방식은 조세 제도이다. 현대 사회에서 조세는 모두 화폐로 계산되지만, 화폐가 통용되기 전에는 현물, 노동력, 특산물 등 다양한 조세 형태가 있었고, 신분에 따라 조세 형태도 달랐다.

정리하자면 글쓴이는 가장 기초적인 권력 사회의 시작과 국가 단계 진입은 기술적인 발전보다는 같은 시간대 같은 지역에 인구가 얼마나 있느냐에 따라 결정되며, 그 결속력은 조세 제도에 있다고 생각한다.[372] 이러한 관점에서 홍산문화 사회 구조를 살펴보자.

1. 홍산문화 전기와 중기

앞서 홍산문화를 전기, 중기, 후기 등 3단계로 나누어 설명했다. 전기와 중기에는 집단 형성이 보이지만 이 집단들이 인구 규모 몇천 명 이상을 이룬 흔적은 볼 수 없다. 지금까지 발견된 홍산문화 전·중기 주거지와 다른 유적들에는 앞선 문화인 흥륭와문화나 부하문화보다 발전한 증거가 보이지 않는다. 그러나 돌로 만든 예리한 공구, 돌을 활용한 무덤, 옥을 조각하는 방법, 안료를 만들어 사용하는 방법 등에서 기술 진보가 분명하게 나타난다. 특히 붉은 질그릇, 회색 질그릇, 검은 질그릇 등이 나타나는 것은 불 다루는 기술을 질그릇 만드는 데 다양하게 활용했음을 알려 주는 것이다. 동시에 질그릇 형태에도 많은 변화가 나타나는데, 이러한 총체적인 기술 발전은 중요한 시대 변화를 예고하는 것이다.

질그릇 중 들고 이동하기 어려울 만큼 큰 것들은 저장 용기로 볼 수 있으며, 이는 곧 정주 생활을 의미한다. 정주 생활에는 안정적인 식량 공급과 충분한 땔감이 확보되어야 한다. 이 두 가지를 해결하여 정주 생활을 유지하려면 경험이 필요하므로 경험을 축적하는 방법 개발과 축적된 경험을 통해 더 나은 생활 환경을 조성하려는 노력이 보이기 시작한다. 축적된

---

373) 조세 제도는 쌍방 간 계약에서 출발한다. 강자가 폭력 집단을 이끌고 그 세력을 활용하여 약자를 보호한다는 약속을 하고 약자한테 일정한 재화를 받는 것이다. 또는 강자가 약자를 괴롭히지 않는 대가로 세금을 징수하는 경우도 있다. 이 계약관계가 성립되어야 진정한 권력사회가 형성된다.

경험을 활용한 예 중 하나는 누군가 전에 살았던 곳에 다시 집을 짓고 사는 것이다. 고고학적으로는 주거지 중첩 현상으로 나타나는데, 이는 사람이 살았던 곳이 살기 좋은 곳이라는 경험적 판단에 따른 행동이다. 따라서 문화가 바뀌어도 사람들이 계속 그 지역에서 문화를 이루고 발전시키는 것은 우연이 아닌 경험의 전승으로 보아야 한다.[374]

정주 흔적은 흥륭와문화 시기부터 나타난다.[375] 이 문화 시기에 정주가 시작된 것은 이동 생활보다 분명한 장점이 있었기 때문일 것이다. 정주 생활을 위한 노력 중 가장 중요한 것은 계절을 아는 것과 일조 시간을 아는 것, 그리고 계절 변화에 대응하는 방법 등을 파악하는 것이다. 흥륭와문화 사람들도 이러한 문제들을 충분히 해결했을 터이지만 전문적으로 기록하고 연구하는 집단이 형성되지는 못한 것으로 보인다.

흥륭와문화에서 조보구문화를 거쳐 홍산문화 전기와 중기에는 이미 정주 생활에 필요한 기본 시스템을 갖추었지만, 인구가 많지 않아 집단 규모는 크지 않았다. 인구가 많지 않은 까닭은 척박한 자연 환경으로 인해 인구 증가가 제약되었기 때문이다.

2. 홍산문화 후기

홍산문화 후기는 기원전 35세기 무렵에 해당한다. 이 시기에는 각 지역에서 인구가 대폭 증가했다. 사방 각지에서 인구가 증가한 것은 사회 변화의 원동력이 되었다. 이러한 배경을 염두에 두고 홍산문화를 분석해 보도

---

374) 글쓴이는 이러한 경험이 훗날 한국의 고유풍수로 이어졌다고 생각한다.
375) 박진호·복기대, 《요서지역 초기 신석기문화 연구》, 주류성, 2017년.

록 하자.

앞서 글쓴이는 사회 구조 변화의 원동력은 인구수에 있다고 했다. 홍산문화 후기 유적 분포도를 보면 크고 작은 유적지들이 넓은 지역에 걸쳐 분포하며 밀집도가 매우 높은 지역들이 나타난다. 이러한 현상은 일정한 범위 내에서 집단별 구역이 설정되었음을 보여 주는 동시에 홍산문화 분포 범위 내 각 지역에서 동시 다발적으로 인구가 폭증한 사실을 알려 준다. 오한기 맹극하 부근에서 확인된 유적지들은 작은 것부터 아주 큰 것까지 규모가 매우 다양한데, 이는 집단별로 세력에 맞게 영역을 확보하고 있었음을 나타낸다.[376] 규모가 큰 유적지에서는 그 집단을 통치하는 지배 구조가 형성되었을 것이다. 이러한 집단이 여러 개 또는 몇십 개 공존한다면 그 사회를 어떻게 표현해야 할까?

한 지역에 생활 방식과 관습이 비슷한 사람들이 곳곳에 떼를 이루어 살게 되면 필연적으로 갈등이 발행하게 되고, 곧바로 갈등 해결 방법을 찾을 것이다. 홍산문화 사람들이 자신들의 공간을 담을 둘러 구분한 것은 영역 구분을 하여 갈등을 피하려 한 것으로 보인다. 갈등 해결에는 대화, 협상, 폭력, 무력, 계약, 층차적인 지배 구조 인정 등 아주 많은 방법이 있지만, 홍산문화 유적과 유물에서는 폭력과 무력을 사용한 흔적이 확인되지 않는다. 무덤에서 발견된 주검에서 폭력을 당한 흔적이나 한꺼번에 만들어진 무덤이 발견되지 않기 때문이다.

층차적 지배 구조는 무덤에서 확인되었다. 이러한 무덤 구조는 홍산문화 지역 곳곳에서 나타나며, 그 정점은 우하량 유적이다. 우하량 유적은 특수 계층 사람들만 매장된 곳으로, 당시 지배 구조의 최상위를 보여 주는

---

376) 큰 유적은 지금 여의도만하다.

것이다. 홍산문화 무덤은 순장이 행해진 우하량 무덤군을 최상위로 하여 점차 규모가 작아져 아무 장구도 없는 민무덤이 최하위를 이룬다. 무덤 양식을 당시 사회 구조에 대입하면 우하량을 정점으로 하여 크고 작은 지역 사회들이 층층이 존재하는 사회 구조가 구축된 것으로 볼 수 있다. 그러나 사회 구조가 중앙집권적이었는지 아니면 지역 분권적이었는지는 아직 알 수 없다. 다만, 계층화가 뚜렷한 우하량 무덤군 및 제사 유적과 천문 관측 유적의 존재 등 몇몇 정황 증거를 고려하면 중앙에서 일정 지역을 통제했을 가능성을 상정할 수 있다.

3. 권력 발생과 유지

문화 변천 과정은 기후 변화를 그대로 따라간 것이다. 소하연문화 시기로 접어들면서는 또다시 강수량이 줄어들고 기온까지 뚝 떨어져 조보구문화처럼 문화가 크게 발전하지 못한 것을 알 수 있다. 달리 말하면 문화가 발전 쇠퇴하는 변천 과정에는 기후 변화가 중요한 원인이 된다는 것이다. 즉, 기후 변화가 시작되면서 장기간 변화된 기후가 유지되면 문화는 필연적으로 변화가 온다는 것이다.

정리하자면 조보구문화 전기와 홍산문화 후기에 이 문화들이 발생한 요서 지역은 지금보다 평균 기온이 높았고 강수량도 많았다.[377] 이런 환경은 생태계의 큰 변화가 오게 되는 것이고, 이 생태계의 변화에 따른 생

---

377) 학자들은 홍산문화 후기 강수량을 500mm 정도로 추산한다. 그러나 지금 적봉 지역 강수량도 그와 엇비슷하지만 강이 말라붙었다. 이 강들은 매우 오래전에 형성된 것이므로 당시 강수량이 학자들의 추산치보다 더 많았던 듯하다.

존 환경도 변화가 일어나는 것이고, 사람들은 그 환경에 적응을 하는 것이다. 좋은 환경이 형성되면 목축을 할 수 있는 풀밭도 늘어 날 것이고, 식량을 생산할 수 있는 여건도 좋아질 것이다. 뿐만 아니라 땔감도 충분했을 것이다. 이러한 전제하에 영양 상태도 비교적 좋고 질병을 견딜 만한 체력을 보유한 사람들이 늘어나면서 인구 밀도도 높아졌을 것이다.

인구가 증가하면서 사람들이 모여서 활동하기 좋은 지역에는 마을과 도시가 형성되었을 것이다. 인구 증가는 필연적으로 사회적 모순을 발생시키고, 이익을 추구하는 집단들이 서로 투쟁하는 가운데 사회 위계질서가 형성되었을 것이며, 위계질서를 유지하기 위해 권력이 등장했을 것이다. 망우하 일대의 대형 유적지들과 서태 유적에서 보이는 집단 형성의 흔적, 우하량 유적의 권력 집중 현상은 홍산문화 후기 사회상을 충분히 엿볼 수 있게 한다.

홍산문화 후기에는 인구가 늘어나면서 식량 증산의 필요성이 점점 높아지면서 농업의 중요성이 더해지는데, 농경에는 씨 뿌리는 시기를 아는 것이 매우 중요하다. 파종 시기를 추산하는 데는 천문 관측을 통해 날짜 변화를 파악하는 것이 반드시 필요하다. 따라서 당시에 이미 천문 관측 시스템이 구축되어 있었고, 이 시스템을 이용한 일종의 달력이 존재했을 것이다. 천문 관측은 통치와 행정에도 반드시 필요하다. 예를 들면 장마가 지는 시기를 알아야 홍수에 대비할 수 있고, 파종 시기와 수확 시기를 알아야 제사를 지내고 세금을 걷을 수 있는데, 이러한 시점을 결정하는 데 필요한 달력은 천문 관측을 통해 작성할 수 있는 것이기 때문이다. 동산취 유적은 이러한 필요성을 충족시키기 위해 천문 관측대를 설치한 곳이다. 또한, 당시 하루를 몇 시간으로 나누었는지는 분명하지 않지만 낮 시간을 잰 것은 분명해 보인다.

천문 관측이 행해졌다는 사실로부터 몇 가지를 추론할 수 있다.

첫째, 기록 체계가 존재했을 것이다. 장기간 관찰 결과로 통계를 내려면 데이터를 꾸준히 기록해야 하기 때문이다.

둘째, 위계 사회가 형성되어 있었을 것이다. 천문 관측은 특정 기술과 지식을 필요로 하므로 천문 지식을 소유한 집단을 중심으로 귀족 계급이 형성되었을 것이다. 전문 지식을 소유한 집단이 특권층으로 등장하는 것은 고대 사회에서 보이는 공통적인 현상이다. 적어도 홍산문화 후기 사회에서는 천문 관측을 담당한 전문가 집단이 하늘과 직결된 사람들이라는 인식을 바탕으로 권력을 강화하고 별도 계급을 형성했을 가능성이 크다.

공권력은 다른 사람들이 동의한다는 전제하에 유지된다. 이 동의는 계약관계를 발생시킨다. 계약은 계약 당사자가 서로의 이익을 보증하는 관계에서 맺어지며, 이 계약관계에서 가장 이상적인 지불 방식은 세금이다. 고대 사회에서 세금은 화폐가 통용되는 지금보다 형태가 매우 다양하다. 금전, 현물, 노동력, 심지어 목숨까지 다양한 조세 형태가 존재할 수 있다. 다양한 형태의 조세는 공동의 이익을 위해서 쓰인다.

홍산문화 시기에도 조세가 필요했다. 예컨대 천문 관측 집단은 한두 사람으로 유지되지 않으며, 이들은 농경이나 교역에 종사하지 않는 전문직 종사자들이다. 이들이 자신이 먹을 식량을 생산하지 못한다면 다른 사람들이 이들의 식량을 조달해야 한다. 결국 천문 관측 전문가 집단은 사회에 유익한 정보를 제공하고, 그 대가로 다른 사람들이 생산한 식량을 받는다. 그리고 이러한 교환은 조세제도를 통해 행정을 맡은 관리가 수행한다.

노동력 제공 역시 조세의 형태이다. 우하량의 대규모 무덤들과 석성 형태의 건축물들에 투입된 막대한 노동력은 어떠한 형태로 보상되었을까? 우하량에서 꽤 멀리 떨어진 지역에서 돌을 채취하고 가공하여 우하량까

우하량 13호 유적

우하량 2호 유적 중심 무덤

우하량 2호 유적 중심 무덤

홍산문화 우하량 유적의 대형 무덤

지 옮겨 오는 과정은 한 사람이 하루에 할 수 있는 일이 아니다. 어떻게 사람들에게 노동을 강요할 수 있었을까? 노동에 대한 대가는 어떻게 지불되었는가? 홍산문화 당시 노예 계급이 존재했다는 증거는 아직까지 전혀 알려진 바가 없다. 우하량 건설에 동원된 사람들은 돌 다루는 기술이 있는 전문가 집단이다. 이들 역시 천문 관측 집단과 마찬가지로 농업에 종사하지 않았으므로 이들의 식량은 농민들의 잉여 생산물로 충당되어야 했을 것이다.

    큰 무덤에 딸린 순장 무덤도 이러한 맥락에서 생각해 볼 수 있다. 순장자 중에는 어린 아이들도 있다. 다른 지역에서 잡아온 전쟁 포로가 아니고 해당 사회의 산 사람을 죽여 순장했거나 생매장했다면 어떤 방식으로든 노동력 손실을 보상하는 시스템이 존재했을 것이다. 그 시스템으로서 홍산문화 사회에는 합리적인 조세 제도가 존재했을 것으로 본다. 따라서 고대 사회에 조세 제도가 존재했는가는 대형 건축물 축조와 고난도 기술력이 장기적으로 필요한 전문 직종이 존재했는지 여부와 상관관계가 깊다고 할 수 있다.

4. 천문 관측 시스템 구축

    우하량과 동산취에는 각각 시간을 측정하고 천문을 관측하던 시설이 있었다. 천문 관측과 시간 측정은 오랜 관찰과 기록을 통해 축적한 경험과 지식을 전수해야 하므로 전문가를 계속 길러낼 전문가 집단이 안정적으로 유지되어야 한다. 즉, 밤에 동산취에서 별자리와 달의 움직임을 관측하고 낮에 우하량에서 태양의 움직임을 관측한 결과가 결합되어 체계적인 천문

학으로 발전했고, 지배자들은 이 천문학 지식을 정치, 경제, 종교에 활용했을 것이다.[378] 즉, 중앙에서 각 지역에 절기를 알려 주면서 정치적, 경제적 통제력을 행사했을 것이다.[379]

천문 관측의 중요성은 크게 파종 시기와 절기를 파악하는 데 있다. 정주 농업 경제에서 씨 뿌리는 시기는 농사를 짓는 데 가장 중요하다. 파종 시기를 놓치면 사회 구성원 전체가 생존 위기에 봉착하게 된다. 반복되는 계절 변화를 파악하여 그에 맞는 시스템을 짜는 것도 중요하다. 예를 들면 우기와 건기를 파악하여 목축에 이용할 수 있고 계절적으로 발생하는 질병도 예측할 수 있다. 천문 현상에 대한 정확한 통계가 있어야 수많은 재해를 예방할 수 있는 것은 역사시대에도 마찬가지이다. 선진 사회일수록 통치자들은 천문 관측 시스템을 구축하여 사회를 통제하는 데 유용하게 활용한 것이다.

5. 종교 시스템 구축

현대 종교는 사람들의 정신적 평안과 사후 세계에 대한 믿음을 보장한다. 고대 종교도 아마 이와 같았을 것이다. 다만 현실에서 가장 중요한 것이 무엇인가는 달랐을 수 있다. 글쓴이는 1990년대부터 내몽고 지역을 답

---

378) 천문 관측 시설은 자연 지리적 조건이 적합한 장소에 만들어야 하므로 공동으로 활용했을 가능성이 있다.
379) 통일된 천문 체계를 구축하는 것은 조선시대 조정에서 명나라에 동지사를 보내 책력을 받아오던 것과 마찬가지이다. 조선은 명나라에서 가져온 천문 자료를 기준으로 1년 행사 일정을 잡았다. 세종은 칠정산 내편과 외편을 만들어 명나라의 속박에서 벗어나고자 했다.

사하면서 현지 사람들이 가장 두려워하는 것이 질병이라는 사실을 알았다. 병원이 너무 멀고 경제적으로 큰 부담이 되므로 아프지 않은 것이 무엇보다 다행인 것이다.

고대에도 똑같았을 것이다. 더욱이 계절을 타는 유행성 전염병은 마을을 단번에 폐허로 만들기도 하여 전쟁보다도 무서웠다. 그러나 고대에는 세균성 질병에 대처할 방법이 거의 없어 각자의 자연 치유력에 기대거나 신에게 기원하는 수밖에 없었다. 사제라는 특정 직업이 출현하기 전까지는 모두 개인적으로 신에게 기원했을 것이다. 홍산문화 후기에 들어서면 집단의 수장이 모든 것을 대행하는 구조로 바뀌었을 것이다. 즉, 제사장이 등장한 것이다. 이것을 샤머니즘의 시작으로 볼 수 있다. 샤먼의 가장 큰 임무는 질병 퇴치와 풍년 기원이다.

제사 유적은 샤먼이 전문적으로 제사를 지낸 시설이며, 샤먼이 상주한 장소일 수도 있다.[380] 샤먼은 천문 관측 시설에서 보고되는 천문 지식을 활용하여 전염병이 돌 시기와 파종 시기, 수확 시기에 때를 맞춰 제사를 지냈을 것이다. 집단을 통솔하는 제사장으로서 샤먼의 권위는 일차적으로 이런 방식으로 인정받았고, 그 밖에 개인의 문제와 질병 해결은 2차적으로 샤먼 개인의 치유 능력과 예언 능력에 의존했을 것이다. 이것이 선사시대 샤먼이 종교적 권위와 정치 권력을 모두 획득하는 방법이었으며, 샤먼이 권력을 유지하는 바탕에는 천문 관측 시스템이 자리하고 있었다.

---

380) 우하량 여신묘 북쪽의 평태 지역이 당시 궁궐 터일 가능성이 크다.

6. 전문가 집단의 출현

적봉시 오한기 사릉산 가마터 유적을 보면 1만m²에 달하는 매우 넓은 지역에 형태가 다양한 가마를 짓고 질그릇을 구워 냈음을 알 수 있다. 가마 이외에 질그릇을 보관하던 곳, 흙을 치고 반죽하고 숙성하던 곳, 땔감 나무를 쌓아 놓았던 곳은 아직 발견되지 않았다. 이곳에서 크기와 모양, 무늬가 다양한 다채로운 질그릇을 만들었을 것이다. 질그릇 제작은 다양한 공정으로 구성되며, 모든 공정에 전문 기술이 요구된다. 물론 땔감을 구해 오는 일은 질그릇 굽는 기술을 필요로 하지 않지만 나무를 베고 쪼개어 운반해 오는 일은 많은 노동력이 투입되는 작업이다.

옥기 제작도 전문가 집단을 요구한다. 홍산문화 옥기는 원석을 다른 지역에서 수입했으므로 원석 확보 단계부터 전문가들이 투입된다. 가공 과정에는 더더욱 전문 장인들이 필요하다. 옥은 돌덩이 안에 포함되어 있으

백사랑영자 사릉산 가마 유적 전경

므로 옥 원석 추출 시에 깨지지 않도록 하는 전문 기술이 필요하다. 옥기 디자인과 연마 과정 등 많은 공정이 모두 전문가를 필요로 한다. 고도의 기술을 보유한 석축 기술자 집단도 이미 존재하고 있었다. 홍산문화 후기 사회에 다양한 전문가 집단이 존재했다는 사실은 모든 일이 효율적으로 수행되도록 전문가 집단을 관리한 관리 집단의 존재를 유추하게 한다.

전문가 집단들의 출현과 활동은 홍산문화 후기 사회의 사회복합도를 그려 보는 데 매우 중요한 단서가 된다. 지금까지 살펴본 바에 따르면 천문 관측 집단의 존재는 전문적인 고급 지식의 축적과 문자 체계의 존재 가능성을 시사하며, 옥기 제작과 석조 건축물, 다채로운 질그릇 제작 기술은 고도로 전문화된 장인 집단이 분화되어 있었으며, 이 전문가 집단을 부양하기 위해 사회가 조세 제도를 운용했을 것이라는 추정을 가능하게 한다. 조세 제도를 운용하려면 경제력과 정치력이 집중되어야 하고, 이를 위해서 공권력과 행정 관리 조직이 출현했을 것이다. 이 정도의 사회 복합도는 홍산문화 후기 사회가 이미 도시를 형성할 수 있는 기본 여건들을 충족하고 있었다는 뜻이 된다.

이러한 추론은 홍산문화 유적 분포도에서 그 타당성을 엿볼 수 있다. 지역적으로 유적지가 밀집된 분포 중심들이 나타나며, 이 중심지들은 위계가 다른 촌락들을 거느렸던 것으로 나타난다. 유적 분포지가 군데군데 밀집된 현상은 경작지와 연료 확보라는 측면을 반영하지만, 그 부수적인 결과로 도시가 형성되었을 것으로 본다.

7. 문화권 형성

홍산문화 후기에는 홍산문화만이 아니라 동서남북 주변 문화도 모두 발전했다. 이러한 현상은 이 시기에 강수량이 늘고 따뜻해져 급격히 늘어난 인구가 새로운 경작지와 땔감을 찾아 주변으로 이동했기 때문이다. 홍산문화 분포 범위 남쪽에서 연산산맥을 넘어 북경 지역을 통과하면 바로 앙소문화 지역에 다다른다. 이 앙소문화 사람들이 새로운 삶의 터전을 찾아 대거 북쪽으로 올라오면서 도미노 현상을 일으킨 것이다.[381] 이 과정에서 기술을 포함하여 많은 문화 요소가 섞이는 현상이 나타났다.

그러나 두 문화는 전폭적으로 혼합되어 새로운 융합 문화를 만들지 않았다. 이방 지역에서 유입된 문화가 훨씬 편리하고 실용적인 측면이 있음에도 그것을 전면적으로 활용하지 않은 것이다. 예를 들면, 홍산문화에서는 앙소문화에 보편적이던 세 발 질그릇을 활용하지 않았고, 앙소문화에서는 홍산문화 옥기를 받아들이지 않았다. 양 문화의 전통과 사유 체계가 너무 확고했기 때문이다. 양 문화를 고집스럽게 유지한 시스템이 무엇인지는 아직 밝혀지지 않았지만, 그 근간은 물질적 요소보다는 정신적 요소에 있다고 생각한다. 오늘날 이슬람 문화권이나 특히 중국 내 회교도들의 존재가 적절한 예일 것이다.

즉, 문화권은 기술을 비롯한 물질문화 요소보다는 종교나 사상 등 정신문화 요소로 더 단단히 묶이고 유지된다고 생각한다. 예를 들어, 앙소문화는 황토로 된 평지에서 발전한 농경문화이다. 앙소문화 사람들의 삶에는 농토에 댈 마르지 않는 물이 필요했다. 따라서 땅을 흐르는 하천과 지하수

---

381) 대규모 인구 이동은 전쟁을 유발하기도 한다. 훈족이 서쪽으로 이동하면서 연쇄적인 민족 이동을 일으켜 동유럽이 큰 혼란에 빠진 것과 같은 맥락이다.

서랍목륜하(비가 내린 후라 물이 많다.)

가 중요했는데, 이로 인해 물의 신인 하백(河伯)과 용을 숭배하는 전통이 생겼다. 반면 홍산문화 지역은 산지가 많아 비가 오면 곧바로 계곡을 흘러 냇가로 나가고 그 물은 금방 말라 버린다. 따라서 물 부족을 겪지 않으려면 연중 고루 비가 와야 한다. 그러므로 홍산문화 사람들은 하늘에 비를 내려 달라고 기원했다. 그래서 하늘과 통한다고 믿은 짐승들 및 비와 관련 있다고 믿은 짐승을 토템으로 했다.382) 생활 환경 차이에 따른 사유 체계 차이는 모든 문화권에서 자연스러운 것이다.

  내몽고 중부와 몽골에서는 유목민들이 건기에 뿔뿔이 흩어졌다가 우기가 되면 모두 모여든다. 건기에는 가축 떼가 한 곳으로 몰리면 물 부족으로 모두가 피해를 입기 때문이다. 만약 가뭄이 들어 물이 있는 곳에 가축이 몰리는 경우에는 먼저 물을 차지한 사람과 협상을 하거나 싸워서 물을

---

382) 곰이 있는 곳에는 반드시 물이 풍부하다.

빼앗아야 한다.[383] 이렇듯 자연 환경에 적응해 나가면서 쌓인 경험은 곧 집단의 사유 체계로 남는데, 사유 체계의 경계 안이 곧 문화권으로 형성된다.[384] 훗날 사유 체계를 공유한 이러한 인구 집단은 '민족'이라는 명칭으로 불리게 되었다. 이렇게 보면 동아시아 민족들의 모태는 홍산문화 시기에 이미 형성되었다고도 할 수 있다. 오늘날에도 민족은 공동의 사유 체계와 종교에서 출발한다.[385]

---

383) 칭기즈칸의 고향은 사계절 물이 풍부하여 가뭄에는 물을 무기로 활용할 수 있었다.
384) 사마천은 《사기》에서 화하족과 이민족을 엄격히 구분하여 그 경계를 명확히 했다.
385) 유럽은 4세기부터 로마가톨릭의 지배하에 들어갔다. 종교가 정치로 권력을 확대하면서 신성로마제국이 성립했으나 영국의 헨리 8세가 성공회를 공포하고 로마가톨릭의 지배에서 벗어남으로써 유럽은 현재와 같은 교파 중심 구도로 짜이게 되었다. 말하자면 현대 유럽 국가들은 민족국가들인 것이다.

Ⅶ. 홍산문화의 붕괴

 필자는 앞에서 홍산문화의 발전 과정을 정리하면서 홍산문화의 시작부터가 기후가 건조하고 낮아지면서 시작되었다고 하였다.386) 그 이유에 대해서도 말하였다. 그렇게 홍산문화 전시기에 걸쳐 기후의 변화가 계속하여 반복되면서 문화의 발전 정도도 계속 오르락내리락하고 있고 있는 것이다. 그러던 것이 홍산문화 말기에 들어와서는 갑작스런 기후 변화와 – 아마도 가뭄이 닥친 것으로 추정된다 – 이와 동반한 질병까지 발생하여 사람들이 몰살하면서 문화는 붕괴된 것으로 추정한다. 그런 가능성을 확인해 준 예가 바로 합민 유적으로 보인다. 필자는 합민 유적이 유국상의 말대로 홍산문화의 한 유형에 속하는지는 의구심이 있다.
 하지만 이 유적의 연대로 봐서 홍산문화 후기와 같은 시대인 것은 맞다. 그러므로 이 유적에서 일어나는 현상으로 홍산문화도 대입시켜 해석을 할 수 있을 것이다. 그 이유는 바로 정통 홍산문화 분포 지역과 붙어 있는 지역이기 때문이다. 그러므로 합민 유적을 근거로 홍산문화 붕괴의 원인을 추적해 보기로 한다.
 합민 유적이 자리한 지역은 다른 지역보다도 자연 환경이 좋은 지역, 즉

---

386) 건조한 기후의 정의는 강수량보다 증발량이 높은 지역을 말한다.

합민 유적

물이 풍부한 지역이었다. 그런데 이 유적의 말기 현상을 보면 사람들이 한꺼번에 죽음을 맞이하고 있는 것이다.

합민망합 유적에서는 54개 집자리 유적이 발견되었고, 이 중 32, 37, 46, 40, 44, 48, 45, 47 등 8개의 집자리에서 유골이 발견되었다.[387] 이를 정리해 보면 다음과 같다.

---

387) 朱泓·周亞威·張全超·吉平:〈哈民忙哈遺趾人骨鑑定〉,《吉林大學社會科學學報》, 2014年 第1期, 表2.

집자리	출토된 주검	성별 확인 가능자		연령 확인 가능자	
40호	98구	총	21구	총	58구
		남	7구	미성년	12구
		여	14구	성년	46구
32호	13구	총		총	
		남	1구	24~35세	
		여		36~55세	4구
37호	22구	총		총	14구
		남	3구	3~6세	2구
		여	1구	7~14세	2구
				15~23세	1구
				24~35세	7구
				36~55세	2구
44호	14구	총		총	
		남		4~12세	4구
		여		25~30세	3구
				35~45세	3구
46호	22구	총		총	
		남		6~8세	1구
		여		30~40세	5구
47호	10구	총		총	
		남		5세 정도	1구
		여		10~11세	1구
				35~50세	3구
45호	1~2구	총			
		남			
		여			
48호	1~2구	총			
		남			
		여			

주검을 한 곳에 몰아 놓은 모습

이 결과를 보면 다음과 같은 몇 가지를 추론할 수 있다.

첫째, 이 주검의 현장을 보면 장시간에 걸쳐 죽은 것이 아니라 단시간에 죽은 것들로 보이는데, 그 이유는 다른 집자리에서는 주검들이 보이지 않고 몇몇 무덤에 모아 놓은 것으로 봐서는 거의 동시 다발적으로 죽은 것으로 보인다.

둘째, 이 주검들로 보면 절대로 자연사로 볼 수 없다는 것이다. 또한, 화재로 죽었다고 볼 수도 없다. 화재로 죽었을 경우 주검들을 한 곳에 저렇게 쌓아 놓기보다는 각각의 집자리에 있었을 가능성이 매우 높다. 그리고 집을 지은 나무들도 모두 타서 숯이 되었을 가능성이 높다. 그러나 나무들은 거의 그대로 남아 있는 것으로 보아 화재로 볼 수는 없다.

만약 화재로 집이 무너졌다면 기둥이나 지붕 서까래는 저렇게 남아나지 않았을 것이다.

무너진 집

셋째, 전쟁이나, 제사에서 희생이 되었을 것이라는 것이다. 그러나 이것은 아주 잘못된 생각이다. 그 이유는 전쟁에서 죽음을 맞이하였다면 주검에서 외상의 흔적들이 많이 남아 있다. 그러나 이 유적에서 발견된 주검에서는 거의 그런 흔적이 보이질 않는다.

넷째, 제사에 활용된 희생(犧牲)이라는 것이다. 이렇게 해석하는 것은 일리는 있으나 그것이 보편적일 수는 없다. 왜냐하면 고대사회에서 여성의 중요성은 출산에 있다. 출산이 가능한 여자들을 몇십 명이나 제물로 바친다는 것이 가능한 것이냐 하는 것이다. 여성이 줄어든다는 것은 곧 그 조직이 무너진다는 것과 같은 것이다. 그런 사실을 그 당시도 이미 알았을 것이다. 그런데 그렇게 무모할 정도로 많은 여자들, 그것도 가임기에 있는 여성들을 제물로 받쳤다는 것은 도저히 납득하기 어려운 일이다.

필자는 이 주검들을 처음 봤을 때 중국 학자들이 말하는 화재나 제사의

이를 볼 때 40대 이상은 아닌 것으로 볼 수 있다.

희생으로 죽었다는 것을 반대하였다. 그 이유는 앞에서 말한 것 때문이다.

이렇게 많은 주검들을 볼 때 이 주검들이 쌓여진 가능성은 바로 전염병 관련으로 보는 것이 가장 합리적일 것이다.

이런 가능성을 설명해 보면 이렇게 무차별적으로 많은 사람들이 죽은 것은 전염병이 가장 유력하다. 그것도 급성 전염병으로 추정해 볼 수 있다. 이에 대하여 주영강은 페스트에 의한 것이라는 견해를 제기하였다.[388] 주영강의 주장의 근거는 이에서 몇 번에 걸쳐 페스트가 발병되었다는 것을 근거로 하고 있다.[389] 필자 역시 충분히 그럴 수 있다고 생각한다. 그러나 다른 하나도 고려를 해봐야 할 것이다. 그것은 합민망합에서 일어났

---

388) 朱永剛·吉平: 〈內蒙古哈民忙哈遺址房址內大批人骨死因蠡測-關于事前災難事件的探索與思考〉,《考古與文物》, 2016年, 5期.

389) 曹樹基: 〈鼠疫流行與華北社會變遷-1580~1644〉,《歷史硏究》, 1997年, 1期.

묘자구문화 무덤

던 일이 이 유적에서 서쪽으로 1000km 이상 떨어진 묘자구문화(廟子溝文化) 유적에서도[390] 일어났던 것이다. 이 묘자구 유적과 합민망합 유적은 거의 같은 시대 유적이지만, 두 지역은 거리가 너무 멀리 떨어져 있는 다른 문화이다. 그런데 거의 비슷한 현상이 벌어진 것이다. 두 지역은 특별한 관계가 없이는 서로 사람의 왕래가 적은 지역인데 어떻게 같은 현상이 벌어졌을까? 일반적으로 페스트는 쥐가 이동을 해서 일으키는 병으로 알려져 있다. 그렇다면 이 쥐가 사람들이 없는 약 500km 이상의 거리를 그들 스스로가 움직여 전염을 시켰을 가능성이 있었다는 것인지 하는 것이 규명이 되어야 할 것이다.

---

390) 內蒙古文物硏究所:《廟子溝與大壩溝-新石器時代聚落遺址發掘報告》(下), 中國大百果全書出版社, 2003年, 545~558쪽.
劉建業·趙卿:〈淺析史前居室埋人現像〉,《江漢考古》, 2012年, 第3期.

필자의 견해는 페스트보다는 다른 형태의 전염성이 강한 질병이 전염되지 않았나 하는 생각을 해본다. 그것은 근대 유럽에서도 확인되었던 조류독감 같은 것도 한 예가 될 것으로 추정되는 것이다.

홍산문화가 무너지는 과정에서 질병이 가장 큰 요인이 되었을 가능이라는 것이다. 그것도 일순간에 닥친 질병을 보거나 혹은 그렇게 물이 흔하지 않은 곳에서 일어난 질병을 볼 때 수인성 질병으로는 보이지 않는다는 것이다. 즉, 공기 중에 전염이 되거나 혹은 다른 매개체로 전염되는 질병에 의한 것으로 볼 수 있는 것이다. 그렇기 때문에 순간에 많은 사람들이 죽었고, 살아 있는 사람들은 이를 한 곳에 묻어 놓고 그들도 죽었을 수도 있고, 그렇지 않으면 저주의 땅을 벗어나 어디론가 떠나 버린 것이다. 이런 현상이 전체 홍산문화 지역에서 일어났다면 이는 곧 홍산문화 붕괴의 가장 큰 원인이 되었을 것이다.

현대도 마찬가지이다. 아무리 강한 나라라 해도 자연재해나 전염성이 강한 질병을 겪게 되면 나라가 위태로워진다. 그 질병의 위험성을 알았기 때문에 고래로 국가의 지도자들은 전염병 예방에 최선을 다했고, 대부분의 나라에서 지금도 이 분야에 가장 많은 예산을 투입하고 있는 것이다. 이런 붕괴 현상은 비단 홍산문화에서만 나타나는 것은 아니었을 것이다.

이런 질병들이 창궐할 수 있는 것은 아마도 기후 변화가 가장 큰 원인이 되었을 것이라는 것이다.[391] 필자가 내몽고 적봉 지역의 경험을 보면 가을과 봄으로 들어가는 길목에는 거의 비가 내리지 않는 기후가 형성되

---

391) 신규환, 〈기후변화와 질병〉-19~20세기 페스트 유행과 질병관의 변화,《한국학논집》 62, 2016.03 계명대학교 한국학연구원
김시헌, 장재연, 〈국내 기후변화 관련 감염병 기상요인간의 상관성〉《Journal of Preventive Medicine and Public Health》 2010, 43-5rnjs 436-444.

는데, 이때쯤에는 그 지역 주민들의 대부분이라 할 정도로 많은 사람들이 감기라는 것을 달고 산다. 이 감기에서 파생되는 또 다른 질병으로 많은 사람들이 사망하기도 한다.

이런 것들을 볼 때 기후 변화에 의한 질병이 절대적으로 인구수를 감소시켰고, 그 나마 남아 있던 사람들도 환경이 좋은 곳으로 - 예를 들면 수량이 풍부한 현재 중국 요령성 동부 지역인 요하수계를 들 수 있다 - 이주하면서 홍산문화는 붕괴된 것이 아닌가 한다.

합민 유적에서 나타나는 현상은 전체 북방문화 지역에 존립에 큰 영향을 주었을 것이다. 홍산문화는 무너지고 요서 지역은 한동안 적막한 지역으로 변한다. 합민 유적의 현상, 그리고 묘자구문화인들이 대거 이동의 원인, 그리고 북방 지역 문화의 붕괴의 가장 큰 원인은 바로 기후가 가장 중요한 원인이 되었다.

전체 북위 40도 이상 지역을 볼 때 사람들이 살기에 가장 좋은 자연 환경은 홍산문화 지역이다. 적든 많든 간에 홍산문화 구역 내에는 300~500mm 사이의 강수량이 유지되었다. 그러나 홍산문화의 서변인 대흥안령 남록을 넘어서는 일망무제의 초원이 펼쳐지는데, 그곳은 강수량이 홍산문화 지역보다 현저히 줄어든다. 그렇다 보니 생존에서 가장 중요한 것은 물길이 거의 없다는 것이다. 그러므로 반사막 지대가 넓게 형성이 되어 있는데, 이 지역은 기후 변화의 영향이 매우 크다. 예를 들면, 홍산문화 지역에 평균 강수량이 400~500mm이면 이 지역의 강수량은 훨씬 더 적어진다. 그렇기 때문에 삶의 환경은 더 척박하게 되는 것이다. 그런데 기후 변화로 인하여 홍산문화지역에 강수량이 300mm 정도나 그 이하로 떨어질 경우 그 서쪽 지역은 이보다 훨씬 적은 강수량이 내린다는 것이다. 그렇게 되면 생존이 불가능해지고, 생존이 불가능해지면 어디론가 떠나야 하는 것이다. 바로 그런 현상이 보인다는 것이다. 홍산문화 후기에 바로 내몽골 중부 지역에서 발전하였던 문화는 묘자구문화(廟子溝文化)였다. 이 문화의 특징은 앞에서도 간단히 정리한 바와 같이 사람의 주검을 묻을 때 모로굽은장을 하는 것이나 구덩이에 묻는 풍습을 갖은 사람들이다. 이 문화인들이 사방으로 흩어지면서 그중 일부가 홍산문화 지역으로 들어 온 것이다. 그러면서 홍산문화인들에게 큰 충격을 주었던 것으로 보이는데, 그 근거는 홍산문화가 붕괴되면서 그 후에 나타나는 문화인 소하연문화에 묘자구문화의 인상들이 강하게 나타나는 것을 볼 수 있다. 이런 이유는 워낙 척박한 환경에서 살아온 사람들이라 어디를 가든 견딜 수 있는 것이다. 더구나 그들이 살던 지역인 내몽골 중부 지역의 환경은 홍산문화 지역의 열악한 환경과 거의 비슷했을 것인데, 이런 기후는 홍산문화 사람들은 견디기 힘들지만 묘자구문화 사람들은 그들의 원래 환경과 같기 때문에 살아가는 데 큰 지장은 없었을 것이다. 그러므로 묘자구문화 사람들은 홍산문화 지역으로 이주하여 그들의 생활방식으로 생활하던 것이 소하연문화에 남게 된 것이다. 이런 외부인의 이주도 홍산문화가 붕괴되는 원인 중에 역시 중요한 원인이 중에 하나가 되었을 것이다.

홍산문화는 그렇게 무너졌다. 당시 전 세계적으로 볼 때도 우수한 문화를 가지고 있었던 홍산문화는 기후라는 삶의 기본 조건이 무너지면서 역시 따라서 무너졌다. 그러나 그들이 모두 사라진 것은 아니다. 그들 중 많은 사람들이 죽었겠지만 묘자구문화 사람들처럼 그들의 환경에 맞는 지역으로 떠난 사람들도 많았을 것이다. 남쪽으로 연산산맥을 넘어, 동쪽으로 지금의 요하 유역으로 이렇게 그들은 생존을 위해서 떠났을 것이다. 물론 많은 날짐승들도 물을 찾아 떠났을 것이다. 그러나 일부는 그 자리에 남았을 것이다. 비록 500mm가 내리던 비가 250mm로 줄었다고 하더라도 구역 내에서 물이 흐르는 지역을 찾아 생존하기 위하여 노력했을 것이다. 그들은 외지에서 굴러 들어온 이주민들과 함께 생존을 하기 위하여 노력하였을 것인데, 여기서 중요한 것은 외지에서 들어온 사람들이 생존 능력이 현저히 강하다는 것이다. 그들은 이미 250mm 지역에서 물을 찾는 방법을 알았을 것이고, 당지인들은 이들의 경험을 배워 물을 찾는 방법을 알았을 것이다. 그리고 외래인들은 홍산문화의 우수한 기술을 배우고 당지인들과 하나로 합쳐지면서 새로운 문화를 창조하지 않았나 하는 것이다. 이런 현상들이 나타난 것이 소하연문화라 생각한다. 소하연문화의 가장 큰 특징이 바로 문화 요소는 홍산문화인데, 사람들은 묘자구문화 사람들로 추정되는 것이다. 특히 장례를 치루는 방법은 완전히 묘자구문화 사람들이다. 새로운 문화는 자연 조건의 변화에서 시작되었다.

Ⅷ. 맺음말

　홍산문화 흔적이 발견된 지 한 세기가 넘는 세월이 흘렀다. 이 동안 많은 학자가 홍산문화에 지대한 관심을 갖고 연구에 몰두하여 오늘날 홍산문화는 국제적으로 주목받는 고대 문화로 자리 잡게 되었다. 홍산문화가 허다한 고대 문화 중 세인들의 주목을 받게 된 이유는 1970년대에 우연히 발견된 C자형 옥기가 용이라는 학설이 제기된 데 있다. 이 옥기가 용의 형상이라고 알려지자 중국의 상징인 용이 홍산문화에서 시작되었다는 몇몇 고고학자의 주장은 전 중국인을 흥분시켰고, 중국 정부로 하여금 홍산문화 연구에 국가적 차원에서 투자를 하도록 만들었다. 이 과정에서 우하량 여신묘와 대형 무덤들, 수많은 옥기 발견은 홍산문화가 항간의 열광적인 관심을 끄는 데 크게 기여했다.

　이러한 사회적 분위기를 타고 그간 홍산문화에 관한 많은 연구가 진행되었다. 아마 중국 땅에서 일어난 어느 문화보다 많은 연구가 이루어졌을 텐데, 글쓴이 역시 이 연구 대열에 동참하고 있다. 글쓴이는 홍산문화 연구에 그간 축적된 홍산문화 연구 성과를 근간으로 하여 근자에 새롭게 발표된 자료를 대거 활용했다. 그 연구 결과가 이 책의 내용으로 정리되었는데, 최종적으로 홍산문화는 다음과 같이 요약할 수 있다.

　홍산문화는 지금으로부터 6700여 년 전 당지 선대 문화인 흥륭와문화와 조보구문화의 영향으로 시작되어 지금으로부터 5000년 전 무렵에 와해되었다.

홍산문화는 유적 성격과 유물 특징을 근거로 전기, 중기, 후기로 나눌 수 있다. 홍산문화 전성기는 후기에 해당하며, 전기와 중기와는 비교할 수 없을 만큼 급속도로 발전한 문화 양상을 보인다. 일반적으로 말하는 홍산문화는 바로 이 홍산문화 후기 문화 양상을 말하는 것이다.

홍산문화는 1700년 정도 오랜 기간 지속되었다. 한 문화가 이렇게 긴 세월 지속된 경우는 많지 않은데, 홍산문화가 오래 지속된 이유는 무엇일까? 홍산문화는 채도가 출토되기 시작하는 시기를 기준으로 전기와 중기로 구분되지만, 전체 유물에는 큰 차이가 없다. 이런 상태가 1000년 넘게 지속되었는데, 이렇게 긴 시간 동안 큰 변화가 없었던 이유는 당시 환경이 척박하여 사람들이 환경에 적응하면서 근근이 살아갔던 데 있다.

이후 지금으로부터 5500여 년 전 강수량이 늘고 기온이 높아지면서 생활 환경에 큰 변화가 일어났다. 먹을거리가 안정적으로 공급되자 인구가 증가했고, 인구 증가에 따른 사회 갈등을 해결하기 위한 권력이 등장한 것이다. 권력 구조가 한 사람에게 집중된 1인 체제였는지, 특정 집단이 권력을 독점했는지는 아직 정확히 파악하기 어렵지만, 무덤에 나타난 뚜렷한 계서 구조를 보면 한 사람이 권력을 독점한 체제였을 가능성이 있다. 이러한 체제를 이룬 사회는 홍산문화 후기에 전체 홍산문화 분포 범위 남동부에서 번성했다. 이 지역에 인구와 촌락이 집중된 것은 이 지역이 산을 끼고 있어 가뭄을 극복하는 데 유리했기 때문인 듯하다.

홍산문화 전기에 목축과 농경 사회는 갑작스런 기온 하강으로 유목 사회로 바뀌었다. 유목 사회는 초지 확보 때문에 소집단 형태로 생존해야 하므로 사회 조직이 치밀하지 않고 큰 집단을 이루지 못한다. 홍산문화 전기와 중기에는 건조하고 추운 기후 때문에 농경 사회로 발전하지 못한 듯하다.

이 문화 후기에 들어서서 다시 강수량이 증가하여 농업 경제 기반이 구축되자 사람들이 정주를 시작하고, 정주 사회가 발전하는 과정에서 사회 구조는 층층이 계층이 분화된 피라미드 구조로 짜이기 시작했다. 홍산문화 사람들은 겨울에 서쪽에서 불어오는 바람을 막고, 여름에는 동남쪽에서 올라오는 바람을 맞을 곳, 그리고 물 공급이 원활한 나지막한 구릉 지역에 자리를 잡았는데, 이러한 터잡기 방식은 홍산문화 후기 지역에서 공통적으로 나타난다. 홍산문화 후기 중심지가 이 조건에 맞는 오한기 동부나 조양 일대로 옮겨 간 것은 이러한 경향을 반영하는 것이다.[392]

이 문화 후기에는 풍요로운 발전 속에 많은 문화 유산이 창조되었는데, 돌로 성 쌓는 법, 옥기 가공법, 천문 관측법, 시간 측정법, 청동기 제작법 등 많은 기술 혁신이 그에 포함된다. 이 중 천문 관측과 시간 측정에는 기록 체계가 전제되어야 한다. 누적된 기록을 기본 데이터로 통계를 내야 계절 변화를 예측하고, 하루와 한 달의 변화를 알 수 있기 때문이다. 그러나 홍산문화 기록 체계는 아직 증거를 찾지 못했다.

당시 권력층은 자연의 주기적 변화를 해석할 수 있는 사람들이었을 것이다. 이들은 종교적 권위와 정치 권력을 장악한 계층으로 보이는데, 종교적 권위와 정치 권력이 능력 있는 인물에게 계승되었는지 혈연관계에 따라 계승되었는지는 아직 확인되지 않는다.[393]

---

[392] 이 시대 주거지 선택 방법이 오늘날까지 이어지는데, 이것이 발전하여 풍수설로 정립된 듯하다. 중국 문화가 발전한 평원은 풍수설을 적용하기 어려운 지형이다. 이는 풍수 이론이 황하 중류 유역에서 발생하지 않았을 가능성을 시사한다.

[393] 집단 무덤이 발견되는 경우 각 무덤 인골의 DNA를 분석하면 무덤 구역 안 피장자들 사이에 혈연관계를 파악할 수 있다.

유물 중에 매우 다양한 옥기 유형이 발견되고, 무덤들에서 발견되는 유물 대부분이 옥기라는 사실은 당시 가장 중요한 물질이 옥임을 알려 준다.

홍산문화 붕괴는 기후 변화에 있었다. 지금으로부터 5000년 전 무렵 기온이 내려가면서 강수량이 줄어들자 인구가 밀집된 대형 집단을 이루는 사회는 식량과 땔감 부족이라는 생존 위기 상황에 처하게 되었다. 이러한 환경에 놓인 사람들은 자연적으로 도태되든지 다른 곳으로 이주하는 것 중 한 가지를 선택해야 한다. 홍산문화 사람들은 이때 사방으로 흩어진 것으로 보인다. 그들은 자신의 문화 전통을 간직한 채 사방으로 퍼져 나갔고, 그 문화 전통이 경험과 구전으로 계속 이어지다가 자연 환경이 좋아지자 다시 모여 문화를 이룬 것으로 추측된다.

글쓴이는 홍산문화를 연구하면서 최근 들어 새롭게 두 가지 사실을 주목하게 되었다. 우선 사회를 지탱하는 가장 기본적인 물질 자원이 무엇인가 하는 점이다. 지금까지 고고학자들은 식량이 사회를 지탱하는 가장 기본적인 자원이라고 생각했다. 물론 따뜻한 지역에서는 양식만 있으면 생존할 수 있다. 그러나 추운 북방 지역에서는 난방 유지를 위한 땔감 확보가 식량 확보 못지않게 중요했을 것이라고 생각한다. 큰 짐승 몇 마리면 겨울을 날 식량은 확보되지만, 난방이 되지 않으면 추위로 얼어죽거나 질병으로 죽을 수 있기 때문이다. 생존이 위협받는 이러한 상황은 지금 몽골과 툰드라 지대에서는 낯선 일이 아니다.

글쓴이는 우연치 않은 인연으로 원자력을 연구하는 분들과 오랫동안 모임을 하고 있다. 이 모임에서 원자력에 대한 많은 이야기를 듣고 적어도 한국 사회에서 원자력은 절대적으로 필요하다는 말을 많이 들었다. 그 이유는 이렇다.

한국은 1950년대 원자력 연구에 뛰어든 나라이다. 그리고 과정이야 어떻든 1970년대 한국은 부산시 기장구 고리에서 처음으로 원자력 발전이 시작된다. 원자력에 관심을 둔지 20년 만의 일이다. 이때 원자력 발전소 처음 가동되고 그 다음으로 원자력 발전소가 계속 건설되면서 한국의 경제는 비약적으로 발전을 하였다. 한국은 원자력 발전소가 계속하여 세워지면서 고질적인 에너지 난에서 점점 벗어나기 시작하였다. 그러면서 경제는 날개를 단 듯이 발전하였다. 물론 이런 중에도 계속하여 화력, 수력 발전소도 세워져 현재 한국은 평균적으로 전력난이란 말은 없어졌다. 원자력 전문가에게 원자력 발전이 왜 좋은지를 물었다. 답은 간단했다. 원자력 발전의 장점이 여러 가지 있지만, 그중에 가장 큰 장점이 품질 좋은 전력을 일정하게 꾸준하게 공급할 수 있다는 것이다. 이렇게 품질 좋은 전력이 꾸준하게 공급되면 바로 첨단산업을 발전시키는 데 가장 기본적인 문제가 해결된다는 것이다. 이 대답은 언뜻 이해가 될 것 같으면서 이해가 되지 않는 대답이었다. 한참 동안을 곰곰이 생각을 해봤다. 그리고 내가 경험한 일을 되새겨 보았다. 일본에서 겪은 전기에 관할 일, 중국에서 겪은 일, 몽고에서 겪은 일, 그리고 어둠침침했던 유럽의 호텔 등을 생각해 보았다. 한국의 전기 사정은 아주 좋았다. 이렇게 좋은 품질의 전기가 한국의 산업을 세계 수준으로 끌어 올렸다는 것으로 답을 할 수 있었을 것이다.

전 세계적으로 볼 때 에너지 확보에 따라 그 나라의 명운이 좌우되는 것은 부정할 수 없는 현실이다. 그렇기 때문에 이른바 선진국에서는 어떻든 에너지 확보, 에너지 독립에 모든 노력을 기울이고 있는 것이다. 글쓴이는 현대 사회의 에너지 문제를 5000년 전으로 되돌려 보았다. 이 원자력 문제를 홍산문화와 대비시켜 보았다. 북위 40도 이상 지역에서 발전한 홍산문화 지역에서 에너지 문제는 어땠을까 하는 것이었다. 이 지역에서는 먹는 것보다는 에너지가 더 중요했다. 홍산문화 시기 에너지 문제는 어떠했을까 하는 것이었다. 결론적으로 말하면 홍산문화 시기에도 열 에너지를 쉽게 구할 수 있는 시기에는 많은 발전을 하였지만, 이런 에너지원이 공급되지 않을 때는 인구가 현저히 줄면서 사용할 수 있는 에너지만큼 근근히 유지되었던 현상을 알 수 있었다. 사람들이 살아가면서 빵도 중요했지만, 더더욱 중요했던 것은 에너지가 더 문제였다. 홍산문화 시기를 현재 몽골에 비교해봤을 때 양식은 충분히 공급받을 수 있었다. 글쓴이는 몇 년 동안을 몽골에서 발굴을 하고 조사를 해봤다. 몽골에서 조사를 하면서 유목을 하는 사람들을 먹거리 문화를 유심히 관찰을 해봤다. 그들의 먹거리는 간단했다. 주로 고기를 먹는데, 간혹 탄수화물을 먹었다. 그것도 있으면 먹는 것이지 애써 그것을 구하려고는 하지 않았다. 풀밭에서 저절로 자라는 소, 말, 양, 염소 등은 그들에게 모든 것을 주었다. 지금은 화폐 경제가 발달하여 이것저것 다른 필요한 물건을 사기 위하여 몇백 마리, 몇천 마리의 집짐승들을 키우고 있지만, 그것이 필요하지 않은 시대에는 그렇게 많은 수의 짐승들을 키울 필요도 없었을 것 같았다. 이들의 생활을 홍산문화 시기와 대입해 봤다. 왜냐하면 홍산문화 시기에도 넓은 들에서 풀이 자라기 때문에 양이나 염소, 그리고 소를 키우면 먹거리는 충분히 해결된다. 사람 1명이 1년에 먹을 수 있는 양식은 고기로 한다면 200kg 정도면 생존은 가능하고, 300kg 정도라면 충분하다. 이 정도 고기는 큰 소 한 마리이다. 그리고 양으로 치면 20마리 정도면 될 것이다. 이 정도는 홍산문화가 발전하던 풀밭에서는 얼마든지 구할 수 있는 양이다. 그렇다면 양식은 충분하다고 볼 수 있는 것이다. 그럼에도 불구하고 유적지의 분포지를 조사해 보면 발전 시기와 발전하지 못하던 시기에는 큰 차이가 있는데, 발전하던 시기에는 매우 조밀하게 분포하고 있고, 발전 못하던 시기에는 유적 분포가 드문드문한 것을 볼 수 있다. 이 이유는 무엇일까?

이런저런 고려할 조건들은 많이 있을 것이다. 그러나 현재 나타나는 홍산문화 흔적들을 보면 무엇보다도 난방을 고려해 볼 필요가 있다. 홍산문화 집자리는 이 문화 이전 시기의 흥륭와문화보다 작아졌다. 그리고 흥륭와문화 시기에 집 안에 있던 많은 시설들이 집 밖으로 나가 있다. 이런 시설들이 모두 집 안에 있으면 집이 커야 하는데 그렇게 되면 난방에도 많은 문제가 생긴다. 즉 집이 크기 때문에 집중적인 난방이 되질 못한다. 그렇기 때문에 홍산문화 시기에는 집을 작게 만들어 겨울철의 난방에 대비를 하였던 것으로 볼 수 있는 것이다.³⁹⁴⁾ 집의 크기 변화는 단순하게 볼 문제는 아닌데, 당시 사회 전반에 걸쳐 변화가 일어났다고 볼 수 있는 것이다. 이렇게 사회의 변화가 오는 상황이면서도 불구하고 철저하게 추위를 극복해야 하는 것이다. 그렇지 않으면 몰살을 할 수도 있는데, 그것은 글쓴이의 경험으로 보면 홍산문화 지역의 기온 변화는 예측이 불가능하기 때문이다. 특히 한겨울 한파는 상상을 초월할 정도인데, 자칫 잘못 대비를 하면 모든 것이 하루저녁에 끝날 수도 있는 한파도 많이 있다. 그렇기 때문에 먹거리 확보보다는 추위를 견딜 수 있는 에너지 확보가 더더욱 중요했던 것이다. 이 에너지 확보에 실패를 하면 얼어 죽든 병에 걸리든 결국 그해 겨울을 넘기지 못하는 것이다. 그런데 이 에너지원은 한계가 있다. 모든 지역에 널려 있는 것은 아니다. 나무 중에 관목류는 장기적인 에너지원은 되지 못한다. 소똥도 무진장한 것은 아니다. 더구나 이 소똥은 타는 속도가 너무 빨라 어지간한 양을 확보해서는 긴 겨울을 나기가 쉽지 않다. 가장 좋은 에너지원은 교목류의 나무인데 이 나무들을 지속적으로 확보하

---

394) 이런 변화는 가족 제도의 변화까지 일어나는 원인이 될 수 있다.

초원에 살고 있는 짐승들은 초원 사람들의 에너지원이 되고 있다.

기는 더더욱 어려움이 있다. 그러므로 이런 여러 방안 강구해서 확보되는 에너지의 양에 따라 사람들의 삶은 유지가 되었던 것이다. 즉 에너지를 얼마만큼 확보하느냐에 따라 그 집단의 생존 여부는 결정되었던 것이다.

　이런 에너지 확보를 위한 노력은 선사시대 사람들 사이에서는 가장 큰 사회 갈등의 원인이 되지 않았을까 하는 추측도 가능해진다. 왜냐하면 한곳에서 장기적으로 에너지 확보가 되지 않으면 에너지 확보가 가능한 지역으로 이동을 해야 하는데, 이 이동과정에서 많은 충돌이 일어났을 것이기 때문이다. 이런 현상은 현대에도 마찬가지이다. 다만 현대는 교역을 통하여 에너지를 해결하기 때문에 표면적으로는 큰 문제는 없을 뿐이다.

　필자가 홍산문화를 연구하면서 얻은 것 중에 하나가 바로 고대문화 발전에서 가장 중요한 것은 에너지 확보였다는 것을 확신하게 되었다. 그리고 그 에너지 생성에 가장 중요한 기반은 기후가 어떠했나 하는 것이었다.

　종합해 보면 근대 화석 연료가 쓰이기 전의 역사 연구와 인류학의 연구

초원의 에너지 비축 모습(여름)

짐승들의 배설물을 사용하고 있다.

에서 가장 중요하게 봐야 할 것이 바로 기후 변화와 에너지의 변화에 주목해야 한다는 것이다.

짐승의 배설물을 연료로 사용하는 모습

또 다른 하나는 문화는 어떤 형태로든지 유전이 된다는 것이다. 홍산문화의 전대문화인 조보구문화와 조보구문화의 전 단계 문화인 흥륭와문화는 기실 큰 차이가 발견되지 않는다. 그러므로 곽대순 같은 경우는 같은 문화로 연구를 해야 한다고 할 정도로 유사한 것이다. 그러나 연구의 편의상 시기별로 다른 문화로 이해하는 것이다. 물론 각 시기별로 전혀 차이가 없는 것은 아니다. 시기별로 주변 지역과 교류를 갖으면서 교류의 흔적이 각 요소마다 배어 들어가기 때문에 그 배어 들어간 요소들이 어떤 형태로든지 나타나게 되어 있다. 그러므로 이런 차이점을 간과해서는 안 되고, 그런 차이점을 근거로 해서 하나의 문화권도 설정을 한다. 그러나 그 요소

속에는 하나의 큰 흐름이 이어지고 있는데 그것이 바로 그 문화의 골격이 되는 것이다.

홍산문화의 특징 중 하나인 옥, 이 옥은 한민족의 생각 속에 매우 중요한 영물이자 재산 가치로 생각을 한다. 지금은 아니지만 불과 2세기 전까지만 하여도 옥은 한국사회에서, 만주지역 사회에서 매우 값비싸고, 귀한 물질이었다. 이런 옥에 대한 가치가 최고조로 달한 것이 바로 홍산문화였고, 이들의 전통은 홍산문화의 존재는 몰랐어도 옥은 대대로 그 가치를 이으면서 내려온 것은 인정하는 것이다.

필자는 현장에 다니면서 자주 석성을 답사한다. 이 석성은 보기 드물게 한민족들이 많이 건축하고 활용하는 것이다. 한국에는 많은 학자들이 이 석성들을 연구하여 석성의 연구만큼은 세계적인 수준으로 볼 수 있다. 그 결과들을 볼 때마다 필자는 왜 이렇게 어렵게 돌을 사용하여 성을 쌓을까 하는 생각을 많이 한다. 쌓기도 힘들고 유지하는 데도 힘들고, 그런데도 불구하고 누대에 걸쳐 많은 성을 쌓았다. 이런 석성을 쌓기 시작한 것은 홍산문화 시기이다. 이 홍산문화 시기에 쌓기 시작한 성들은 한국사회에서 매우 오랫동안 이어져 내려왔다. 물론 지금도 이 석성들은 유지보수되고 있다.

그렇다면 이런 전통은 계속 이어지고 있는 것이다. 사실 이런 전통은 실용성보다는 의식적으로 이어지고 있는 것이다. 이는 곧 문화의식으로 이어진다고 봐야 하는 것이다.

이외에도 이어지는 것들은 많이 있다. 의식 구조도 적지 않게 이어지는 것이다. 바로 이런 것처럼 문화는 계속하여 유전이 된다는 것이다. 이런 전통은 오늘날 한국인에게도 나타난다. 이런 연속성에서 연구가 되고 있는 것이고, 이것이 곧 전통이 되고 있다는 것이다.

동서고금을 막론하고 어떤 집단을 이루는 것은 사람이다. 이 사람들의 숫자가 얼마냐에 따라 집단이 형성되고 안 되고 하는 것이고, 이 집단들이 개개인의 권리와 의무가 협의되고 결정이 되면서 민족도 국가도 형성된다. 물론 여기에 과학 기술이 발전되었다면 더 없이 좋을 것이다. 그러나 가장 중요한 것은 사람들의 숫자이다.[395] 숫자가 많으면 여기에 수반되는 여러 현상들이 제기될 것이며, 그 현상들에 의하여 계약관계는 성립이 될 것이고, 그 계약관계에 의하여 국가는 성립된다고 본다.

　홍산문화 후기는 사람들이 많이 늘어났다. 그 이유는 당연히 여러 방면에서 생활 환경이 좋았기 때문이다. 그렇기 때문에 큰 집단들을 이루고 집단들이 통계를 내고 활용할 수 있는 훌륭한 문화들이 발전할 수 있었다. 홍산문화 시기 사회가 몇 등급으로 나뉘어졌는지 확실하지 않다. 그러나 사회가 분명하게 차이가 나는 것은 확실하다. 그중 하나가 우하량 유적 전체가 주거지가 발견되지 않는 특수한 무덤 구역인 것이 최근 확인되었다. 이 증거는 앞으로 죽을 사람을 예측하여 넓게 무덤 구역을 잡아 놓은 것을 볼 수 있었다. 이것은 일반인들의 무덤구역에서는 볼 수 없는 현상이다. 그러므로 같은 귀족계급 사이에도 별도로 계승되는 신분들이 존재하는 것이 아닌가 추측을 해본다.

　순장의 특징은 무덤의 형태로 볼 때 하층민을 순장하지는 않은 것으로 보인다. 홍산문화 순장의 특징은 본 무덤에 사람을 넣은 것이 아니라 본

---

395) 흔히 말하기는 국가가 형성되는 것을 전문가 집단이 출현하는 시기에 초점을 맞추거나 혹은 청동기라는 금속을 제조할 수 있는 단계에 들어서 성립된다는 이론이 오랫동안 지속되어 왔다. 그러나 필자의 생각은 다르다. 각 국가들도 여러 단계가 있다. 미국과 같은 국가도 있고, 한국과도 같은 국가가 있으며, 대만, 필리핀, 사우디아라비아, 우간다, 소말리아 같은 국가도 있다. 각 국가마다 이렇게 다양한 정도의 차이가 있는데 이것을 하나의 국가 성립 이론에 맞춰 이해를 하면 국가는 일정한 과학 단계를 설정해서 이해를 하면 그것은 많은 무리가 있다. 그러므로 계약관계로 봐야 한다고 본다.

무덤 주변에 작은 무덤을 만드는 형식이다. 또한 묻힌 형태를 보면 대부분 홑무덤이고 별도로 돌로 만든 무덤방이 존재한다. 뿐만 아니라 이 순장 무덤기도 부장품으로 옥기를 매장하는 것으로 보아 순장된 사람이 일반 하층민이나 평민은 아닌 것으로 보인다. 그런 내용들은 앞에서 간단간단하게 설명을 하였다. 홍산문화는 다양한 교류가 있었던 것으로 보인다. 그 증거로 요령성 수암의 옥기가 조양, 내몽고로 이어지는 것을 볼 수 있다. 이것은 홍산문화의 동쪽과의 교류이다. 그런데 최근 반랍산에서 확인된 인물상을 보면 이른바 서역인들이 있다. 이들의 인물상이 남아 있는 것을 보면, 이 시기에도 서역인들과 교류가 있었을 것으로 본다.

뿐만 아니라 홍산문화 후기에 기후의 변화에 따라 원래의 홍산문화인들이 점점 없어지면서 홍산문화는 와해되고 새로운 형태의 문화들이 형성되는데, 이들이 바로 서쪽에서 온 무리라는 것이다. 즉 묘자구인들인데,

이 묘자구 지역은 홍산문화 중심지로부터 서쪽으로 700km 이상 가야 되는 지역이다. 이 묘자구 지역에서 서남부로 1000km 정도 가면 오늘날의 회족지역이 된다. 이 지역의 자연환경은 오늘날 내몽고 동부지역보다 훨씬 좋지 않기 때문에 어디를 가든 견딜 수 있는 기본적인 조건이 되는 것이다.

그러므로 홍산문화인들이 대거 사라진 후 서역인들은 이곳으로 와서 본 지역 사람들이 새로운 문화를 만든 것이다. 이걸 이해를 하는 과정에서 반랍산 유물은 매우 귀중한 자료가 된다고 본다. 그러나 그렇게 훌륭하던 문화들이 어느 날 갑자기 무너져 버렸다. 허무할 정도로 무너져 내렸다. 같은 시기 만리장성 이남의 문화인 앙소문화나 대문구문화는 과거에 비하여 더욱더 찬란하게 발전을 하고 있었다. 그러면서 이들 문화들은 주변 문화들을 흡수 합병해 가면서 점점 그 범위를 넓혀가고 있었다. 이 과정을 보면 과학 기술이 발전한 문화가 과학 기술이 더디 발전된 다른 문화를 흡수 합병하는 형태로 발전이 된다는 것이다. 그런데 이 홍산문화의 붕괴는 아예 문화의 흔적이 현저히 감소하거나 혹은 없어지는 것이다. 이것은 일반적인 문화 현상을 연구하는 이론으로는 쉽게 설명이 되지 않는 이유이다.[396] 그 이유는 아직도 미궁에 쌓여 있었다. 그 이유가 너무도 궁금하였다. 이런 의문은 비단 필자의 의문만은 아니었을 것이다. 대부분의 인류학자들이나 고고학자들이 갖는 의문이었을 것이다. 필자는 이 문제를 풀어보고자 많은 생각을 해봤다. 한 가지 공통적인 특징이 확인되었다. 그것은 다른 지역과 달리 북위 40°와 동경 122°에서만 벌어지고 있다

---

396) 물론 홍산문화만이 그런 것은 아니다. 소하서문화부터 시작하여 요서 지역의 많은 문화들이 한문화들이 다른 문화로 변하는 과정을 보면 그 변화의 과정이 급격하고, 문화 요소들의 변화가 매우 크다는 것이다.

는 것이다. 이런 현상들에 대하여 많은 고민을 해봤다. 그 고민을 풀어가는 과정에서 홍산문화의 주변 지역들인, 만리장성의 남쪽에 위치한 문화들, 그리고 동북아시아의 다른 지역과 현장 답사를 해가면서 비교를 해봤다. 여기서 그 과정들에 대하여 장황하게 쓸 필요는 없지만 간단하게 정리를 해보면 만리장성 남쪽 지역이나 한반도 지역, 그리고 일본 지역은 기후가 안정되어 있다는 것이다. 그와 반대로 몽골 지역과 이 요서 지역이라는 지역은 기후가 안정되어 있지 않다는 것이다. 다만 이 지역 사람들은 오랜 경험을 통하여 별자리의 움직임으로 바람이 불어오는 시기를 알고, 여기에 맞춰 삶의 터전을 옮기거나 혹은 아주 멀리 이주를 한다는 것이었다. 이 과정에서 예측의 결과가 잘못되면 참혹한 결과를 맞이한다는 것이다.[397] 이런 잠정적인 결과를 대입하여 요서 지역의 선사시대 문화를 정리해 본다면 다음과 같다.

이 지역의 특수한 기후 형태였다. 여름철에 집중적으로 내리는 평균 350mm 전후의 작은 강수량과 변화무쌍한 기후 변화, 특히 서리가 내리지 않는 120여 일을 제외하고는 늘 환절기 같은 기후대가 형성되고 있는데, 여기서 주목할 것은 아주 건조한 기후가 형성되고 있다는 것이다. 즉 이런 기후대는 사람들의 생활에 많은 영향을 주는데, 가장 큰 것은 많은 치명적인 질병들의 원인들이 잠복하고 있고, 사람들이나 짐승들이 이 질병들에 노출이 된다는 것이다. 이 질병들은 크게 두 가지로 나눌 수 있는데, 세균성 질병과 바이러스성 질병이다. 두 질병이 무섭기는 마찬가지이지만, 그

---

[397] 이런 빗나간 예측은 엘리뇨 현상이라든지 아니면 기압대가 생각지 않게 변화를 한다든지 또는 먼 지역에서 벌어지는 다양한 천재지변의 영향을 말한다. 이런 현상들이 발생하면 늘 공식적으로 진행되던 현상들이 갑자기 변화가 올 수 있고, 이런 현상들이 사람들의 삶에 큰 영향을 준다는 것이다. 이런 현상은 현대에도 일어나는데 다만 현대는 과거와는 달리 어느 정도 대응이 가능하다는 것이다.

중에 더 큰 영향력을 발휘하는 것은 바이러스성 질병이다. 어떤 병이냐에 따라서 차이가 있겠지만 우리가 흔히 말하는 조류독감이나 사스 등등에 감염이 되면 치명적인 결과를 가져 올 수 있다는 것이다. 이런 예는 20세기 초반에 유럽의 조류독감에서도 보았다.

  이런 바이러스성 질병이 발병하는 공통적인 특징은 건조한 기후에서 쉽게 발생을 하고, 여기에 찬 기온이 지속되면 더더욱 쉽게 발병을 한다. 그러므로 이런 기후대에 속하면 아주 쉽게 발병을 하고 감염이 되며, 그 결과는 참혹하게 마련이다.

  바로 이런 기후대가 형성되는 지역이 앞에서 말하는 홍산문화 지역이라는 것이다. 특히 같은 홍산문화 지역이라 하더라도 노노아호산 이서 쪽의 적봉 지역은 이런 현상이 매우 강하게 그리고 반복적으로 일어나는 것이다.

찾아보기

로마자

C

'C'자형 옥기 / 74

C자형 옥기 / 43, 193, 250, 348, 386

한국어

ㄱ

간석기(磨製石器) / 75, 176, 303

객좌(喀左) 동산취(東山嘴) / 8

거푸집 / 211

건평(建平) 우하량(牛河梁) / 8

검은 질그릇(黑陶) / 74, 315

결(玦) / 190

경질 질그릇 / 330

고국(古國) / 47

고기후 / 239, 252, 320

고동북형(古東北型) / 294, 343

고리 / 190

고문화(古文化) / 47

고성(古城) / 47

고안양형(古安陽型) / 294

고힐강(顧頡剛) / 26

골기(骨器) / 180, 304

공식적 중국(共識的中國) / 66

곽대순(郭大順) / 50, 67, 197, 244, 306, 307, 317, 342, 395

관목류 / 331

관전(寬甸) / 197, 266, 268

구운형 옥기 / 250

굴체룡(屈體龍) / 349

굽다리접시 / 309

금주(錦州) 의현(義縣) 만불당(萬佛堂) / 39

ㄴ

나사대 유형(那斯臺類型) / 250

나일사태(那日斯台) / 246

난하(灤河) / 248

남태자(南台子) / 89, 92, 99

남태자 유적 / 218

널형 덧널무덤(石棺墓) / 104

네 발 기물 / 173

노로아호산맥(努魯兒虎山脈) / 79

ㄷ

대릉하(大凌河) / 79

대문구문화 지역 / 274

도리이 류조(鳥居龍藏) / 25, 31

도인상(陶人像) / 204

도철문(饕餮紋) / 317

도쿠나가 시게야스(德永重康) / 25, 35

돌널무덤(石棺墓) / 109, 308

돌덧널무덤(石槨墓) / 104, 308

돌무지무덤 / 73

돌방무덤(石棺墓) / 73

돌칸무덤(石室墓) / 104, 111

동가영자(董家營子) 유적 / 95

동산취 유적 / 45, 129, 244, 247

동주신(佟柱臣) / 39

두력영자 유적 / 97

딸린무덤(陪塚) / 73

떼야르 드 샤르댕(Teilhard de Chardin) / 25

뗀석기(打製石器) / 75, 176

ㅁ

마점문(麻点紋) / 250

망우하(牤牛河) / 84, 218

모로굽은장 / 270

묘자구문화(廟子溝文化) / 257, 269, 381, 384, 385

묘자구문화 민무덤 / 271

묘자구문화 통형 단지 / 272

묘자구 지역 / 399

무순 / 266

문화유전자 / 347

미즈노 세이치(水野淸一) / 19, 35

민무덤 / 107

ㅂ

바닥 없는 통형 질그릇 / 171

바닥이 없는 통형관 / 251

바이러스성 질병 / 401

바이칼호 옥 / 198

반달돌칼 / 75

반랍산(盤拉山) 유적 / 54, 59, 209

발찌 / 190

방하(蚌河) / 248

방형 옥기 / 183, 193, 195

배리강문화(裵李崗文化) / 174, 286

배문중(裵文中) / 38

백사랑영자의 가마터 / 329

백음장한 / 89

백음장한 유적 / 217, 221, 245, 246, 296, 297

벽(壁) / 186

별자리 관측 유적 / 147

보습 / 177

복기대 / 257

부신(阜新) 사해(査海) 유적 / 49

부하(富河) 유적 / 40

부하문화 / 75, 268

부호 / 305

북복지(北福地) 유적에 / 282

붉은 질그릇(紅陶) / 74, 307

ㅅ

사가자진(四家子鎭) / 104

사과둔 동굴 발굴 보고서 / 34

사구통형 옥기 / 183

《사기(史記)》〈오제본기(五帝本紀)〉 / 29, 52

사람상 / 203

사릉산(四陵山) / 41, 101

사릉산 가마터 유적 / 370

사릉산 유적 / 101
사해문화 / 217
사해(査海) 유적 / 215, 221
사해 유적 돌무지 / 349
삼련벽(三連璧) / 188
삼좌점(三座店) / 313
상기방영자(上幾房營子) / 313
상택(上宅) 유적 / 218
색수분(索秀芬) / 53
샤머니즘 / 369
샤먼 / 369
서태(西台) / 89
서광기(徐光冀) / 40
서랍목륜하(西拉木淪河: 시라무렌강) / 57, 76, 77, 79
서수천(西水泉) / 89, 90
서수천(西水泉) 유적 / 41
서수천 유형 / 247
서수천 유형 질그릇 / 242
서수파(西水坡) 유적 / 284
서역인 / 398, 399
서채(西寨) / 218
서태 유적 / 94, 211
석인상 / 127, 207, 225
성자애(城子崖) 유적 / 26
성자산 / 115
세가랑이솥(鬲) / 314
세발솥(鼎) / 249, 279, 314, 315
세 발 질그릇(三足器) / 173, 292, 313, 314

세석기 / 176
소릉하(小凌河) / 79
소병기(蘇秉琦) / 47, 64, 65, 217
소조상(塑造像) / 134, 141, 207
소하서문화 / 195
소하연문화(小河沿文化) / 35, 77, 209, 217, 295, 384, 385
소하연문화 공구 / 303
소하연문화 질그릇 / 299
손수도(孫守道) / 217, 347
수암(岫岩) / 197, 266, 268
수암옥 / 198
수혈토광묘(竪穴土壙墓) / 222
수흐바아타르 아이막 다리강가 / 10
시간 측정 / 367
신락문화(新樂文化) / 257
신락상층문화 / 259
신락중층문화 / 258
신락하층문화(新樂下層文化) / 257, 268
신인일체(神人一體) / 210
쌍련벽(雙連璧) / 188

ㅇ

안데르손 / 33, 34
앙소문화 / 35, 69, 256, 273, 288
앙소문화 옥기 / 203
야와타 이치로(八幡一郎) / 35
양백하(楊伯河) / 247
양사영(梁思永) / 25, 35, 38, 39

양저문화 / 68

양저문화 옥기 / 202

양호(楊虎) / 212, 214, 231, 238, 241, 244

양홍진 / 13

에밀 리쌍(Emile Licent) / 25, 31

여신묘 유적 / 135

여신상 / 207

여준악(呂遵鄂) / 28, 38, 39

열하성(熱河省) 소오달맹(昭烏達盟) / 19

영보서파(靈寶西坡) 유적 / 291

예(禮) / 65, 67

예기 / 190

오한기(敖漢旗) / 41

오한기 동부 / 388

오한기 맹극하(孟克河) / 85, 362

옥결 / 224

옥기 / 68, 126, 133, 182, 212, 224, 236, 269, 316, 317

옥룡(玉龍) / 42, 348

옥벽 / 183

옥인(玉人) / 67

옥인상 / 122, 207, 210

옹우특기 / 42

옹우특기 삼성타랍(三星他拉) / 348

왕국유(王國維) / 67

왕우평(汪宇平) / 38

왕외(王巍) / 63

왕인상(王仁湘) / 164

왕입신(王立新) / 12

외뿔 짐승 / 356, 357

요서 지역 / 400

요하(遼河) / 79

요하 유역 고환경 복원 / 320

요한 구나르 안데르손(Johan Gunnar Andersson) / 26

우장문 / 13

우하량(牛河梁)-흥륭구(興隆溝) 유형 / 249

우하량 돌무지무덤 / 73

우하량 무덤 구역 / 104

우하량 여신묘 / 48, 64, 129, 137

우하량 유적 / 362

우하량 유적 인골 / 343

원통형 단지(筒形罐) / 166

위가와포 유형(魏家窩鋪類型) / 248

유관민(劉觀民) / 40

유국상(劉國祥) / 13, 53, 248, 375

유웅씨(有熊氏) / 52

유진상(劉晉祥) / 226

윤내현 / 12

윤달(尹達) / 38, 39

의고논쟁(疑古論爭) / 26

이공독 / 309

이도량(二道梁) / 89, 90

이리강(二里岡)문화 / 70

이리두(二里頭)문화 / 70

이백겸(李伯謙) / 68

이세용 / 14

이소병 / 53

이옥시신(以玉示神) / 67

임운(林澐) / 12

ㅈ

자산문화(磁山文化) / 278, 284

장광직(張光直) / 67

장성덕(張星德) / 52, 215, 231, 234, 238, 257

저룡(猪龍) / 74, 348

적봉(赤峯) 옹우특기(翁牛特旗) / 8

적봉 1기 문화 / 35

적봉 2기 문화 / 35

전산자(前山子) 유적 / 211

전언국(田彦國) / 13

전현동(錢玄同) / 26

제1차 만주몽고 학술조사 연구단 / 35

제단 유적 / 149

제사 유적 / 129, 369

조보구문화(趙寶溝文化) / 76, 77, 217, 226, 239

조보구문화 질그릇 / 165, 228

조양(朝陽) / 76, 388

조휘(趙輝) / 68

주개구문화(朱開溝文化) / 314

주구묘(周溝墓) / 48

주영강(朱永剛) / 12, 380

주홍(朱泓) / 12

준(樽) / 308

지가영자(遲家營子) / 313

'지(之)'자 무늬 / 267

지주산(蜘蛛山) 유적 / 40

진강영문화 / 274, 282

진강영 유적 / 274, 276

진강영(鎭江營) 1기 문화 / 257, 286

진국경(陳國慶) / 52

진묘수(鎭墓獸) / 357

질그릇 / 212

ㅊ

채도(彩陶) / 72, 236, 284, 303, 307

천문 관측 / 365, 367

천문 관측 장소 / 147

초모산(草帽山) / 51

초모산 유적 / 127, 207

추(墜) / 190

치(雉) / 313

ㅌ

태행산 / 275

통형관 / 222

통형기권묘(筒形器圈墓) / 120

통형 질그릇(筒形土器) / 72, 133, 172, 236

ㅍ

파림좌기 우호촌(友好村) / 89

팔찌 / 190

편두 / 343

편복자문화 / 259

평대(平臺) / 311

ㅎ

하가점하층문화 / 11, 310, 312, 314, 315

하가점하층문화 도철문 / 318

하가점하층문화 채회도 / 317

하내(夏鼐) / 38

하마다 고사쿠(賓田耕作) / 19, 25, 35

한창균 / 257

합민망합문화 / 57

합민망합 유적 / 381

합민망합(哈民忙哈) 유형 / 249

합민(哈民) 유적 / 54, 375, 383

해생불랑문화(海生不浪文化) / 257

협사질그릇(夾沙土器) / 222

호두구(胡頭溝) / 104, 115

호로도(葫蘆島) / 295

호로도(葫蘆島)시 사과둔(沙鍋屯) / 33

호적(胡適) / 26

홍산문화 돼지용(猪龍) / 347

홍산문화 돌무지무덤 / 254

홍산문화 순장 / 397

홍산문화 옥기 / 202

홍산문화 채도 / 164

홍산문화 후기 / 388, 397

홍산문화 후기 질그릇 / 166

홍산후(紅山後) / 25, 89

화분 / 321

효분하(曉芬河) / 79

후강기(后崗期) / 283

후강1기문화(後岡1期文化) / 234, 249, 284

흑도 / 280

흙무지무덤(土塚) / 104

흥륭구 / 93

흥륭구 도인상 / 208

흥륭와문화(興隆窪文化) 195, 215, 216, 219, 234, 240

흥륭와-사해문화 / 266, 268

흥륭와 유적 / 222